Antje Bultmann, geboren 1941, studierte Verhaltens- und Sozialwissenschaften in Heidelberg, Göttingen und Tübingen. Zehn Jahre war sie als Lehrerin und Heimleiterin tätig, bevor sie ein Studium an der Akademie der Bildenden Künste in Stuttgart absolvierte. Sie leitete ein Projekt Umweltschutz und Kirche in München und ist Mitglied der Ernst-Friedrich-Schumacher-Gesellschaft. Heute lebt und arbeitet sie als freiberufliche Journalistin in der Nähe von München.

Hans-Jürgen Fischbeck, geboren 1938, studierte Physik an der Humbold-Universität in Berlin. Er arbeitete von 1962 bis 1991 am Zentralinstitut für Elektronenphysik in Ostberlin. Promotion 1966, Habilitation 1969 zum Thema der Festkörperphysik. Von 1977 bis 1990 gehörte er der Synode der Evangelischen Kirche Berlin-Brandenburg (Ostregion) an und war Mitbegründer der Bürgerbewegung Demokratie Jetzt. 1990 wurde er erst in die Ostberliner Stadtverordnetenversammlung und später in das Berliner Abgeordnetenhaus gewählt. Seit 1992 ist er Studienleiter an der Evangelischen Akademie in Mülheim/Ruhr.

Von Antje Bultmann sind außerdem erschienen:
Käufliche Wissenschaft (Band 77115, zs. mit Friedemann Schmithals)
Vergiftet und alleingelassen (Band 77214)

Dieses Buch wurde auf chlor- und säurefreiem Papier gedruckt.

Originalausgabe Dezember 1996

Umschlaggestaltung Agentur Zero, München
Umschlagfoto Tony Stone/Christian Bossu-Pica
Satz MPM, Wasserburg
Druck und Bindung Ebner Ulm
Printed in Germany
ISBN 3-426-77225-6

2 4 5 3 1

Antje Bultmann/
Hans-Jürgen Fischbeck (Hrsg.)

Gewissenlose Geschäfte

Wie Wirtschaft und Industrie unser Leben aufs Spiel setzen

Knaur

Inhalt

Hans-Jürgen Fischbeck

Vorwort: Moloch Wohlstand

Das technokratisch verfügte Risiko ist das Thema dieses Buches. Es war auch das Thema einer Tagung der Evangelischen Akademie Mülheim unter dem Titel »Der statistische Tod – Menschenopfer auf dem Altar des Fortschritts?« Das technokratisch verfügte Risiko ist wohl zu unterscheiden von den selbstgewählten und selbstverantworteten Risiken, die wir alle eingehen und ohne die Leben nicht möglich ist. Die technokratischen Risiken sind auch keine demokratisch beschlossenen Risiken. Dies alles wird in der Einleitung noch genauer betrachtet.

Ich frage mich aber, ob es nicht so etwas wie eine gesellschaftliche Ermächtigung für die ökonomisch ausgeübte Technokratie, eine Art Gesellschaftsvertrag gibt, der Wohlstand als Gegenleistung für einzugehende Risiken vorsieht. An einen solchen imaginären Gesellschaftsvertrag appelliert offenbar der »Strategiekreis Forschung und Technologie« – ein Gremium prominenter Wissenschaftler beim vormaligen Forschungsminister Paul Krüger –, wenn er in seinem Bericht vom Juli 1994 schreibt:

> »Dabei sollte allerdings in der öffentlichen Diskussion weitaus deutlicher als bisher der Zusammenhang von Risiken und Wohlstandschancen aufgezeigt werden.

> In Deutschland dürfte das Wohlstandsniveau kaum zu halten sein, wenn gleichzeitig aus Angst vor Risiken technologische Entwicklungen abgelehnt oder erschwert werden. Mit ihrer Neigung, Risiken zu vermeiden, wird die Wohlstandsgesellschaft selbst zu einem Risiko für den Wohlstand.«

Mit einem Unterton des Vorwurfs wird gesagt: Wenn euch der Wohlstand lieb und teuer ist, dann nehmt auch die technologischen Risiken gefälligst in Kauf. Das heißt im Klartext: Risiken für das Leben hinnehmen, um Risiken für den Wohlstand zu vermeiden.
Wie teuer ist uns der Wohlstand? Experten meinen, die Gesellschaft würde die Risiken einer technologischen Innovation akzeptieren, wenn sie nicht mehr als einen Toten auf 10 000 Menschen pro Jahr mit sich brächte. Ist das der Preis, den wir zu zahlen bereit sind? Wie viele solcher »Innovationen« haben wir schon? Zahlen »wir« denn wirklich? Zahlt nicht nur jener eine von 10 000 Menschen im Jahr? Wer ist das Opfer, das Menschenopfer, das für unseren Wohlstand – die Wissenschaftler des Strategiekreises sagen es – geopfert werden muß? Unser Wohlstand aber hängt – auch das sagen die Wissenschaftler – vom technischen Fortschritt ab.
Ist »Fortschritt« der Gott, dem wir in unseren Entwicklungslabors den Altar bauen, auf dem wir jeder riskanten Technologie pro Jahr einen von 10 000 Menschen opfern, damit er uns »Wohlstand« beschert? Warum tun wir das? Jeder und jede von uns könnte doch dieser eine sein. Schon die Erhaltung des Wohlstands, gar nicht mal seine Steigerung, erfordern ständige technologische Innovation, ständig »neue Märkte«. Der »Fortschritt« – so sagen kritische Ökonomen – schreitet gar nicht mehr

fort, sondern tritt auf der Stelle. Er ist zur Tretmühle geworden.
Mir kommt da jenes Märchen in den Sinn, in dem ein Drache regelmäßig mit Jungfrauen gefüttert werden muß, um ihn immer wieder neu zu befriedigen. Der Moloch des innovationsgefütterten Wohlstands ist unersättlich, und wir sind – anders als im Märchen – selbst dieser Moloch, solange wir am oben erwähnten »Gesellschaftsvertrag« mit der Technokratie festhalten. Wir sind aber auch eventuell sein Opfer. Dieses Wörtchen ›eventuell‹ läßt uns das Ganze akzeptieren, wenn es nur für eine genügend kleine Wahrscheinlichkeit steht. Wir würden es nicht mehr akzeptieren, wenn der riskierte Tod nicht mehr statistisch, sondern zurechenbar wie eine unverschuldete Todesstrafe wäre, wie ein Justizmord also.
Wir, die Wohlstandsgesellschaft, sind also selbst dieser unersättliche Moloch. Wir können nicht mehr zufrieden sein. Sind wir von allen guten Geistern verlassen? Von welchem Geist sind wir verlassen? Mir scheint, eine der tiefsten Gründe für unsere Unersättlichkeit ist darin zu suchen, daß wir, die Zeitgenossen der Wohlstandsgesellschaft, glauben, mit dem Tode sei alles aus. Deshalb klammern wir uns an unser unerfülltes Leben. Darum bleiben wir unbefriedigt bis zuletzt, denn wir haben ja noch nicht alles gehabt und noch nicht alles erlebt, was uns das Konsum- und Dienstleistungs-Business zu bieten hat. Deshalb, so meine ich, nehmen wir den statistischen Tod in Kauf. Denn wir haben ja nichts anderes und nichts besseres mehr als unseren Wohlstand. Das müssen die statistischen Opfer mit sinnlosem Leiden oder gar vorzeitigem Tod bezahlen.
Vorzeitiger Tod? Gibt es für uns überhaupt noch einen

»zeitigen« Tod? Sehen wir ihn nicht fast immer als vorzeitig an? Wir versuchen ihn doch mit allen technischen Mitteln hinauszuzögern bis auf den allerletzten Augenblick und verdrängen ihn in Kliniken und Alten-Ghettos. Unbefriedigte Menschen können nicht sterben und deshalb nicht richtig leben.

Es ist höchste Zeit, jenen imaginären Gesellschaftsvertrag »Wohlstand gegen Risiko« zur Diskussion und Disposition zu stellen, dem noch viel mehr zum Opfer zu fallen droht als die »Geopferten«, um die es in diesem Buch geht.

Unser Buch will einen Beitrag dazu leisten. Wir verkennen ja nicht, daß der technische Fortschritt wirklich ein Fortschritt war, weil er eine Fülle von Risiken, die von Krankheiten und Naturkatastrophen drohten, erheblich gemindert hat, so daß sich unsere Lebenserwartung verdoppelte. Nun aber ist nicht nur der Grenznutzen erreicht. Auch die Haftung und Rückzahlung der zuvor externalisierten Kosten werden von uns verlangt. Wir können diese unsere Sünden nicht mehr statistischen Opfern aufbürden und sie wie »Sündenböcke« in die Wüste der Geschichte schicken. Eine neue, befriedete Zivilisation muß gefunden werden.

»Das 20. Jahrhundert ist das erste, in dem die Gattungsfrage, das heißt die Frage nach den Weiterlebenschancen der Menschheit, allgemein und unüberhörbar gestellt wird.«

Carl Amery

»Ich will wissen,
für wen ich ein Restrisiko bin!«

Sönke Rehr[1]

Antje Bultmann/Andrea Surkus

1 Einleitung: Menschenopfer eingeplant

Gewinne um jeden Preis

In den USA wurde in den siebziger Jahren in Konkurrenz zum deutschen VW Käfer ein Kleinwagen gebaut und äußerst knapp kalkuliert. Nach kurzer Zeit stellte sich heraus, daß der Tank fehlerhaft konstruiert war und bei Zusammenstößen leicht explodierte. Der Hersteller berechnete, daß die Behebung der Schwachstelle pro Auto elf Dollar kosten würde. Gutachter der Firma stellten fest, daß es sie billiger käme, die Schadensersatzkosten der 180 tödlich Verunglückten pro Jahr zu übernehmen, anstatt alle Wagen nachzurüsten. Bis 1977 wurden fast 20 Millionen Wagen verkauft. Als Folge der Fehlkonstruktion starben jedoch statt der prognostizierten 720 Fälle in vier Jahren 9000 Menschen.[2]

In den letzten Jahrzehnten zeichnet es sich immer deutlicher ab: Fortschritt, Technologie und Wirtschaftswachstum fordern ihre Opfer. In einer Grauzone zwischen Vorsatz, Fahrlässigkeit und Unwissenheit werden die Menschen immer neuen Risiken ausgesetzt. Erheben sich Einwände, kommt das Argument: »Der Wirtschaftsstandort Deutschland ist in Gefahr.« Die Neigung unserer Gesellschaft, Risiken zu vermeiden, bedrohe den technologischen Fortschritt, heißt es.

Dennoch muß es diese Technikkritik geben. Eine offene und ehrliche Diskussion ist notwendiger denn je. Wissenschaftliche Forschung und komplizierte moderne Technologien greifen immer öfter in elementare Menschenrechte ein. Sie unterhöhlen die Grundlagen des Lebens: Als »Nebenwirkungen« verändern sich Erbgut, Fruchtbarkeit, Intelligenz, Psyche, Lebensqualität und Gesundheit. Viele Menschen sehen nur einzelne Schadenswirkungen, blicken nur in ihren eigenen Hinterhof. Die Gesamtbedrohung wird verkannt, ignoriert oder geleugnet.

Heilige Kuh: »Wirtschaftsstandort Deutschland«

Der »Wirtschaftsstandort Deutschland« wird heute als heilige Kuh glorifiziert. Wer den leisesten Ansatz macht, die Wachstumsgläubigkeit durch eine dauerhafte und für die Zukunft gesicherte nachhaltige Wirtschaftsweise ersetzen zu wollen, wird als Technikfeind ins Reich der Outsider verwiesen. Gewinnmaximierung und schnelle Bedürfnisbefriedigung sind das Gebot der Stunde. Unternehmer- und Politikerkreise setzen sich damit gegenüber einer langfristigen Wirtschaftsweise durch, die ökonomische und ökologische Aspekte miteinander verbindet und den Bedürfnissen der kommenden Generationen Rechnung trägt.

Die Möglichkeit des Menschen, heute bereits in die Keimbahn eingreifen zu können, verleitet zu Selbstüberschätzung und Arroganz. Ist tatsächlich der achte Schöpfungstag angebrochen, wie mancherorts behauptet wird? Jürgen Rüttgers, Zukunftsminister unter der Regierung Helmut Kohl – im Namen seines Amtes eigentlich dazu verpflichtet, in seine Entscheidungen vorausschauend auch künftige Generationen miteinzubeziehen –, will Deutschland zum Biotechnologiestandort Nummer eins machen. Nur die Brüsseler Vorschriften stünden dem noch im Weg, so der Minister. Deutschland sei ein guter Standort für Gentechnik. Seine Begründung gibt zu denken: In Deutschland bestünde im Gegensatz zu den USA eine Höchstgrenze für Haftungspflichten. Für Schäden, die darüber hinausgehen, komme der Steuerzahler auf.[3] Soll das heißen, daß vor allem Unternehmen, deren Forschung ein hohes Risikopotential in sich trägt, in Deutschland ihr Eldorado finden?

Eine solche Politik steuert in die falsche Richtung. In der Zukunft geht es nicht um immer höheren monetären Wohlstand, (was ohnehin nicht machbar ist), sondern um mehr Gerechtigkeit und einen höheren qualitativen Wohlstand für alle. Die Kluft zwischen arm und reich wächst weltweit. Es ist absurd, wenn heute 358 Milliardäre fast ebensoviel besitzen wie die Hälfte der Menschheit, wie im Jahresreport des Entwicklungsprogramms der Vereinten Nationen (UNDP) nachzulesen ist.[4]

Alles und bitte sofort

Moderne Technik läßt sich nicht gänzlich verteufeln. Ohne Kino und Fernsehen, ohne Auto, Computer, ohne elektrische Haushaltsgeräte kann man sich das Leben kaum noch vorstellen. So geht es in diesem Buch nicht um die Ablehnung jeder Technik, sondern um deren lebensfeindliche Auswüchse. Es geht auch nicht um simple Schwarzweißmalerei. Im Kapitalismus gerät die Kritik an dem, was sich technischer Fortschritt nennt, allerdings oftmals zu kurz. Fortschritt kann nie so verstanden werden, daß er sich gegen das Leben richtet. Wir haben es fertiggebracht, zum Mond zu fliegen, also müßte es auch möglich sein, eine lebensfreundliche Technik zu entwickeln – eine Technik, die mit Natur und Mensch weitgehend harmoniert. José Lutzenberger, Träger des alternativen Nobelpreises und ehemaliger Umweltminister von Brasilien, befaßt sich in diesem Buch mit dem Scheinfortschritt (siehe S. 51).
Die Vision der unbegrenzten Machbarkeit und die Vorstellung vom ständigen Wirtschaftswachstum verdrängen in der Gesellschaft die Sensibilität für Entscheidungen, bei denen es um Lebensrisiken geht. Die Bereitschaft, Risiken einzugehen, steigt. Der Mensch wird Teil einer Technologie. Er wird zunehmend – auch bedingt durch die scharfe Konkurrenz – auf dem Markt zur Ware, in Versicherungspolicen zum Kostenfaktor. Ma-

thematische Größen machen vergessen, daß sich hinter ihnen Kinder, Mütter und Väter, junge und alte Menschen verbergen, die ihre Gesundheit und Lebensqualität der Konsumgesellschaft unfreiwillig opfern. Nicht der Mensch steht im Mittelpunkt. Entscheidungen für oder gegen Technologien werden allzuoft nur unter dem Gesichtspunkt der Gewinnoptimierung gefällt. Betroffene Minderheiten werden an den Rand der Gesellschaft gedrängt. Der Mensch wird reduziert auf einen Kostenfaktor, Leben gegen Geld aufgerechnet.

Wieviel Mark ist ein Menschenleben wert?

Plötzlich ist die Frage erlaubt, ob von einer bestimmten Kostengrenze an der Schutz des Lebens überhaupt noch ökonomisch zu rechtfertigen sei. Wieviel Mark ist ein Menschenleben wert?

In der *Wirtschaftswoche* hat Brigitte Wettwer sich mit solchen Berechnungen auseinandergesetzt. Ob es sich denn lohne, für den Kampf gegen die Rinderseuche in Europa viele Milliarden Mark auszugeben, wenn nicht einmal sicher sei, wie viele Menschen dadurch überhaupt gerettet werden könnten? Nach ihrer Meinung ist die Reaktion in Europa auf die Rinderseuche Massenhysterie. »Wann sind die Kosten für den Verbraucherschutz noch zu rechtfertigen?« fragt sie.

Umgerechnet knapp 1,8 Millionen Mark setzten die Ökonomen des britischen Verkehrsministeriums für jeden Inselbürger bei der Projektplanung an. Das ist die Summe, die dem Land durch dessen Tod entsteht. Sie berechnet sich nach dem Sozialprodukt und den Leistungen, die das Opfer im Rest seines Lebens erarbeitet hätte. Davon wird sein Konsum abgezogen. Diese Summe wird wiederum dem gegenübergestellt, was für jedes gerettete Leben ausgegeben wird. »Je leerer die öffentlichen Kassen werden, desto weniger kann das Argument überzeugen, ein gerettetes Menschenleben sei jeden Preis der Welt wert«, so das Fazit Wettwers in der *Wirtschaftswoche*. Ihre Meinung: In Wohlstandsstaaten sei irgendwann der Punkt erreicht, an dem zusätzliche Risikoreduzierungen nur noch für astronomische Summen zu haben seien.[5] Um Kostenberechnungen von Menschenleben geht es auch in dem Beitrag von Christoph Bals von »German Watch« (siehe S. 134).

Natürlich kann für ein Menschenleben nicht jedes Geld der Welt ausgegeben werden, auch wenn es jedes Geld der Welt wert ist. Wettwer macht es sich allerdings zu leicht, wenn sie auf die ethische Problematik solcher Berechnungen erst gar nicht eingeht, sondern sie a priori als notwendig hinstellt. Ihre Denkweise wird allein durch marktwirtschaftliche Gesichtspunkte bestimmt. Auch in einer kapitalistischen Gesellschaft kann der Mensch jedoch nicht einseitig als Humankapital betrachtet werden. Das mündet in einen Sozialdarwinismus, der das »Survival of the Fittest and Richest« propagiert.

Dieser eine bin ich nicht

Während die Sorge um das eigene Leben individuell eine zentrale Rolle spielt, wird in vielen Fällen – ohne nachzudenken – wie selbstverständlich über das Leben anderer Menschen bestimmt. Manche Experten sprechen inzwischen davon, daß die Gesellschaft bereit sei, eine neue Technologie zu akzeptieren, wenn sie nicht mehr als einen Toten auf 10 000 Menschen im Jahr fordere. Andere nehmen sogar ein Risiko von 4 : 10 000 in Kauf – beides aus dem Hut gezogene Zahlen. Jeder Versuch, dieses Risiko, sprich: mögliche Todesfälle, als sozial und zivilisatorisch adäquat zu verkaufen, ist in höchstem Maße fragwürdig, auch wenn es »nur« in Form von Zahlen hinter dem Komma geschieht. Menschenopfer dergestalt etablieren und juristisch legitimieren zu wollen widerspricht unserem Grundgesetz. Die Problematik wird jedoch verdrängt, weil viele Menschen sich damit nicht belasten wollen und denken: »Dieser eine bin ich nicht.«

Vom Schreibtisch aus ebnen Wissenschaftler, Ingenieure, Manager und Gutachter den Weg dafür, Risiken wie Atomkraft, das weltweite Gefährdungspotential durch Chemie und Elektrosmog, lückenhafte Emissions- und Wasserverordnungen, Staudämme, Flußbegradigungen etc. einzugehen. Solange sie nur über ihre eigene Lebensqualität und ihre Gesundheit bestimmen, kann niemand etwas dagegen einwenden. Ein Risikomanager, der vom möglichen Versagen einer Technologie selbst betroffen wäre, dürfte diese als weniger nützlich einschätzen – nach dem Motto: Nicht in meinem Hinterhof![6] Der Durchschnittsbürger ist hingegen nur ein ohnmächtiges Glied in einer Kette von Akteuren und nicht einschätzbarer Gefahren – und soll dennoch die Pflicht haben, das Risiko des technologischen Fortschritts mitzutragen.

Gefahren manifestieren sich in unzähligen Einzelschicksalen, wobei die Betroffenen in den wenigsten Fällen Aussicht auf Entschädigung haben. Was bei Autounfällen längst gang und gäbe ist, daß nämlich der Verursacher für die Schäden aufkommt, für die er verantwortlich ist, bildet im Bereich der Hochrisikotechnologie eher die Ausnahme. Entweder sind die Verantwortlichen nicht auszumachen, oder sie werden »aus Mangel an Beweisen« nicht verfolgt.[7]

Opfer verspottet

Aber nicht die Verantwortlichen stehen im Kreuzfeuer der öffentlichen Kritik. Warnungen werden ignoriert. Statt dessen werden Betroffene zu »eingebildeten Umweltkranken« oder zu »Ökochondern« abgestempelt, die Vergiftungssymptome psychosomatisch »kopieren«. Ausgangspunkt solcher Meinungsmache ist eine Studie von Wissenschaftlern aus Arbeitsmedizin, Psychologie, Psychosomatik und Psychiatrie, die unlängst am Institut für Arbeits-, Sozial- und Umweltmedizin in Erlangen veröffentlicht und in den Medien ohne ausreichende eigene Recherche vielfach unkritisch verbreitet wurde. Weil die Autoren wenig differenzierte Untersuchungsmethoden anwandten, diagnostizierten sie bei den Patienten (ganze 94 meldeten sich in der Umweltsprechstunde des Instituts innerhalb eines Jahres! – fast halb so viele behandelt ein Umweltmediziner an einem einzigen Behandlungstag in seiner Praxis), die Umweltgifte als Ursache für Krankheitssymptome angaben, nur psychologische und psychiatrische Störungen. Hätten sie ausführlichere Anamnesen erhoben und Wohnungen sowie Arbeitsplätze auf Schadstoffe untersucht, wären die Erlanger Wissenschaftler höchstwahrscheinlich zu anderen Ergebnissen gekommen. Nicht von ungefähr wurde gerichtlich bestätigt, daß der Chef des Erlanger Instituts,

Professor Gerhard Lehnert, als »Experte für Unbedenklichkeit« bezeichnet werden darf.[8]
In den USA hat Professor William J. Rea, Direktor des Environmental Health Center in Dallas/Texas, 20 000 Umweltkranke untersucht. Er prägte das Bild des »randvollen Topfes«, den jeder Tropfen weiteren Gifts zum Überlaufen bringt.[9] Die amerikanische Umweltbehörde EPA[10] hat festgestellt, daß Gifte wie Dioxin, PCP etc. wegen ihrer hohen Persistenz und Anhäufung in der Nahrungskette ein hohes Krankheitspotential bilden, das – im Körper gespeichert und immer weiter angereichert – neurotoxisch und immunschädigend wirkt.[11]
Es erscheint dringend erforderlich, verbindliche wissenschaftliche Kriterien zu entwickeln, die eine offensichtlich interessengesteuerte oder unwissenschaftliche Auswertung von Studien einschränken oder sogar ausschließen können. Auch sollte offengelegt werden, von welcher Seite ein Institut vorrangig Aufträge erhält. Nur wenn hier mehr Sorgfalt verwandt wird, ist Wissenschaft wieder glaubwürdig. »... Das Problem unserer Zeit«, schreibt Tino Merz, Vizepräsident der Deutschen Gesellschaft für Umwelt- und Humantoxikologie, »sind nicht die irrationalen Ängste, sondern rational nachvollziehbare Abneigungen vor Konsequenzen.«[12]
Der Soziologe Ulrich Beck hat in seinem grundlegenden Werk *Risikogesellschaft*[13] das Problem der »Mogelpraxis« bei Wissenschaftlern angesprochen. Am Anfang, so schreibt er, stünden »unterschiedliche Betroffenheiten. Man befindet sich auf verschiedenen Seiten desselben Zaunes. Wenn dem Wissenschaftler ein Fehler unterläuft, kratzt das schlimmstenfalls an seiner Reputation (wenn der Fehler in den Kram paßt, kann es ihm sogar die Beförderung bescheren). Auf der Seite der Betroffe-

nen nimmt dasselbe ganz andere Erscheinungsformen an. Ein Fehler in der Grenzwertbestimmung bedeutet hier unter Umständen irreversible Schädigungen der Leber, Krebsgefahr.« Grenzwertbestimmung oder Höchstmengenverordnung sind für Beck lediglich fauler »Zauber à la ›Babuhhhbaaaataaahh‹« … oder anders ausgedrückt: eine »kognitive Giftschleuse«, an deren Hebeln Risikowissenschaftler sitzen. Die Grenzwerte seien »Persilscheine« dafür, daß Mensch und Natur vergiftet werden. Sie bestimmten die Giftmenge, die der Mensch zu vertragen hat. (Vergleiche auch den Beitrag von Till Bastian zu diesem heiklen Thema, siehe S. 82.) Beck kritisiert weiter solche Experten, die die »Forderung nach einer Nichtvergiftung« zurückweisen. Sie tun das, obwohl »chemische Schadstoffe in unserer Umwelt ein signifikanter Bestimmungsfaktor der menschlichen Gesundheit und der Lebenserwartung geworden sind. Das hieße«, bemerkt der Soziologe sarkastisch: »Bitte im Zweifelsfall das Gift vor dem gefährdenden Zugriff des Menschen schützen.«[14]

Dies gilt vor allem auch für die unzähligen Biozide, Lindan, Pyrethroide und den neuen Kassenschlager neurotoxischer Insektizide, »Gaucho« von Bayer.[15] Die weltweite Vergiftung zeigt sich drastisch in der Zerstörung der Lebensgrundlagen: So erhalten etwa Embryos über die Plazenta und Säuglinge über die Muttermilch bereits einen hohen Prozentsatz der Schadstoffe, die sich im Körper der Mutter im Laufe ihres Lebens eingelagert haben.[16] Die Spermienkonzentration hat bis an die Grenze zur Unfruchtbarkeit abgenommen (vergleiche dazu den Beitrag von Linde Peters auf S. 163 in diesem Band). Die Anzahl der Aborte und der plötzliche Kindstod haben gebietsweise zugenommen.[17]

Ein weiteres Beispiel, wie fortgeschritten die Vergiftung der Menschen inzwischen ist, liefert die Luftbestattung der Parsen. Dieses Volk, das ursprünglich aus Persien stammt und heute in Indien lebt, pflegte den Brauch, seine Toten auf offenen Türmen auszulegen. Geier besorgten die »Bestattung«. Damit ist nun Schluß: Seit einiger Zeit verschmähen sie ihre Beute, weil sie durch starke Konzentrationen von Medikamenten für sie »ungenießbar« geworden ist, wie in der *Süddeutschen Zeitung* zu lesen war.[18]

Einschätzen von Risiken

Es ist riskant, in landwirtschaftlich intensiv genutzten Landstrichen zu wohnen. Es ist riskant, in einem Unternehmen zu arbeiten, das Schadstoffe produziert. Es ist riskant, sein Haus in der Nähe eines Vulkans zu bauen. Riskant ist es zu rauchen. Riskant ist es ebenso, neben einer stark befahrenen Bundesstraße zu wohnen. All das sind Binsenwahrheiten. Aber wie empfindet der einzelne diese Risiken, wie schätzt er sie ein, wie geht er mit ihnen um? Verschiedene Untersuchungen haben gezeigt, daß ein Gefährdungspotential völlig unterschiedlich wahrgenommen wird. Naturbedingte Risiken wie Sturmfluten, Risiken, an die man sich gewöhnt hat, sowie Risiken, die räumlich und zeitlich auseinanderliegen, werden eher unterschätzt. Risiken, die in der Öffentlichkeit diskutiert werden, neuartige Risiken und solche, die man nicht selbst kontrollieren kann, werden eher überschätzt. Dem Schadensausmaß wird ein höherer Wert beigemessen als der Eintrittswahrscheinlichkeit.

In der Diskussion um technische Risiken wird Julian

Nida-Rümelin zufolge, der sich mit dem Thema »Ethik des Risikos« auseinandersetzt, oft von »Akzeptanzproblemen« gesprochen.[19] Wie der Philosophie-Professor von der Göttinger Georg-August-Universität feststellt, weist die herrschende Meinung in bezug auf dieses Thema ein klar belegbares Defizit auf. Mit »Akzeptanzproblemen« sei gemeint, daß sich das objektive Risiko – festgestellt durch die Häufigkeit auftretender Schäden – in der Praxis meist von der subjektiven Risikowahrnehmung unterscheide, weil diese oft durch einen Mangel an Informationen verzerrt sei. Die Entscheidung, riskante Technologien einzuführen, darf aber, so Nida-Rümelin, keinesfalls damit begründet werden, daß die vorausgegangenen subjektiven Abwägungen irrational seien. Maßgeblich sei »die normative Bindung an individuelle Rechte und Autonomie«. Dies macht der Philosoph an folgendem Beispiel deutlich: »Angenommen, vier Personen liegen in einer Klinik und warten auf eine Transplantation, und diese vier Personen würden sterben, wenn sie die Organspende nicht bald erhalten. Selbst in dieser Extremsituation ist es rechtlich und moralisch unzulässig, ein in die Klinik eingeliefertes Unfallopfer, das eine – wie die Ärzte das so schön nennen – infauste Prognose erhält (das heißt, man weiß nicht, ob es überlebt), sterben zu lassen, um mit seinen Organen das Leben von vier Personen zu retten.« Man müsse sich die Härte dieses Arguments klarmachen, schreibt Nida-Rümelin. Aber weder Rechtssystem noch unsere Moral erlaubten es, diesen einen Menschen zu opfern.[20]

Güterabwägung zwischen Menschen?

In der Transplantationsmedizin wird ein Hauptproblem bei der Einführung riskanter Technologien besonders deutlich: Hier ist die Gefahr groß, daß der einzelne Mensch zum verfügbaren Objekt und Ersatzteillager für Organe degradiert werden kann. Dieses Phänomen wird eindrücklich in dem Dokumentarfilm *Tot oder lebendig* von Silvia Matthies vor Augen geführt. »Hirntod ist eine Definition zum Zwecke der Organtransplantation«, sagt dort der Moraltheologe Professor Manfred Balkenohl. Dem »Hirntoten« wird der Leichenstatus aufoktroyiert, auch wenn sämtliche Lebensfunktionen noch erhalten sind.[21] »Ein sterbender Mensch ist ein Mensch wie jeder andere und genießt den Schutz des Grundgesetzes und die Würde des Menschen«, bekräftigt der Professor für Theologie und Religionswissenschaften Michael von Brück. »Wenn die Wissenschaft anfängt zu definieren, was ist volles Menschsein, was ist weniger volles Menschsein, dann kommen wir in Zugzwänge, die sich verheerend auswirken.«
Inzwischen hat sich die Industrie die ärztliche Fähigkeit, Organe transplantieren zu können, zunutze gemacht. Ein Pharmakonzern, der im Bereich der Transplantationsmedizin 1995 weltweit 1,5 Milliarden Mark Umsatz machte, hat sich beispielsweise an der Finanzierung von Schulungen für Pflegepersonal beteiligt, die Angehörige von Hirntoten dazu bewegen sollen, Organtransplantationen zuzustimmen.[22]

Fremdbestimmte Risiken akzeptieren?

Innerhalb des Vereins Deutscher Ingenieure und Elektroingenieure kursiert die Ansicht: Der Bürger, der in unserem Staat die Freiheit hat, ein individuelles Risiko einzugehen, müsse auch bereit sein, die fremdbestimmten Risiken des technischen Zeitalters mitzutragen. So äußerte sich auch der Düsseldorfer Philosophieprofessor Alois Huning auf der Herbsttagung des Vereins Deutscher Ingenieure 1994 in München: Ohne die Pflicht, fremdbestimmte (zum Beispiel durch Gentechnologie bedingte) Risiken auf sich zu nehmen, sei kein zukunftsorientiertes Handeln möglich, meint er. Diese Maxime leitet er unter anderem aus der »Goldenen Regel« ab: »Handele dem anderen gegenüber so, wie du willst, daß er dir gegenüber handelt.« Diese formale Beschreibung sagt jedoch noch nicht viel aus. In Konfliktfällen könne es eine probabilistische Güterabwägung geben, meint der Professor. Auch die Grundrechte des Menschen könnten bei den Güterabwägungen eine gewisse Einschränkung erfahren. Ethisches Handeln, gerade im Bereich der Technik, bedeute »zunehmend weniger eine Entscheidung zwischen ›Gut und Böse‹«; immer häufiger trete an die Stelle eines »›Entweder‹-›Oder‹ ein ›Mehr‹ oder ›Weniger‹, eine ›Gewinn- und Verlustrechnung‹«. Sollen hier Menschen gegen Menschen, Energiekonsum oder Lohnausfall gegen Gesundheit aufgerechnet werden?

Menschen hätten prinzipiell ein Recht darauf, selbst zu entscheiden, welche Gefährdung sie in Kauf nehmen möchten, stellt dagegen Nida-Rümelin fest. Wenn etwa eine einzelne Person beschließe, ihre Niere zu spenden, sei das legitim. Man müsse strenge Richtlinien anlegen

und prüfen, ob Individualrechte verletzt werden, insbesondere das Recht der Gesundheit. Es sei aber unzulässig, so Nida-Rümelin weiter, jemanden um ökonomischer Vorteile willen zu opfern. Damit würden Menschenrechte, Lebensrechte und Bürgerrechte verletzt.[23]
Daß freiwillige und fremdbestimmte Risiken subjektiv und objektiv unterschiedlich bewertet werden, darf für Experten, die für die Industrie arbeiten, kein Grund sein, beide über einen Kamm zu scheren. Auch Ethikbeauftragte der Firmen, die für Akzeptanz in der Bevölkerung sorgen sollen, unterscheiden vielfach nicht zwischen diesen beiden Risikodimensionen. Werbestrategen versuchen mit immer raffinierteren kostspieligen Methoden, den Konsumenten zu überzeugen. Nicht selten werden Zahlen und Fakten geschönt oder unterschlagen.[24] In den Hochglanzbroschüren der Unternehmen ist jedenfalls keine Rede von den Betroffenen, ihrem Leiden, ihrem Sterben.

Die Existenz eines Volkes aufs Spiel gesetzt

Ein einschlägiges Beispiel dafür, wie ganze Menschengruppen dem Profit zuliebe wissentlich in Gefahr gebracht werden, sind die Ogoni, ein Volksstamm in Südost-Nigeria, der verheerenden Umweltschäden ausgesetzt ist.[25] Seit 1958 wird in dem 1000 Quadratkilometer umfassenden Gebiet kommerziell Öl gefördert – seitdem ist das Trinkwasser verseucht, das Ackerland unfruchtbar, die Tier- und Pflanzenwelt zerstört; durch das Abfackeln des Erdgases ist die Luft vergiftet – ein Zustand, den das Europäische Parlament als »ökologischen Alptraum« beschrieb. Das Land ist von einem Netz aus

Bohrtürmen und Pipelines durchzogen. Allein der Shell-Konzern hat eigenen Angaben zufolge im Niger-Delta etwa 6200 Kilometer Röhren verlegt, deren größter Teil oberirdisch verläuft: Brände und Lecks sind an der Tagesordnung. Leidtragende sind die etwa 500 000 Ogoni, die größtenteils von Landwirtschaft und Fischfang leben: In ihrem Gebiet treten häufiger als andernorts Erkrankungen der Atemwege, Krebs und Mißbildungen bei Neugeborenen auf. Im Februar 1995 gab Shell für zwei Millionen Dollar eine auf zwei Jahre angelegte Umweltstudie in Auftrag, ohne allerdings die Mosop, die Bewegung für das Überleben des Ogoni-Volkes, daran zu beteiligen. Deren Präsident, der Schriftsteller, Umweltschützer und Bürgerrechtler Ken Saro-Wiwa, der das Anliegen der Ogoni international ins Bewußtsein rückte, wurde von einem nigerianischen Gericht zum Tode verurteilt und trotz weltweiter Proteste am 10. November 1995 mit acht weiteren Oppositionellen hingerichtet. Der Vorwurf: angebliche Aufhetzung des Ogoni-Volkes. Saro-Wiwa hatte mit seinen Mitstreitern sechs Milliarden Dollar Pacht und vier Milliarden Dollar Entschädigung für das Ogoni-Volk gefordert.[26]

Ernst Ulrich von Weizsäcker fragt in seinem Buch *Faktor vier*: »Hilft uns der Markt, das neue Allheilmittel, um die geforderte Nachhaltigkeit zu erreichen? ... Hat er doch gerade dafür gesorgt, daß die Erde immer mehr ausgenommen wurde. Der Markt läßt die närrischsten Entwicklungen wie die Zerstörung der letzten Urwälder vernünftig erscheinen. Der Markt war die Peitsche des Fortschritts, auch beim Abbau der Rohstoffe, bei ihrer Verarbeitung und ihrem Transport ...«[27]

Rangordnung von Risiken

Wer über die Zumutbarkeit von Risiken entscheidet, muß differenzieren. Hans Peter Dürr, Direktor am Max-Planck-Institut für Physik in München und Träger des alternativen Nobelpreises, hat eine Rangordnung aufgestellt, die die Risikodiskussion auf eine solidere Basis stellt und Entscheidungen über die Inkaufnahme von Risiken erlaubt[28]:

1. Es werden nur Personen betroffen, welche die Anlage selbst betreiben oder sich der Gefahrensituation aussetzen ... Diese Menschen setzen sich bewußt der Gefahr aus, in der Hoffnung auf einen für sie wesentlichen Gewinn.
2. Es werden auch unbeteiligte Personen betroffen, aber ein Entziehen ist prinzipiell möglich. Hierzu gehören die Gefahren des Verkehrs, des Großstadtlebens, Ansiedlung unterhalb eines Staudammes etc.
3. Es werden auch unbeteiligte Personen betroffen, ohne daß diese eine Entzugsmöglichkeit besitzen. Dies trifft für alle möglichen ökologischen Schäden zu – Luftverschmutzung, Wasserverseuchung – und für den kurzlebigen radioaktiven Fallout.
4. Die unbeteiligten Personen haben weder eine Entzugsmöglichkeit, noch ziehen sie irgendeinen Nutzen aus den Einrichtungen, von denen der Schaden ausgeht. Hierzu zählen die längerfristigen ökologischen Schäden – Bodenvergiftung, Erosion, Zerstörung der tropischen Urwälder – und der langlebige Fallout, da diese nicht nur uns treffen, als teilweise Nutznießer eines verschwenderischen Lebensstandards und einer billigen Energieversorgung, sondern auch unsere Kin-

der und Kindeskinder, die nichts mehr von unserem Wohlstand haben werden.
5. Es wird die Lebensgrundlage der Menschheit zerstört. Dies wäre im Fall eines globalen Atomkrieges zutreffend.«

Das vorliegende Buch widmet sich vor allem den Risikostufen drei und vier. Einschlägige Beispiele gibt es viele. Die erste Hochrisikotechnologie, die sich unbeeinflußt von demokratischen Strukturen in der Rüstungsindustrie entwickelt hat, war die Atomindustrie. Im Vorfeld, als die Bevölkerung noch völlig uninformiert war, entstand hier ein Freiraum, in dem ganz »legitim«, von den Regierungen genehmigt, Verbrechen nicht nur an einzelnen Menschen, sondern ganzen Bevölkerungsgruppen verübt wurden.

Töten ganz legal

Kriminell und menschenverachtend waren die 466 Atombombentests im Nordosten Kasachstans, denen die ehemalige Sowjetunion seit Ende der vierziger Jahren ihre Bevölkerung ausgesetzt hat.[29] Bevorzugte Zeit für die tödliche Testreihe, deren Ergebnisse der atomaren Entwicklung und strategischen Planung im Falle eines Atomkrieges dienten, war der Sonntagmorgen im Sommer, da hielten sich fast alle Bewohner leicht bekleidet im Freien auf. Auf Fotografien Betroffener nach einer solchen Explosion war die Hautpigmentierung an ungeschützten Körperteilen sehr dunkel, verursacht durch extrem hohe Temperaturen. Nur einmal wurde die Bevölkerung, die in der unmittelbaren Gefahrenzone lebte,

evakuiert, nämlich 1953, beim Test der großen Wasserstoffbombe. Danach verzichtete das Militär auch darauf, im Gegenteil, es setzte den zulässigen Grenzwert radioaktiver Strahleneinwirkung auf den Menschen sogar noch herauf. In Semipalatinsk, nur 200 Kilometer vom Versuchsgelände entfernt, werden heute bereits zwölf Prozent der Kinder mit Leukämie, schweren Allergien oder Erkrankungen der Atemorgane geboren. 70 Prozent der Bevölkerung leiden an Anämie, 63 Prozent weisen zum Teil schwere Schädigungen der Erbanlagen auf.[30]
Auch die USA gerieten Anfang 1994 mit Menschenversuchen zur Radioaktivität in die Schlagzeilen: Damals war enthüllt worden, daß das amerikanische Energieministerium und seine Vorgängerbehörden von den vierziger bis zu den siebziger Jahren etwa 1600 Menschen ohne deren Wissen zu Experimenten mit radioaktivem Material gebraucht hatten.[31] In seinem Abschlußbericht vom September 1995 über die Opfer der Nukleartests kritisiert das US-Energieministerium einzig ein Zehntel der Versuche, mit denen an ahnungslosen geistig Behinderten und Gefängnisinsassen experimentiert worden war. So wurden etwa in den Strafanstalten der US-Staaten Oregon und Washington von 1963 bis 1971 die Hoden von 131 Häftlingen in hohen Dosen röntgenbestrahlt. An der Harvard Universität und am Massachusetts Institute of Technology wurden 49 geistig behinderten Jungen zum Frühstück radioaktiv verseuchte Cornflakes vorgesetzt, um den Stoffwechsel unter Einfluß von radioaktivem Eisen und Kalzium zu testen. In den fünfziger Jahren wurde im Bostoner Lying-in Hospital 23 werdenden Müttern radioaktives Eisen gespritzt, um mögliche Auswirkungen auf Mutter und Kind festzustellen. Ergebnis: Die Kinder der Testmütter erkrankten

später häufiger an Krebs als erwartet. Diese Experimente wurden mit dem Kalten Krieg gerechtfertigt und strikt geheimgehalten. In keinem Fall erhielten die »Patienten« irgendeine Nachbehandlung.
Darüber hinaus hat das amerikanische Verteidigungsministerium in den vierziger und fünfziger Jahren 200 000 Soldaten bei überirdischen Atomtests radioaktiven Strahlen ausgesetzt. Daß so etwas auch heute noch geschieht, beschreibt Claus Biegert in diesem Band in seinem Beitrag über die Atombombentests der Franzosen auf dem Mururoa-Atoll (siehe S. 233).
Die Staatsräson und ihre Fixierung auf einen imaginären Gegner hat Vorrang vor den Menschenrechten. Michael H. Kater, Professor für Geschichte an der York University in Ontario/Kanada, schreibt in diesem Zusammenhang: »Tatsache ist, daß selbst in einer sich ständig kontrollierenden Demokratie der Staat wissenschaftliche und ethische Normen verbiegen oder sogar ganz abschaffen kann, ohne daß der Durchschnittsbürger davon etwas merken muß.«[32]

Elektromagnetisches Chaos

In akribischer Kleinarbeit hat Egbert Kutz, Arzt für Allgemeinmedizin, in Vollersode (35 Kilometer nordwestlich von Bremen) eine Statistik über bösartige Hirntumore geführt. Zwischen 1981 und 1994 starben in der 2900-Seelen-Gemeinde elf Menschen zwischen acht und 66 Jahren an Astrozytomen oder Glioblastomen. Kutz, der diese Fälle in eine Landkarte eintrug, fand heraus, daß alle im Überschneidungsbereich zwischen zwei Sendeanlagen aufgetreten waren: zwischen einer Radaranlage der Bundeswehr, seit 1968 in Betrieb, und der Richtfunkanlage D1 der Telekom, seit 1976 in Betrieb. Die Anlagen stehen 2700 Meter voneinander entfernt. Die Hirntumoren wurden sorgfältig histologisch untersucht, unsichere Diagnosen nicht einbezogen. An Hirntumoren Erkrankte, die nur kurzzeitig in Vollersode gelebt haben, wurden ebenfalls nicht berücksichtigt. Verwandtschaftliche Verhältnisse, berufliche Expositionen und Altlasten in der Gemeinde schieden als Ursache aus. »Im Bereich der Samtgemeinde Hambergen verstarb in diesem Zeitraum jeder 676. Einwohner an Gehirntumor. Bei einer weiteren Differenzierung ergibt sich:

1. Im Gemeindebereich Vollersode starb jeder 263. an einem Gehirntumor.
2. Im übrigen Samtgemeindebereich verstarb nur jeder 1810. Einwohner an einem Gehirntumor.«[33]

Beim Elektrosmog ist es wie mit Kernkraft und allen anderen Hochrisikotechnologien: Auf der einen Seite stehen die Betreiber, die mit allen Mitteln zu verhindern suchen, daß schädliche Auswirkungen an die Öffentlichkeit gelangen, und auf der anderen Seite stehen die Opfer und die Experten, die unmittelbar mit ihnen zu tun haben. Wolfgang Maes, Journalist und Sachverständiger für Baubiologie aus Neuss, untersucht in Zusammenarbeit mit Ärzten seit über zehn Jahren die Auswirkungen von Elektrosmog. Inzwischen kann er sein Urteil auf Erfahrungen mit 5000 Fällen gründen: »Es sind immer wieder die gleichen Fälle. Ich brauche nur noch die Namen auszuwechseln.« Sein Buch *Stress durch Strom und Strahlung*, das unzählige konkrete Beispiele enthält, liest sich wie ein Krimi. »Das Netz der öffentlichen Stromversorgung wird immer dichter«, schreibt er, »die Anzahl elektrischer Kabelmeter zu Hause und am Arbeitsplatz immer höher, die Verbreitung von Sendetürmen und Funkanlagen immer stärker. In vielen zivilisierten Häusern und Gegenden ist der natürliche Strahlenpegel hinter dem Toben von millionenfach stärkeren künstlichen Strahlenpegeln schon längst verschwunden. Und Jahr für Jahr nimmt die allgemeine Elektrosmogintensität zu und mit ihr die unnatürliche elekromagnetische Unordnung für Mensch, Tier und die ganze Natur.« Er zitiert Bundespostminister Wolfgang Boetsch, der in den Nachrichten vorausgesagt hat, daß die Auseinandersetzung über die Kernenergie im Vergleich zu dem, was uns der Mobilfunk-Elektrosmog noch bescheren werde, nur »ein laues Lüftchen« sei.[34]

Einfluß und Macht ohne Verantwortung

Chemiefirmen geben sich gern den Anschein, unter der Flagge der Ökologie zu segeln. Unter dem Motto »Chemie ist umweltfreundlich« gab es etwa auf dem Münchner Kirchentag 1993 einen Stand; der Vertreter einer Chemiefirma, die den Stand sponserte, aber ungenannt blieb, hielt – in Jeans auf einem Ruderboot stehend – einen Vortrag zum Thema.

Wissenschaftler in exponierter Stellung in der Chemie- oder Atomindustrie gehen sehr unterschiedlich mit ihrer Wahrnehmung von Gefahren um. Eine Methode ist, die Gefahr einfach zu ignorieren oder zu leugnen, gleichzeitig aber persönlich Vorsorge zu treffen. So verhielten sich Politiker, die nach Tschernobyl öffentlich rieten, Kinder ruhig draußen im Freien spielen zu lassen, ihren eigenen

Kindern jedoch verboten, auf die Straße zu gehen. Oder jener Minister, der in seinem Gartengrundstück eine Schicht Erde abtragen ließ, aber gleichzeitig per Untersagungsanordnung durchsetzte, daß dies in der Öffentlichkeit nicht verbreitet werden durfte. Persönlich verfügen die Akteure über Möglichkeiten, ihr Risiko und das ihrer Familie zu reduzieren. So hat sich ein hochrangiger Fürsprecher der Atomenergie im eigenen Garten einen Atombunker bauen lassen.
Manch hochrangiger Wissenschaftler vertritt auch die Auffassung, daß er nicht mehr Verantwortung trage als jeder andere Bürger in unserem Staat. Aber tragen etwa eine Kindergärtnerin oder ein Briefträger die Verantwortung dafür, daß aus einem benachbarten Atomkraftwerk eine Dauerdosis radioaktiver Niedrigstrahlung entweicht? Haben sie die Kompetenz, die Misere abzustellen? Ihr Widerstand bliebe ohne Folgen. Macht und Kompetenz lassen sich nicht von Verantwortung trennen. Auch wenn der Direktor eines Atomreaktors mitnichten allmächtig ist, hat er doch entsprechend seiner Stellung mehr Einfluß und deshalb auch ein höheres Maß an Verantwortung.

Ein großer Atomunfall ist nicht versichert

Wer kennt nicht die verbalen Purzelbäume von »Atomexperten«, die erklären, daß Kernkraftwerke sicher seien. Die Versicherungswirtschaft ist längst zu einem anderen Schluß gekommen. Deutsche Versicherungsgesellschaften schließen in den Versicherungsbedingungen Schäden durch Atomkraft ausdrücklich aus. Die Betreiber von Atomkraftwerken können nur die Anlage selbst ver-

sichern, sowie – über die Berufsgenossenschaften – ihre Mitarbeiter. Üblicherweise wird die Deckungssumme auf etwa 500 Millionen Mark festgelegt. Das reicht gerade zur Begleichung kleinerer Schäden. Tritt ein Super-GAU (in der Dimension Tschernobyls) ein, wäre diese Summe kaum ein Tropfen auf den heißen Stein. Welche Versicherungsgesellschaft könnte schon bis zu 3000 Milliarden Mark als Deckungssumme aufbringen? Das wäre der Ruin der Atomwirtschaft: Ihr Strom würde dadurch unerschwinglich teuer werden und nicht mehr konkurrenzfähig sein. Deutlicher als alles andere zeigt sich hieran, daß das Risiko Atomkraft untragbar ist.
Als Begründung für die fehlende Versicherung großer Unfälle durch Kernkraftwerke wird paradoxerweise vorgegeben, daß die Eintrittswahrscheinlichkeit eines schweren Unfalls in einem Atomkraftwerk jenseits des Vorstellbaren liege. (So wird zum Beispiel als Eintrittswahrscheinlichkeit eines solchen Unfalls der Faktor 10^7 zugrunde gelegt, das heißt, daß im Mittel pro Kernkraftwerk in 10^7 Jahren ein GAU zu erwarten wäre, bei 100 Kernkraftwerken in 10^5 Jahren etc.) Die Begründung für die Katastrophenpläne sieht freilich anders aus. Hier wird plötzlich mit dem Unvorstellbaren – dem Super-GAU – gerechnet. Man geht davon aus, daß das, was beispielsweise bei einem GAU in Biblis über eine bestimmte Höchstsumme hinausgeht, von der Allgemeinheit getragen werden muß.

Verantwortungsblind

Manche Experten weigern sich selbst dann, ihre Verantwortung wahrzunehmen, wenn die Katastrophe bereits eingetreten ist. So bemühte laut Egmont R. Koch und

Irene Meichsner[35] der ehemalige Chef des weltweit größten Behandlungszentrums für Bluterpatienten in Bonn, Professor Hans Egli, höhere Mächte, um die Schuldfrage der zahlreichen Aidsfälle unter Bluterkranken in Deutschland zu erklären. Im Herbst 1993 habe er die Aidsepidemie mit einem »Taifun« oder einem »Erdbeben« verglichen und die Verantwortungslosigkeit derjenigen, die mit verseuchten Blutpräparaten handelten und diese an Patienten verabreichten, als »schicksalhafte Naturkatastrophe« bezeichnet.
Wenn ein Experte eine hochriskante Technologie verteidigt, muß die Frage erlaubt sein, wie er etwas verantworten kann, für das er weder mit seiner Person noch seinem Vermögen haften und das er auch dann nicht mehr beeinflussen kann, wenn Fehler zu Katastrophen führen.
Ulrich Beck befaßt sich in seinem Buch *Risikogesellschaft* auch mit den psychologischen Voraussetzungen für das ignorante Verhalten von Entscheidungsträgern: »Gefährdungsbetroffenheit muß nicht in Bewußtwerdung der Gefährdung einmünden, kann auch das Gegenteil, *Leugnung aus Angst*, provozieren. In dieser Möglichkeit, die Gefährdungsbetroffenheit selbst zu verdrängen, unterscheiden und überschneiden sich Reichtums- und Risikoverteilung: Den Hunger kann man durch Leugnung nicht stillen, Gefahren dagegen immer weginterpretieren (solange sie nicht eingetreten sind).«[36] Mit dem Ausmaß der Gefahr und der Unmöglichkeit, Risiken zu beseitigen, wachse die Wahrscheinlichkeit der Leugnung und Verharmlosung, schreibt der Münchner Soziologie-Professor. Die Politiker schauten tatenlos zu, die Gesellschaft suche sich ihre Sündenböcke: »Plötzlich sind es nicht die Gefährdungen, sondern diejenigen, die

sie aufzeigen, die die allgemeine Unruhe provozieren. Steht nicht immer sichtbarer Reichtum gegen unsichtbare Risiken? Ist das Ganze nicht ein *intellektuelles* Hirngespinst, eine Schreibtischente der intellektuellen Bangemacher und Risikodramaturgen?«[37]

Leugnen und Ignorieren ist eine Möglichkeit, mit Gefahren umzugehen, eine andere ist, sie als gegeben hinzunehmen. So wird im *Spiegel* berichtet, daß der Sicherheitsexperte der International Atomic Energy Organisation (IAEO) in Wien, Morris Rosen, nach der Tschernobyl-Katastrophe tatsächlich die Ansicht vertreten habe, die Atomenergie müsse auch dann weiter betrieben werden, wenn jedes Jahr ein Tschernobyl passiere.[38] Ähnlich äußert sich der Soziologe Niklas Luhmann, der – ebenfalls auf Tschernobyl bezogen – fordert: Die Risikogesellschaft »muß lernen, mit Katastrophen zu leben, und zwar ganz normal und unaufgeregt zu leben, sonst verschwinden die eventuellen Katastrophen zwar nicht, aber es kommen vermeidbare Aufregungen dazu«.

Ein weiterer psychischer Mechanismus, vor der Realität zu fliehen, ist nach Anna Freud die Identifikation mit den Aggressoren, in diesem Fall mit Risikomanagern, die zudem meist noch in hohen Positionen sitzen und entsprechend verdienen. Eine gute Lebensweise weckt das Bedürfnis, selbst daran teilnehmen zu können – anstatt mit den Betroffenen mitzuleiden.

Zynismus – aus Hilflosigkeit

Vielen, die unmittelbar mit dem Dilemma der Hochrisikotechnologie zu tun haben, bleibt nur der Weg in den Zynismus, wie zum Beispiel Ärzten, die den Leiden

Betroffener tagtäglich gegenüberstehen. Ihre Hilfe versagt bei Lindan- oder Quecksilbergeschädigten, bei radioaktiv verstrahlten Patienten und anderen. So sagte jüngst ein etablierter Münchner Mediziner zu einer Patientin, die an MCS (Multiple Chemical Sensibility – Vielfache Chemikalien-Sensibilität) leidet: »Wir müssen uns den neuen Bedingungen in unserer Gesellschaft anpassen. Die Menschen, die das nicht können, sollen doch aussterben.« Eine andere Äußerung, die in diese Richtung geht, lautet: »Alle müssen sterben. Wenn die Leute an radioaktiver Verstrahlung sterben, müssen sie schon keinen anderen Tod sterben.« Solche Aussagen sprechen für sich.

Technikbewertung: Luftbuchungen für die Zukunft?

In den fünfziger Jahren entstand in den USA die Disziplin »Technology Assessment« (TA) als politische Entscheidungshilfe. In der Technikfolgenabschätzung wird versucht, Risiken im voraus einzuschätzen. Das Risiko berechnet sich dabei aus dem möglichen Schadensumfang, der mit der erwarteten Eintrittswahrscheinlichkeit multipliziert wird.

Inwiefern sind aber Technikfolgenabschätzungen überhaupt verläßlich und damit für die Zukunft relevant? Praktische Erfahrungen sind im Vorfeld der Einführung einer neuen Technik meist nicht vorhanden. Bis heute haben sich Wissenschaftler in ihren Prognosen immer wieder geirrt. Man denke nur an den eingangs geschilderten Kleinwagen. Wollte man den Experten wegen solcher Fehlprognosen einfach Industriehörigkeit unterstellen, greift man zu kurz. Es ist äußerst schwierig, das Risikopotential zu erfassen. Selbst vorhersehbare Pannen sind nicht zwangsläufig beherrschbar.

Hans Peter Dürr merkt kritisch an: »Wahrscheinlichkeitsaussagen entfalten ihre Prognosefähigkeit nur bei einer sehr großen Zahl von Ereignissen. Für eine verläßliche Prognose des nächsten Einzelfalles taugen sie prinzipiell nicht. Denn, wie im Glücksspiel so auch im Unglück kann das sehr Seltene schon im nächsten Augenblick passieren.«[39]

Bei Risikoabschätzungen geht es nur um Zahlen. Das bietet eine Möglichkeit, die mit der Gefahr verbundenen Angstgefühle ins Abstrakte zu transferieren. Mit Zahlen läßt sich viel machen, man kann sie schätzen, Maßzahlen einführen, sie addieren oder subtrahieren und multiplizieren. Wenn aber beispielsweise die Eintrittswahrscheinlichkeit für einen Störfall oder für einen kontinuierlichen Schaden wegen der Unzahl unübersichtlicher Parameter, die dabei eine Rolle spielen können, kaum zuverlässig geschätzt werden kann, gibt die subjektive Bewertung dieser Faktoren letztlich den Ausschlag. Wird der Schaden als sehr hoch, die Eintrittswahrscheinlichkeit aber als sehr niedrig eingeschätzt, wird der Risikofaktor als sehr klein und damit für die Bevölkerung als zumutbar betrachtet. In der Regel sind solche Abschätzungen oft nicht einmal von außenstehenden Fachleuten – und damit um so weniger von Entscheidungsträgern wie Richtern oder Politikern – nachzuvollziehen, geschweige denn von einem betroffenen Laien. Von Technikbewertung kann man keine Lösung der Probleme erwarten.

Technik absolut sicher?

Die Technik sei »inhärent sicher« (das heißt, in sich selbst sicher) zu machen, laute das Gebot der Stunde, so die Überzeugung von Prof. Dr. Albert Kuhlmann, Präsident der Weltkonferenz für Sicherheitswissenschaften. Das »Zeitalter des Dienens an der Technik« sei vorbei. Es ginge jetzt um die »Beherrschung der Technik«. Kuhlmann stellt dabei die »sichere Technik« dem Menschen gegenüber, der Fehler macht. Die »Schnittstelle Mensch/Maschine« müsse neu gestaltet und das technische Know-how verbessert werden, so der Vorschlag des Professors.[40]

Mit dieser mechanistischen Denkweise übersieht Kuhlmann jedoch, daß, was für einfache Systeme vielleicht noch gelten mag, bei komplexen Technologien versagen muß. Zudem gibt es eine solche »Schnittstelle« in der Realität gar nicht, weil der Mensch die Technik nicht nur bedient, sondern gleichzeitig ihr Urheber ist.

In der Hochrisikotechnologie können Fehler tödliche Konsequenzen haben. In hochkomplexen Systemen sind prinzipiell zu jeder Zeit immer und überall Fehler wahrscheinlich, vielmehr ist es umgekehrt nahezu unmöglich, keine Fehler zu machen, (vergleiche auch den Beitrag von Peter Kafka in diesem Band S. 97). Eine unübersichtliche Anzahl von Menschen ist an der Planung, der Herstellung des Materials, der technischen Fertigung, der Pflege und Wartung, der Bedienung und Anwendung beteiligt. Auch spätere Eingriffe in solche Technologien sind wiederum fehleranfällig. Wenn dann Fehler auftauchen, sind die Konstrukteure meist unauffindbar.

Daß der Mensch die Technik absolut in den Griff bekommen könne, ist eine Milchmädchenrechnung. Am Beispiel der Informatik illustrieren das Ute Bernhardt und Ingo Ruhmann in diesem Band (siehe S. 253).

Gewöhnung an lebensfeindliche Technik

Anonym zu töten wird in der High-Tech-Gesellschaft moralisch akzeptiert. Die Begründung: Es gibt kein Leben ohne Risiko. Selbst auf die Straße zu gehen sei riskant, heißt es, und jeder trage zur Zerstörung der Lebensbedingungen bei. Das sind Sandkastenargumente: Man kann nicht aus bereits bestehenden lebensbedrohenden Risiken den Schluß ziehen, daß neue Risiken legitim seien, genausowenig wie sich eigene Gewalttätigkeit ethisch damit rechtfertigen läßt, daß andere auch gewalttätig sind.

Der Gebrauch vieler riskanter Technologien wird zur Gewohnheit, und Gewohnheit macht blind. Ein Netz von Abhängigkeiten entwickelt sich, eine Technik baut auf der anderen auf. Institute für Technikfolgenabschätzung entstehen. Unternehmer organisieren effektives Risikomanagement. Plötzlich ist ein ganzer Apparat der Risikotechnologie entstanden. Das Rad ist nur schwer zurückzudrehen, da viel Geld im Spiel ist.

Unersättlicher Hunger nach dem Übermorgen

In einem Brief an Papst Paul IV. schrieb Carl Amery 1974: »Nicht Rost und Motten« seien unsere wirklichen Feinde, eher »der gräßliche, unersättliche Hunger nach dem Übermorgen, der alles Glück des Augenblicks auf der Zunge zu Asche verwandelt und alle Schöpfung, die uns umgibt, zu toten Objekten der Ausbeutung und Zerstörung werden läßt ... Rost und Motten sind, naturwissenschaftlich gesprochen, Teile von Regelkreisen, welcher das Leben zu seiner Erhaltung bedarf.«[41] Nicht die Mücke, die uns steche, sei der Feind, mahnt der Grenzgänger zwischen Literatur, Politik und Ökologie, sondern der Mensch, der ihre Spezies ausrottet und damit ein Ungleichgewicht in dem komplizierten System des Lebens schafft. Eine Versöhnung mit der Erde und dem Mottenloch könne auch gleichzeitig eine Versöhnung mit Sterben, Tod und Vergänglichkeit sein.

Die »Acts of God« – Tod, Pest, Hunger und Krieg –, vom Menschen als Schicksal hingenommen, würden verdrängt durch die »Acts of Man«, so der österreichische Philosoph Paul Blau in seiner Festrede zum Erscheinen von Carl Amerys Buch *Die Botschaft des Jahrtausends*.[42] So erkennt Amery in Überbevölkerung, Auto- und Atomwahn, der Chemie, der Ausbeutung unserer Ressourcen sowie der Vergeudung von Energie und dem Vabanquespiel der Genmanipulation die neuen apokalyptischen Reiter. Entschieden wendet sich Blau mit Amery gegen die »Mordszivilisation«, die »unerträgliche Lebensfeindlichkeit unseres Kulturentwurfs«, den er als »Coca-Cola-Movie-Motorcar-Culture« geißelt: »Prost Mahlzeit, McDonald's!« Das neue Schlagwort »Planetary Management«, mit dem man versuche, die Umwelt in den Griff zu bekommen, verurteilt er scharf als ein »Instrument totaler Entmündigung«.

Keine Mehrheitsdiktatur

Erhard Ratz, Beauftragter des Landeskirchenamtes für Naturwissenschaft und Technik, der viel mit der Industrie zu tun hatte, fragte 1989 die Herausgeberin in einem persönlichen Gespräch über Schadensauswirkungen von Atomkraftwerken und Pestiziden: »Wie soll man entscheiden, ob eine neue Technologie, die Gefahren in sich birgt, verwirklicht wird oder nicht?« Er vertrat die Meinung, man solle über die Zumutbarkeit von Risiken demokratisch abstimmen. Weil wir mit Mehrheitsentscheidungen der Problematik jedoch kaum gerecht werden, hat der Gesetzgeber im Grundgesetz die elementaren Menschenrechte festgeschrieben.

»Die Frage ist heute, ob und wann die Demokratie, wenn sie ohne die externen, das heißt kulturellen Ressourcen bestehen müßte, mit internen, das heißt politischen Mitteln zu stabilisieren, um nicht zu sagen, zu retten wäre«, meint Professor Michael Th. Greven vom Institut für Politische Wissenschaften der Universität Hamburg in einem Artikel, der sich unter anderem mit der Bedeutung von Mehrheitsentscheidungen in der Demokratie auseinandersetzt. »Die Herstellung von ›Konsens‹ ist dabei ein wichtiger, aber unzureichender Schritt. Vielmehr ist demokratisch mit ›Konsens‹ überall da normativ und faktisch nicht mehr zu rechnen, wo nicht zumutbare Folgen der Politik gesellschaftlich einseitig geworden sind. Warum sollte auch jemand einer mit Mehrheit beschlossenen Politik oder einer Entscheidung eines Gerichts zustimmen oder Gehorsam schulden, wenn für ihn die Gewißheit feststeht, daß dadurch seine Gesundheit dauerhaft und ernsthaft beschädigt würde?«[43]

Erstmalig hat übrigens eine Spanierin, Gregória López

Ostra aus der südostspanischen Provinz Murcia, 1994 ein bemerkenswertes Grundsatzurteil in Straßburg erkämpft. Die Frau lebte mit ihrer Familie nahe einer Anlage für chromhaltige Abwässer aus Ledergerbereien, aus der stinkende und giftige Dämpfe entwichen. Nach einem mühsamen Weg durch sechs Instanzen erkannte der Europäische Gerichtshof für Menschenrechte in Straßburg den Anspruch der Familie auf gesunde Luft als Menschenrecht an. Die Richter sahen dieses Menschenrecht nicht erst dann als verletzt an, wenn jemand bereits erkrankt ist. Es genügte bereits eine Belästigung, die das Privatleben einschränkt. Hiermit geht der Europäische Gerichtshof weit über das deutsche Recht hinaus.[44]

Wo bleibt die Würde des Menschen?

Im Grundgesetz Artikel 1, Absatz 1 heißt es: »Die Würde des Menschen ist unantastbar.« Und in Artikel 2, Absatz 2 wird versprochen: »Jeder hat das Recht auf Leben und körperliche Unversehrtheit.« Mancher ein bißchen mehr? In unserer Demokratie ist das Grundgesetz für jeden Staatsbürger, für die Bürokratie und die Politiker verbindlich. Heute scheint die Demokratie jedoch in Gefahr zu sein, durch eine Lobbykratie abgelöst zu werden. Mit diesem Thema setzt sich Sabine Csampai in dem Kapitel »Lobbykratie gegen Minderheiten« in diesem Band auseinander (siehe S. 63).
Einen anderen Aspekt beleuchten Georg Weber und Armin Nassehi von der Universität Münster, die die Menschenopfer der Frühzeit mit den Todesopfern unserer Zeit vergleichen.[45] Während die Opfer früher my-

thisch-sinnhaft zu verstehen gewesen seien, seien heute die Opfer etwa des Straßenverkehrs prinzipiell unverstehbar. Erstens sei der Mensch heutzutage kaum existentiell an seine gesellschaftlich geforderte Tätigkeit innerhalb des Wirtschaftssystems gebunden. Und zweitens widerspreche der Opfertod dem modernen aufgeklärten Anspruch, Menschenwürde und Menschenleben als höchste Güter zu schützen und den Menschen niemals als Mittel, sondern nur als Zweck zu werten. Dennoch: Die Logik unseres Systems ist eine andere. »Das Maß der geforderten Handlungsrationalität ist primär nicht das Leben, nicht einmal das menschliche Überleben, sondern allein die Systemerhaltung der gesellschaftlichen Teilsysteme Wirtschaft und Politik«, schreiben Weber und Nassehi. »Gesteuert werden alle Prozesse nur über das Medium Geld.«

Vor allem in der Freiwilligkeit des Opferkults in früheren Zeiten liege der Unterschied zu heute, meinen Nassehi und Weber. Bereits im Mittelalter allerdings bestimmten weltliche und geistliche Obrigkeiten, wer als Hexe oder Märtyrer auf dem Scheiterhaufen verbrannt wurde. In puncto Freiwilligkeit unterscheidet sich damit die aufgeklärte Moderne kaum vom Mittelalter, wenn heute Verantwortliche in Wirtschaft und Politik indirekt darüber entscheiden, wo geopfert wird.

Wolfgang Stück, Vorsitzender des Ökologischen Ärztebundes und Vizepräsident des ISDE (International Doctors for Environment) aus Koblenz, der den ersten Klimagipfel 1992 mitveranstaltet hat, fordert, daß der Schutz von Leben, Gesundheit, Erbgut und der Erhalt der Lebensgrundlagen in nationale Verfassungen und die Charta der Vereinten Nationen aufgenommen werden muß. Außerdem sollen seiner Ansicht nach nationale

Umweltgerichte sowie ein internationaler Umweltgerichtshof eingerichtet werden, damit »Nachweltverbrechen« geahndet werden können.[46]

Doppelter Wohlstand bei halbiertem Naturverbrauch?

Daß es einen Ausweg aus diesem Dilemma gibt, zeigt Ernst Ulrich von Weizsäcker im Kapitel »Gibt es Grund zum Technikoptimismus?« in diesem Band (siehe S. 283). Er belegt anhand von Beispielen, daß die alternative Wirtschaftsweise eine lohnenswerte Investition in die Zukunft wäre. Seine These: Bei halbiertem Naturverbrauch könne der Wohlstand verdoppelt werden; neue Arbeitsplätze würden geschaffen. Nicht nur könnten neue Technologien unseren Wirtschaftsstandort sichern, mehr noch, Deutschland könne auf diesem Gebiet auf dem Weltmarkt führend werden.[47] Das Schlüsselwort ist dabei nicht eine vorgeblich sichere, sondern eine »fehlerfreundliche Technik« in einem fehler-toleranten Umfeld. Ein Abbau der Denkschranken könnte also lebensfreundliche Alternativen zu riskanten Technologien eröffnen. Diese alternativen Technologien warten nur auf mutige Unternehmer, die über den Tellerrand schauen.

Der Wunsch, ewig zu leben, ist unerfüllbar. Carl Amery erinnert daran, daß Leben nur möglich ist, weil es den Tod gibt. Er erweitert den Satz Albert Schweitzers: »Ich bin Leben, das leben will inmitten von Leben, das auch leben will«, zu: »Ich bin Leben, das leben will und deshalb tötet und selbst getötet wird.« Wir könnten nur versuchen, schlimme Grausamkeiten zu vermeiden. »Vor allem müssen alle Deutungen grobschlächtiger

Darwinisten zurückgewiesen werden, welche den Haß zwischen Menschen und den Massenmord, sei es direkt oder indirekt, in Befehle der Natur umlügen.«[48]

Anmerkungen

1 Carl Amery: *Die Botschaft des Jahrtausends. Von Leben, Tod und Würde*, List, München 1994
Der 19jährige Sönke Rehr aus Niedermarschacht starb 1992 als eines unter mehreren Leukämieopfern nahe des Atomkraftwerks Krümmel in der Elbmarsch. (Zitiert nach Uwe Harden: »Ich will wissen, für wen ich ein Restrisiko bin – Die Leukämie in der Elbmarsch« in *Vergiftet und alleingelassen*, hrsg. v. Antje Bultmann, Knaur, München 1996, S. 167 ff.). Immerhin müssen die Leukämiefälle bei Krümmel jetzt gerichtlich geprüft werden. Das könnte Folgen für die gesamte deutsche Kerntechnik haben. (*Süddeutsche Zeitung*, 22. 8. 1996)
2 Zitiert nach Hans Lenk: *Ethik und Technik*. Reclam, Stuttgart 1993, S. 198
3 *Hannoversche Allgemeine Zeitung* vom 29. 8. 1995
4 Zitiert nach *Süddeutsche Zeitung* vom 17. 7. 1996
5 *Wirtschaftswoche* Nr. 15, 4. 4. 1996
6 G. Marks, D. von Winterfeldt: »Not in my backyard«, *Journal of Applied Psychology* 69, 1984
7 Antje Bultmann: »Unser täglich Gift«, in: *Vergiftet und alleingelassen*, hrsg. v. A. Bultmann, Knaur, München 1996
8 Otmar Wassermann: »Fälschung und Korruption in der Wissenschaft«, in: A. Bultmann, F. Schmithals (Hrsg.): *Käufliche Wissenschaft*, Knaur, München 1994, S. 234
9 William J. Rea: *Chemical Sensivity*, Vol. 2. Lewis Publishers 1992
10 W. Farland: »USEPA's Reassessment of Potential Exposure and Health Risks of Dioxin and Related Compounds«. Vortrag bei der Dioxin-Informationsveranstaltung »EPA Dioxin Reassessment«; vergleiche *Organohalogen Compounds* 22, 1995
11 Tino Merz, in: *Gaia* 4, 1995, S. 267
12 ebda.

13 Ulrich Beck: *Risikogesellschaft. Auf dem Weg in eine andere Moderne.* Suhrkamp, Frankfurt a. M. 1986, S. 100

14 Ebda. S. 82 und 85 f.

15 H. Müller-Mohnssen: »Frühe Erkennung des Krankheitsbildes«, in: A. Bultmann (Hrsg.): *Vergiftet und alleingelassen.* Knaur, München 1996

16 Umgekehrt können sich Mütter über ihre Kinder entgiften: Je mehr Kinder sie haben, desto weniger Gifte haben sie in ihrem Körper. Beim fünften Kind enthält ihr Körper nur noch die kurzfristig aufgenommenen Schadstoffe.

17 Hagen Scherp, Evelin Weigelt, Constantin Oxynos, Ivan Gebefügi: *Gesundheitsrisiken persistenter Umweltchemikalien.* München 1990. M. Schlumpf, W. Lichtensteiger (Hrsg.): Reihe »Kind und Umwelt«; Bd. 2: *Humanmilch.* 1993; Bd. 3: *Schadstoffe heute.* 1995; *Sinkt die Fertilität?* 1996, Institute of Pharmacology University of Zurich. Hans-Walter Döring: *Unfruchtbar durch Umweltgifte.* rororo, Reinbek 1992. Deutscher Kinderschutzbund (Hrsg.): *Umweltschutz ist Kinderschutz.* Eigenverlag 1983/85

18 *Süddeutsche Zeitung* vom 24. 12. 1994, S. 9: »Selbst die Geier meiden die Türme des Schweigens«

19 Julian Nida-Rümelin (Hrsg.): *Angewandte Ethik*, Kröner, Stuttgart 1996, S. 808

20 Ebda., S. 826

21 Silvia Matthies: *Tot oder lebendig.* Fernsehfilm in der Reihe »Stationen«, Bayerischer Rundfunk 1995

22 Ebda.

23 Nida-Rümelin, a. a. O., S. 820

24 Antje Bultmann: »Experten im Zwielicht«. in: A. Bultmann, F. Schmithals (Hrsg.): *Käufliche Wissenschaft*, Knaur, München 1994, S. 19 ff.

25 Manfred Loimeier: *Zum Beispiel Ken Saro-Wiwa*, Göttingen 1996

26 Ebda.

27 Ernst Ulrich von Weizsäcker, Amory B. Lovins, L. Hunter Lovins: *Faktor vier. Doppelter Wohlstand – halbierter Naturverbrauch.* Droemer, München 1995, S. 25 f.

28 Hans Peter Dürr: »Konzepte für eine langfristige Energieversorgung«, unveröffentlichtes Manuskript

29 Minette von Krosigk: »Atomangriffe auf die eigene Bevölkerung«, *Süddeutsche Zeitung* vom 24. 2. 1993; »Radioaktiv verseuchtes Essen«, *Freitag* Nr. 36 vom 1. 9. 1995. Die Atomtest-Anlage bei

Semipalatinsk wurde 1993 von der kasachischen Regierung geschlossen.

30 Ebda.

31 Michael H. Kater: »Der Buchenwaldgeruch«, in: *Die Zeit* Nr. 3, 14. 1. 1994, S. 41

32 Ebda.

33 Egbert Kutz: »Erkenntnisse über das Vorkommen von bösartigen Gehirntumoren in der Gemeinde Vollersode«, Februar 1996

34 Wolfgang Maes: *Streß durch Strom und Strahlung*. Schriftenreihe Gesundes Wohnen, Institut für Baubiologie und Ökologie Neubeuern IBN, 1995

35 Egmont R. Koch, Irene Meichsner: »Ärzte und die AIDS-Epidemie unter Blutern«, in: A. Bultmann, F. Schmithals (Hrsg.): *Käufliche Wissenschaft*. Knaur, München 1994, S. 185 ff.

36 Ulrich Beck: *Risikogesellschaft*, a. a. O., S. 100

37 Ebda.

38 *Der Spiegel* 5/1992: »Wir töten euch ganz leise«, Interview mit Wladimir Tschernosenko

39 Hans Peter Dürr: »Die Grenzen der Technik im Industriezeitalter«, Vortrag auf der Tagung der SPD-Bundestagsfraktion am 26. April 1996: »10 Jahre Tschernobyl«

40 Albert Kuhlmann, Vortrag in der Evangelischen Akademie Tutzing auf der Tagung »Alles im Griff«, 19.–21. Juli 1991

41 Joseph Kiermeier-Debre (Hrsg.): *Carl Amery. ». . . ahnen, wie alles gemeint war«*. List, München 1996, S. 126

42 Paul Blau über: Carl Amery: *Die Botschaft des Jahrtausends. Von Leben, Tod und Würde*, a. a. O.

43 Michael Th. Greven: »Demokraten fallen nicht vom Himmel«, in: *Das Parlament* vom 16. 12. 1994

44 Jörg Weber: »Ein Menschenrecht auf gesunde Luft«, *Greenpeace Magazin* 2/1995

45 Armin Nassehi, Georg Weber: *Tod, Modernität und Gesellschaft*, Westdeutscher Verlag, Opladen 1989, S. 266

46 Wolfgang Stück, in: *Rhein-Zeitung* vom 27. 4. 1995

47 Vgl. auch Ernst Ulrich von Weizsäcker, Amory B. Lovins, L. Hunter Lovins: *Faktor vier*, a. a. O.

48 Carl Amery: *Die Botschaft des Jahrtausends*, a. a. O., S. 22

I

Der Wert des Menschen: Rechenexempel

José A. Lutzenberger

2 Einäugige Ökonomie

Es wird immer vorausgesetzt, eine Wirtschaft sei nur gesund, wenn sie permanent wächst. Wie ist es möglich, daß die Mächtigen so etwas überhaupt glauben können? Das kommt wohl daher, daß unser heutiges Wirtschaftsdenken auf einer Ebene stattfindet, in der Natur nicht vorkommt. Man stellt sich einen fließenden Strom vor, der von einer Unendlichkeit zu einer anderen reicht. In diesem Modell erscheinen die Ressourcen unseres Planeten unerschöpflich. Zwar wird zugegeben, daß so manches zu Ende geht, beispielsweise das Erdöl. Doch werden immer neue Substitutionen postuliert: Wir haben ja noch genug Steinkohle, Kernenergie aus Kernspaltung, dann die Kernverschmelzung oder Sonnenenergie, großtechnisch genutzt, und, vielleicht in ferner Zukunft, Energie aus dem Zusammenprall von Materie und Antimaterie. Doch tut sich auf der anderen Seite ein unendlich großes Loch auf für all unseren Müll und Abfall. Auch wenn überall die Deponien bereits platzen, die Flüsse und Meere vergiftet sind, wir werden neue Wege finden, und wenn wir eines Tages unseren Dreck per Rakete zur Sonne schießen müssen. Also, die Möglichkeiten sind grenzenlos, läßt uns dieses Modell glauben.
Wenn ich davon ausgehe, daß der Strom zwischen zwei Unendlichkeiten fließt, dann gibt es natürlich keinen Grund, warum er nicht immer breiter werden kann.

Diesen immer mächtiger werdenden Strom sehen die Wirtschaftswissenschaftler angetrieben von einem geschlossenen Kreislauf von Geld. Geld läßt sich aus dem Nichts schaffen.

Die Welt ist aber nicht so. Geld läßt sich auch nicht essen. Alle lebenden Systeme bestehen aus geschlossenen Kreisläufen von Ressourcen. Die Abfälle und Leichen der einen sind immer die Rohstoffe der anderen. Wenn das Leben Ressourcen verbrauchte wie unsere Wirtschaft, dann wäre es wohl schon ganz am Anfang, noch im Stadium der Komplexität von Bakterien, erloschen.

Fortschritt wird heute von Politikern und Ökonomen nur am Bruttosozialprodukt, das Bruttosozialprodukt am Geldstrom gemessen, ohne Rücksicht darauf, was der Geldstrom anstellt. Wenn wir in Brasilien ganze Berge abbauen, um billig Eisenerz und Aluminium in die Erste Welt zu exportieren, dann wird in unserem Bruttosozialprodukt nur aufaddiert, wieviel Devisen die Exporteure dafür kassiert haben. Nirgends in dieser Rechnung wird der Abbau des Berges, das nicht mehr existierende Erz, der zerstörte Wald abgezogen. Der Ökonom will Reichtum durch Abbau von Natur schaffen.

Es ist absurd, das Bruttosozialprodukt als Maßstab für Fortschritt zu sehen. Die Rechnung, die hier gemacht wird, geht nicht auf. Angenommen, die Umweltverschmutzung würde derart zunehmen, daß wir alle krank sind, mehr Ärzte brauchen, Krankenschwestern, Medikamente, Krankenhäuser – das Bruttosozialprodukt würde entsprechend wachsen, für die herrschenden Ökonomen wäre das ein Fortschritt. Eine gesündere Bevölkerung wäre demnach ein Mangel an Fortschritt!

Der Markt kennt keine Bedürfnisse

Nach dem Zusammenbruch der repressiven Regimes im Osten glauben heute viele, allein der Mechanismus des freien Marktes könne all unsere wirtschaftlichen Probleme lösen. So, wie er heute funktioniert, führt der Markt aber zu immer größeren ökologischen Katastrophen. Der Markt ist zwar ein kybernetischer Mechanismus zum Ausgleich von Kräften, aber zu sozial und ökologisch wünschenswerten Ergebnissen führt er nur, wenn alle Kräfte präsent sind. Dies ist aber nie der Fall. Nehmen wir ein Gedankenexperiment. Eine sehr wertvolle alte chinesische Vase wird versteigert. Im Raum befinden sich Museumsdirektoren und andere, die wissen, wie kostbar das Stück ist. Der Anbieter ist aber ein Dieb, der sie möglichst schnell loswerden will. Wenn sich die potentiellen Käufer abstimmen, gelingt es ihnen, für einige wenige hundert Dollar abzuschließen. Dies ist die Situation der Rohstoffe aus der Dritten Welt. Wer bietet denn hier das Tropenholz an? Doch nicht die Einwohner dieser Wälder, die verzweifelt für deren Erhaltung kämpfen!

Auch sieht der Markt nur Kaufkraft, ausgedrückt in Geld, nicht echte Bedürfnisse. Der arme Teufel, der in Kalkutta auf dem Bürgersteig verreckt, als seine ganze Habe nur ein Lendentuch hat und morgens von der Müllabfuhr mitgenommen wird, hat enorme Bedürfnisse, aber keine Kaufkraft. So wird der größte Teil der Menschheit vom Markt gar nicht wahrgenommen.

Ein grundsätzlicher Fehler in unserem Wirtschaftsdenken basiert auf einer Verwechslung, die oft wohl vorsätzlich geschieht. Politiker reden von Volkswirtschaft, meinen aber immer die Betriebswirtschaft. Wenn ein Manager sagt, das kann ich nicht machen, das ist nicht ökonomisch, oder: Das kann man nur so und so machen, sonst ist es unwirtschaftlich, dann meint er seine Betriebswirtschaft. Es kann aber etwas für einen Betrieb gut sein und für eine Volkswirtschaft sehr schlecht und umgekehrt. Angenommen, an einer bestimmten Stelle gäbe es Petroleum, es würde aber so tief lagern, daß mehr Energie für die Pumpe aufgewendet werden müßte als dabei herauskommt. Aus volkswirtschaftlicher Sicht müßte man es in der Erde lassen. Für einen mächtigen Unternehmer aber, der sich die Förderpumpe oder den Preis subventionieren läßt, kann es ein gutes Geschäft sein. So ähnlich läuft die Sache auch bei der Kernenergie. Die Politiker akzeptieren meistens die Sprache der Technokratie. Sie sind oft gar nicht in der Lage, das zu durchschauen, weil sie die Ideologie der Technokratie kritiklos verinnerlicht haben.

Fünf Milliarden Autos?

An der Situation, wie sie heute im Transportwesen herrscht, läßt sich sehr klar erkennen, daß die jetzige Form der globalen Industriekultur, die Konsumgesellschaft, keine Zukunft hat. Man braucht nur eine einfache Rechnung aufzumachen, und zwar genau die gleiche, die die Bosse der Autoindustrie anstellen. Sie freuen sich über die gewaltigen Marktchancen, die unter anderem in China auf sie warten. Diese Leute scheinen tatsächlich zu glauben, daß in nicht allzu ferner Zukunft der letzte Chinese in der Gobi-Wüste und der letzte Gummisammler am entlegensten Ufer Amazoniens es auch auf zwei und vielleicht mehr Wagen pro Familie bringen wird.

Wir haben heute schon mehr als eine halbe Milliarde Personenkraftwagen auf unserem Planeten, Lastkraftwagen und andere Nutzfahrzeuge nicht eingeschlossen. In den Ländern der sogenannten Ersten Welt liegt das Verhältnis pro Auto zur Einwohnerzahl teilweise schon bei 1,7. Würde die gleiche Rate für alle Menschen auf der Welt gelten, kämen wir auf über drei Milliarden Wagen. Wie lange kann der Planet das verkraften?

Dabei soll es nicht einmal bleiben. Diejenigen, die eine unentwegt wachsende Wirtschaft wünschen, freuen sich auf die Industrialisierung der Dritten Welt und das Bevölkerungswachstum. Für das Jahr 2020 wird mit mindestens acht Milliarden Menschen gerechnet. Kann man sich fünf, sechs oder sieben Milliarden Autos auf der Erde vorstellen?

Das kann die Erde nicht verkraften. Wenn wir das erreichten, wären wir alle tot. Es käme zunächst zu Zusammenbrüchen im Lebensstil und in der Bevölkerungszahl. Die Materialschlachten und Verwüstungen wären so grotesk, daß sie alles bisher Geschehene in den Schatten stellen würden. Schon heute führen allein die Stahlgewinnung und die Erzeugung von Aluminium zum Abbau ganzer Berge in Amazonien (Carajàs), zu Staudämmen (Tucurí), die Tausende von Quadratkilometern intakten Regenwald überfluten, um elektrischen Strom zu produzieren. Indirekt führte das Tucurí-Carajàs-Projekt durch die sogenannte Erschließung der Wildnis zur Entwaldung eines Gebietes von über 100 000 Quadratkilometern, um ein Viertel größer als Österreich. In den Köpfen unserer Technokraten ist Wildnis in ihrer intakten Form wertloses Gelände. Aber mehr als 10 000 Menschen, friedlich lebende Waldbewohner, darunter Gummisammler, verloren ihre Existenzgrund-

lage, landeten in den Slums der Städte. Für zwei Indianerstämme war es das Ende.
Es werden heute überwiegend Techniken und technologische Infrastrukturen gefördert, die von den Mächtigen in deren Sinn konzipiert und entwickelt werden, die uns dann aufgezwungen werden, oft von den Lobbys in den Parlamenten und in Brüssel mit der entsprechenden Gesetzgebung abgesichert und legitimiert. Oder sie werden uns schmackhaft gemacht mit einem für die meisten Menschen unwiderstehlichen Reklameschwall. Etwa, wenn Autos uns nicht mehr als effiziente Transportmittel, sondern als Statussymbole angeboten werden. Wenn einer sich für hunderttausend Mark ein Auto kauft, könnte er sich gleich ein Schild umhängen: »Ich bin doof!« Für das gleiche Geld kann ich doch dauernd Taxi fahren, brauche mich nicht um Parkplatz, Auftanken, Versicherung kümmern, und es bleibt noch Geld übrig.
Das Privatauto ist sowieso das unwirtschaftlichste und verschwenderischste Massentransportmittel. Man frage einen Fabrikbesitzer oder Manager, ob er sich eine Maschine zulegen würde, eine teure, komplexe, rasch alternde Maschine, die mehr als 90 Prozent der Zeit herumsteht und auch während sie arbeitet die anderen gleichartigen Maschinen stört – man denke an die verstopften Autobahnen.
Die persönliche Mobilität, die immer für das Auto ins Feld geführt wird, könnte durchaus erhalten bleiben, vorausgesetzt, es gäbe bessere öffentliche Verkehrsmittel, ergänzt durch öffentliche Personenkraftwagen für die Strecke von der Haltestelle bis zum Endziel. Insgesamt käme uns das weit billiger, die Materialschlachten mit den Autos könnten um 80 bis 90 Prozent reduziert werden, mit enormen Einsparungen an unwiederbringlichen Ressourcen. Warum macht man so etwas dann

nicht? Weil das der Technokratie nicht paßt. Auch das Argument mit den Arbeitsplätzen zieht hier nicht. Wo immer die Technokratie Arbeitsplätze einsparen kann, tut sie das rücksichtslos.

Kalkulierter Verschleiß

Kalkulierter Verschleiß und geplante Veralterung, das hat nichts mit dem Erhalten von Arbeitsplätzen zu tun, sondern nur mit Umsatzerhaltung und -ausweitung. Jedes Jahr werden neue Automodelle entwickelt, die kaum technische Vorteile bieten, dafür aber unnötig geänderten Firlefanz: zum Beispiel immer neue Formen für Schlußlichter, Chromzierate etc., wofür es schon nach wenigen Jahren keine Ersatzteile mehr gibt.

Subventionstourismus, Zerstörung und Ausbeutung

Neben der Mißorganisation des Transportwesens ist die fehlgeleitete moderne Landwirtschaft ein weiteres Beispiel der Auswüchse unserer Konsumgesellschaft. Sie gilt als extrem effizient im Vergleich zu traditionellen Bauernkulturen. Während früher 40 oder mehr Prozent der Bevölkerung auf dem Land arbeitete, heißt es heute, es genügen circa zwei Prozent, um als Bauern die Gesamtbevölkerung zu ernähren und noch dazu Überschüsse zu produzieren. Eine phantastische Steigerung der Effizienz – wenn dieser Vergleich stimmte. Er hinkt aber. Der traditionelle Bauer war, gesamtwirtschaftlich gesehen, ein autarkes System der Produktion und Verteilung von Nahrungsmitteln. Er produzierte seine eigenen Betriebsmittel, Dünger, Energie und anderes, und brachte seine Produkte zum größten Teil über den Wochenmarkt zum Konsumenten. Der heutige Bauer ist nur noch ein Traktorfahrer, ein kleines Schräubchen in einer gewaltigen Infrastruktur der Technokraten.

Wenn wir die Effizienz der heutigen Landwirtschaft mit der von früher vergleichen wollen, dann müssen wir eine andere Rechnung aufstellen. In dem Maße, wie sie direkt für das heutige System der Produktion, Verarbeitung und Verpackung von Lebensmitteln beitragen, müssen wir die Arbeitskräfte und Arbeitszeiten mitrechnen: Von den Ölfeldern in Saudi Arabien, im Irak und Iran, in Venezuela und andernorts, den Gasfeldern im Osten, den Bergwerken in Carajàs, Amazonien, den Stahlküchen, Aluminiumhütten, in dem großen Staudamm am Tucurí, der den subventionierten Strom für die Aluminiumhütten liefert; in der Agrarchemie mit ihren Kunstdüngern und Giften, den Phosphatminen in Nordafrika, den Kalibergwerken, den Kunststoffabriken für die Produkte der Verpackungsindustrie; im Transportwesen – besonders wo es unsinnig ist, wie wenn in Schleswig-Holstein Schweine mit Soja aus Südamerika gemästet und geschlachtet werden, dann nach Süditalien verfrachtet, dort Salami italiano gemacht, die in Bayern verzehrt wird; in den großen Sojamonokulturen in Süd- und Zentralbrasilien mit dem gesamten technischen, chemischen und sonstigen Zubehör, das dazu gehört; in der Seeschiffahrt, die Sojaschrot, Tapioka und Ölpalmentorte über Ozeane transportiert; im Banksystem, soweit es all diese technologischen und kommerziellen Strukturen finanziert. Dann kommt ein großer Teil der modernen Informatik, Rechner und Programmierer hinzu, dann die Bürokraten, die darüber entscheiden, ob der Apfel zu rot, die Banane zu krumm oder die Birne zu klein ist; zu allem Überfluß auch noch die Unternehmen, die Saatgut züchten, das nicht mehr keimfähig und gegen die eigenen Herbizide resistent ist, die sich das obendrein patentieren lassen und darauf hinarbeiten, daß die Bauern nur noch patentiertes Getreide kaufen dürfen und, und, und. Dazu all die Subventionen! Diese Rechnung hat meines Wissens noch niemand aufgestellt. Alles eingeschlossen, kämen wir in der Gesamtwirtschaft wohl auf 40 Prozent der Arbeitszeit aller Berufstätigen.

Eigentlich hat doch nur eine Umverteilung von Arbeitsplätzen stattgefunden. Die Person, die in der Bank vor dem Rechner sitzt und die Kredite für die Bauern, Agrargifte, Dünger etc. bearbeitet, zählt zwar nicht als Bauer, ist aber ein Teil des Gesamtapparats der Produktion und Verteilung von Nahrungsmitteln. Eigentlich geht es darum, daß es der Industrie gelungen ist, dem Bauern von seiner Arbeit all das abzunehmen, was gewinnbringend und sicher ist, und ihm nur das läßt, wo er Risiken eingeht: Klima, Schädlinge, hohe Kosten für Betriebsmittel, nidrige Preise für seine Erzeugnisse.

In die eigene Tasche lügen

Es stimmt auch nicht, daß die moderne Landwirtschaft, auf den Hektar gerechnet, viel ertragreicher ist als eine gute Bauernkultur. Das mag in extremen Fällen so sein, wenn ein holländischer Landwirt bis zu zehn Doppelzentner Korn pro Hektar Land erntet. Das ist aber normalerweise nicht so. In Brasilien, in Rio Grande do

Sul, haben die deutschstämmigen Bauern früher mit ihrem vielseitigen Wirtschaften weit über zehn Tonnen Nahrung pro Hektar geerntet: Korn, Gemüse, Kartoffeln, Süßkartoffeln, Maniok, Obst, Zucker, Schnaps, Wein, Hopfen und vieles mehr. Sogar das Vieh hat sich dort noch ernährt. Die großen modernen Monokulturen kommen trotz Fruchtfolge mit Soja im Sommer und Weizen im Winter nicht einmal auf vier Tonnen im Schnitt. Und hier wird nicht für die hungernden Menschen im eigenen Land produziert, sondern für die fetten Kühe im Gemeinsamen Markt.

Zur Energiebilanz in der Landwirtschaft braucht man nicht viel zu sagen, außer daß sie fast immer negativ ist. Das ist ein Skandal, da doch die Landwirtschaft jahrtausendelang davon gelebt hat, daß Sonnenenergie über Photosynthese biochemisch gebunden wird, als Nahrung, als Rohstoff, als Brennstoff. Heute stecken wir mehr Energie hinein, als wir herausholen, noch dazu fossile Brennstoffe, die nicht nachwachsen.

Am schlimmsten sind aber die sozialen Kosten der sogenannten modernen Landwirtschaft. Überall in der Welt wurden im Laufe der letzten 50 Jahre gesunde, organisch gewachsene soziale Strukturen vernichtet. Der Zerstörungsprozeß geht weiter, wie man in Spanien beobachten kann. In Mexiko führt er jetzt zum Bürgerkrieg, siehe Chiapas. Weltweit sind Hunderte von Millionen Bauern und Landarbeitern in die Slums der Großstädte gezogen oder, wie in Brasilien, in die letzten Winkel der Wildnisse eingedrungen, beispielsweise nach Amazonien. Das unbeschreibliche Elend dieser Menschen und die ökologische Verwüstung sind die Kosten unserer »fortschrittlichen« Landwirtschaft, die bei jeder Rechnung unter den Tisch fallen. In Bangalore, Indien, fand

am 3. Oktober 1993 eine von den Medien totgeschwiegene gigantische Protestaktion statt. Eine halbe Million Menschen aus Indien und ganz Südostasien, einschließlich einiger Vertreter aus Afrika und Lateinamerika, demonstrierte für eine nachhaltige bäuerliche Landwirtschaft und gegen das Allgemeine Zoll- und Handelsabkommen (GATT), die Weltbank, den Internationalen Währungsfonds und Biotechnologie – sie erklärten sich aber für regenerativen, organischen Landbau in bäuerlicher Struktur. Endlich ein Hoffnungszeichen!
In den schweren Nachkriegsjahren nach 1945 konnten in Deutschland und Österreich die Städter bei den Bauern auf dem Land hamstern gehen. Das haben sie heute vergessen. Die Bauern hatten Kartoffeln, Getreide, Gemüse, Obst, Eier, Käse etc. Heute kauft selbst der Bauer seine Lebensmittel im Supermarkt. Die Frau geht – soweit möglich – andernorts arbeiten, damit der Hof gehalten werden kann. Die Bauern bauen nicht mehr vielseitig an. Sie sind Spezialisten und total abhängig von der Industrie, den Energieunternehmen, dem Bank- und Transportwesen. Noch nie waren wir so verwundbar wie heute. Wäre ich ein Verteidigungsminister, ich würde mich um die Wiederherstellung eines gesunden nachhaltigen Bauerntums kümmern, nicht um Raketen.
Wir müssen grundsätzlich neu überlegen, was wir wollen. Wir müssen uns fragen, was ist Fortschritt. Wenn Fortschritt das ist, was wir in den letzten 50 Jahren praktiziert haben, dann mag das ganz gut gewesen sein für einen kleinen Teil der Menschheit, aber katastrophal für 80 Prozent der Menschen und für die Natur.
Es ist ja auch undenkbar, den Lebensstandard der Ersten Welt auf die Gesamtbevölkerung der Erde auszubreiten. Während der Wohlstand unter den Reichen weiter

wächst, wird die Dritte Welt immer ärmer, die Erde immer mehr verwüstet. Und wo werden in unseren heutigen Märkten die zukünftigen Generationen berücksichtigt? Und wie steht es mit der Schöpfung? Es stimmt etwas nicht mit unseren Zielen.

Mit der Natur rechnen

Wir brauchen eine neue Buchhaltung, eine Buchhaltung, die den wirklichen Fortschritt mißt. Dann müßten aber Schäden und Verluste, Abbau von Natur abgezogen werden. Dann müßten wir uns auch fragen, ob die Menschen wirklich glücklicher sind mit dem, was wir heute Fortschritt nennen.

Das Dogma der Notwendigkeit unbegrenzten Wachstums bringt positive Rückkopplung ins System. Positive Rückkopplung ist eine Verhaltensform, die eine Reaktion hervorruft, die das Verhalten noch verstärkt – wie ein Schneeball. Dem Schneeball können wir nicht helfen mit mehr Schnee und mehr Hang. Positive Rückkopplung führt grundsätzlich zu Instabilität und Kollaps.

Wir müssen eine homöostatische Wirtschaft entwickeln, eine Wirtschaft mit negativer Rückkopplung. Eine homöostatische Wirtschaft kann durchaus sehr dynamisch sein, sie muß nicht stagnieren. Sie ist stabil, nicht statisch. Lebende Systeme sind alle homöostatisch, aber sehr dynamisch. Wir brauchen also eine Technologie und Wirtschaftsweise, die nicht vom Konsum der Natur leben, sondern sich in die natürlichen Systeme eingliedern.

Sabine Csampai

3 Lobbykratie gegen Minderheiten?

In einer Demokratie ist die mehrheitliche Zustimmung durch den einzigen Souverän, das Volk, die Grundlage der Politik. Jahrtausendelang war die Diktatur durch Minderheiten die einzig praktizierte und teilweise auch die einzig vorstellbare Form von Führung. Doch auch wenn niemand sich überwundene Politikformen der Willkür, der Unfreiheit der Mehrheit zurückwünschen dürfte, bleibt angesichts der Realpolitik die Frage, ob die Mehrheit tatsächlich in der Lage ist, kompetent und verantwortlich Politik zu gestalten. Oder anders gefragt, weiß die Mehrheit, was sie wirklich will, oder ist sie nur eine manipulierte Masse, die willig den Einflüsterungen oder verschreckt den Drohungen der Kapitalinteressen folgt?
Die politische Willensbildung obliegt vor allem den politischen Parteien. Allen Parteien ist eines gleich: Um ihre Inhalte, ihre Werte politisch durch setzen zu können, brauchen sie Macht. Macht wird erreicht durch Wählerstimmen, die die Parteien bekommen, indem sie auf die Meinungsbildung Einfluß nehmen, was wiederum nur möglich ist durch personelle Durchdringung gesellschaftlicher Institutionen und letztlich durch den Einsatz von viel Geld. Beide Varianten setzen allerdings Kompromißbereitschaft bzw. Opportunismus voraus, die nicht nur die ursprünglichen Inhalte und Ziele verändern, sondern schnell zum Selbstzweck gerinnen.

Das Idealbild des sich politisch ehrenamtlich engagierenden Bürgers, der privat fest verankert in seinem Beruf steht, ist angesichts der sich ständig vergrößernden Materie, die von den Volksvertretern bewältigt werden muß, eine Illusion. Gerade im Bereich der Kontrolle wird zunehmend Spezialistenwissen gefordert. Nur Menschen, die sich jahrelang einarbeiten, können damit verantwortlich umgehen.

Das führt aber zur Abhängigkeit von einer Partei und den Wählern. Anpassung und Populismus sind die Folge. Die heute immer wieder beklagte und zum Beispiel bei Diätenerhöhungsdebatten zu Recht monierte Tatsache, daß kompetente, gutausgebildete, in ihren Bereichen hochdotierte Frauen und Männer den Weg in die Politik meiden, hat ihren Grund in der persönlichen und auch finanziellen Abhängigkeit von Parteien und Wahlen, die zunehmend zu Stimmungswahlen verkommen.

Unser demokratisches System gründet nicht mehr auf der persönlichen Überzeugung seiner Bürger, in der sich ihre traditionellen oder privaten Werte, ihr jeweiliges Klassenbewußtsein spiegeln. Die politische Überzeugung wurde abgelöst von der Meinung. Diese entsteht immer wieder neu, ist schnellen Veränderungen unterworfen, kann jederzeit durch (Schein)-Argumente ins Gegenteil umschlagen. Gebildet wird die Meinung durch Information. Zuständig dafür sind nicht mehr Familie, Schule, Arbeitsplatz, politische und kirchliche Institutionen, sondern die Medien. Deren Werte hängen unmittelbar von der Einschaltquote ab, ihr Überleben auf dem Markt von den Werbekunden aus der Wirtschaft. Welche politischen Aussagen mit welcher Gewichtung und welcher Politiker in die Medien gelan-

gen, steht in direktem Zusammenhang mit der Verkäuflichkeit der Medienprodukte Information und Unterhaltung. In jüngster Zeit wird die Trennlinie zwischen beiden immer unschärfer.
Unscharf ist aber auch die Trennlinie hinter den Kulissen: Politiker sitzen in den Aufsichtsgremien der Medien und der Wirtschaft, vorgeblich um sie zu kontrollieren, vor allem aber um die Geschäftstätigkeit positiv zu unterstützen. Das vorherrschende Prinzip bleibt auch wenig aufgeklärten Bürgern und Bürgerinnen nicht verborgen: Eine Hand wäscht die andere. Politikmüdigkeit, Ansehens- und Autoritätsverlust der Volksvertreter sind die Folge. Das Entstehen der außerparlamentarischen Opposition, der Bürgerinitiativen ist die direkte Reaktion auf diesen Vertrauensschwund. Doch auch die nach zwei Jahrzehnten Kampf um mehr Volksbeteiligung, Bürgernähe und Basisdemokratie gefundenen Regularien können nicht restlos überzeugen. Denn die Erfahrung lehrt, daß bürgerschaftlicher Einsatz oft ebenfalls nur persönliche Egoismen fördert und nicht der Kompetenzerweiterung zur gesellschaftlichen Gestaltung dient. Gleichzeitig sind die Probleme dieselben, die auch der einzelne Volksvertreter zu bewältigen hat. Die Komplexität der Zusammenhänge, die vorurteilsfreie Betrachtung von Ursache, Wirkung, Ziel, die Abwägung zwischen berechtigten wirtschaftlichen Interessen, vor allem der Arbeitsplatzfrage, und dem Erhalt der Lebensgrundlagen sind kaum am Feierabend in den Griff zu bekommen. Wissenschaftliche Erkenntnisse und deren wirtschaftliche Umsetzung überrollen längst die politische Kontrolle, die wesentlich schwerfälliger und dadurch langsamer ist. Im Grunde hinkt die Öffentlichkeit weit hinter den Ereignissen her, meist sind längst Tatsachen geschaffen wor-

den, bevor das ursprüngliche Problem überhaupt als solches erkannt werden konnte. So ist nur noch Schadensbegrenzung oder Reparatur möglich. Ein paar ganz unterschiedliche Beispiele aus der Praxis sollen diese einleitenden Feststellungen belegen.

1. Polychlorierte Biphenyle (PCB)

PCB ist ein Produkt der Chlorchemie, wenig flüchtig, nicht wasserlöslich, thermisch äußerst stabil, daher schwer entflammbar. Lange Zeit wurden die Risiken von PCB übersehen oder nicht ernst genommen. PCB gilt als krebserregend, erbgut- und fruchtschädigend, außerdem wird neben Leber- und Hauterkrankungen von Funktionsstörungen des Immunsystems berichtet. Der Körper kann die organischen Chlorverbindungen nicht zu unschädlichen Zwischenprodukten abbauen und ausscheiden. Das Gift wird im Fettgewebe gespeichert. Durch die permanenten Umbauprozesse im Körper wird es immer wieder mobilisiert – besonders, wenn durch Krankheit, Diät oder Stillen das Fettpolster schmilzt. Weil die Risiken polychlorierter Biphenyle sich nicht mehr bagatellisieren ließen, gibt es seit 1978 in der Bundesrepublik ein Anwendungsverbot von PCB für offene Systeme. Die Firma Bayer, bis dahin einziger PCB-Produzent in der Bundesrepublik, hat die Produktion 1983 eingestellt. Doch unterschätzt haben die Arbeitsmediziner, Toxikologen und Experten im Berliner Gesundheitsamt die Gefahren, die von PCB in Innenräumen ausgehen. Vor allem in öffentlichen Gebäuden, zum Beispiel in Schulen oder in Kindergärten, stieß man auf ungewöhnlich hohe PCB-Werte in der Luft. Neben leck gewordenen Altkondensatoren gehen sie gewöhnlich auf das Konto der verwendeten Baumaterialien. Als wichtigste Emissionsquelle wurde dauerelastische Dichtungsmasse ausgemacht, die hierzulande bis in die siebziger Jahre in einer Größenordnung von mindestens 20 000 Tonnen in die Häuser kam. Um dieses Problems Herr zu werden, hat eine ministerielle Fachkommission, die Arbeitsgemeinschaft Bau, im Oktober 1994 die vom Bundesgesundheitsamt bereits seit langem vorgeschlagenen Werte übernommen: Ab 3000 Nanogramm PCB pro Kubikmeter Luft bei achtstündiger Exposition soll saniert werden, anzustreben ist ein Wert von 300 Nanogramm. Manche Experten halten den Zielwert von 300 Nanogramm wegen der PCB-Belastung des Menschen durch die Nahrung für zu hoch. Die Sanierung der Gebäude ist extrem kostenintensiv, da sowohl im Innen- wie auch im Außenbereich alle Dichtungsfugen zwischen den Betonplatten vollständig herausgelöst werden müssen. Das bedeutet quasi einen Rückbau relativ neuer, funktionstüchtiger und in Betrieb befindlicher Gebäude bis zum Rohbau. In Berlin wurden 282 öffentliche Bauwerke auf PCB untersucht, bei 40 wurde man fündig; in Wiesbaden waren 26 Häuser verdächtig, acht erwiesen sich als sanierungsbedürftig. In München ging die Bestandsaufnahme 1994 zu Ende, von 95 Gebäuden waren 22 belastet.

Bei acht davon lagen die Werte zwischen 300 und 1000 Nanogramm, bei vier zwischen 1000 und 3000, bei einer Schule über 3000 Nanogramm. Die Sanierung hochbelasteter Gebäude (über 3000 Nanogramm pro Kubikmeter Luft) kostet bei gründlicher Entfernung des PCB pro Schule 15 Millionen Mark. Die Kommunen sind nun in der mißlichen Lage zwei- bis dreistellige Millionenbeträge zur Sanierung in den Haushalt einstellen zu müssen, wenn sie sich nicht dem Vorwurf aussetzen wollen, ihre Bürger und Bürgerinnen, vor allem ihre Kinder wissentlich nicht vor den PCB-Gefahren zu schützen. Und das in einer Zeit knappster Haushaltsmittel, die meist nicht einmal mehr die Erfüllung der Pflichtaufgaben in der Grundversorgung zulassen. Den »Fortschritt« vergangener Jahrzehnte müssen Kinder mit ihrer Gesundheit bezahlen, denn PCB ist ja nur einer der Giftstoffe, mit denen diese Generation aufwachsen mußte. Und für die Altlastenbeseitigung müssen die Bürger/Bürgerinnen mit ihren sauer verdienten Steuern aufkommen. Dennoch wird heute der mühsam gesetzlich erreichte ökologische Standard zur Disposition gestellt, um den Standort Deutschland für Unternehmen wieder attraktiv zu machen. Auch deshalb hat sich kaum mehr als ein halbes Dutzend deutscher Großstädte ernsthaft dem Problem der Sanierung PCB-belasteter Gebäude gewidmet.

2. Fahrverbote bei Ozonalarm

Seit die EG-Richtlinie über Luftqualitätsnormen vom 1. Juli 1987 in Kraft ist, quält sich die Bundesregierung, sie in deutsches Recht umzusetzen. Die Möglichkeit, Fahrbeschränkungen und Fahrverbote zu erlassen, ist zwar seit Mai 1990 durch das Bundesimmissionsschutzgesetz (§ 40 Abs. 2) gegeben, doch die ergänzenden Verordnungen, die alles Nähere regeln sollen, fehlen nun seit fast sechs Jahren. Denn sowohl das Verkehrsministerium wie auch der jeweilige Wirtschaftsminister blockieren die Festlegung auf Druck der Automobilindustrie. Obwohl die Bevölkerung durch die jährlich in der

schönen Jahreshälfte auftretende Ozonbelastung hochgradig sensibilisiert ist und von der Politik dringend eine Reduktion der Autoschadstoffe erwartet, wurde diese Verordnung immer wieder verschoben.
Die wichtigsten Bestandteile der Emissionen durch den motorisierten Individualverkehr sind Benzol und Dieselruß. Nach der Liste der Maximalen-Arbeitsplatz-Konzentrationen (MAK-Liste) ist Benzol als eindeutig krebserregender Arbeitsstoff eingestuft. Atmet man zuviel von diesem Umweltgift ein, bekommt man Kopfschmerzen, Schwindel, Erbrechen, in schweren Fällen Atemlähmung bis zum Tod. Mit dem Atem gelangt das Benzol über die Blutbahn in Leber, Herz, Niere, Hirn und in das Knochenmark. Das Gift schädigt Blutbildung sowie Immunsystem und wirkt erbgutverändernd. Die Weltgesundheitsorganisation gibt das Lebenszeitrisiko bei einer durchschnittlichen Benzolexposition von einem Mikrogramm pro Kubikmeter Luft mit vier Leukämiefällen auf eine Million Menschen an, das deutsche Krebsforschungszentrum mit neun. Bei einer dauerhaften Benzolkonzentration von zehn Mikrogramm/m^3 besteht, gemäß der anzunehmenden Linearität der Dosis-Risiko-Funktion im Niedrigdosisbereich ein Krebsrisiko von 1:10 000.
Die höchsten Benzolkonzentrationen treten im sogenannten Einsatznahbereich, also bei Tankstellen und an verkehrsreichen Straßen auf. In München beträgt die Dauerbelastung ungefähr sechs Mikrogramm/m^3, allerdings werden an einigen Hauptstraßen Jahresmittelwerte von bis zu 20 Mikrogramm/m^3 erreicht.
Das Benzol dient als billiger Ersatz für das giftige Blei im Benzin, um die nötige Klopffestigkeit herzustellen. In jedem Liter Benzin befinden sich bis zu drei Volumenprozent der flüchtigen Substanz. Allein die rund fünf-

unddreißig Millionen Tonnen Kraftstoff, die pro Jahr verbraucht werden, enthalten eine Million Tonnen dieses Kohlenwasserstoffs. Das Bundesministerium will in der geplanten Verordnung festlegen, daß Benzol im Jahresmittel den Wert von 15 Mikrogramm pro Kubikmeter Luft nicht überschreiten darf, ab 1998 soll die Grenze bei zehn Mikrogramm liegen. Diese Werte könnten zur Zeit nur über Fahrbeschränkungen eingehalten werden. Aber mit einem neuen Treibstoff wäre die Benzolvergiftung der Bevölkerung, vor allem in den Städten, sofort zu minimieren. Allerdings würde ein solches »Umwelt«benzin sechs Pfennige mehr kosten als der herkömmliche Treibstoff. Da die Mineralölindustrie fürchtet, auf dem Benzol sitzen zu bleiben, hält sie an ihrer Treibstoffmischung fest. Zynisch stellte in diesem Zusammenhang ein Aral-Forschungsleiter fest, daß eine Absenkung des Benzolgehalts im Benzin der Natur schaden würde, weil durch den dann erforderlichen höheren Energieaufwand bei der Benzinherstellung mehr Kohlendioxid in die Atmosphäre gelange. Deshalb setzt die Mineralölindustrie auf technische Verbesserungen wie den Katalysator. Doch bis der Kat seine Betriebstemperatur erreicht, arbeitet er äußerst uneffektiv. Außerdem sind drei Viertel aller europäischen Autos noch nicht mit Entgiftungstechnik ausgerüstet. Zusätzlich werden durch technische Verbesserungen erreichte Entlastungen der Umwelt durch den ständig steigenden Personen- und Güternahverkehr mehr als ausgeglichen.

Das bodennahe Ozon – nicht zu verwechseln mit dem fehlenden Ozon in der Stratosphäre (das sogenannte Ozonloch, an dessen Entstehen Fluorkohlenwasserstoff maßgeblich beteiligt ist) – entsteht unter dem Einfluß von Sonnenstrahlung durch photochemische Reaktionen von Stickoxiden und Kohlenwasserstoffen. Als Hauptquelle für alle genannten Ozonvorläufersubstanzen gilt unumstritten der Straßenverkehr. 60 Prozent der Stickoxide und 50 Prozent der Kohlenwasserstoffe entstehen hier. Beim Menschen können sich als toxische Wirkung des Ozons und seiner Begleitsubstanzen (Pan, Peroxide) eine verminderte Lungenfunktion, Reizhusten, Augenreizungen, Kopfschmerzen und ähnliches schon bei einer Konzentration um 100 Mikrogramm pro Kubikmeter einstellen. Experimentelle wie epidemiologische Studien weisen darauf hin, daß zehn bis dreißig Prozent der Gesamtbevölkerung bei diesem Wert betroffen sind. Bei höheren Werten sind auch Chromosomenveränderungen und eine Schwächung des Immunsystems möglich. Aus den USA ist eine Studie bekannt geworden, daß bodennahes Ozon besonders die Pflanzen schädigt und Ernteeinbußen bis zu dreißig Prozent zur Folge haben kann. Das aus Autoabgasen entstandene Ozon verbreitet sich flächig über das Land, weit entfernt vom Entstehungsort, der Straße. Kurioserweise ist die Konzentration des Ozons an verkehrsreichen Straßen relativ gering, denn bei der Produktion von Abgasen wird Ozon teilweise chemisch wieder »gefressen«. Die Ozonwerte sind deshalb am Stadtrand, im Grünen größer, weil sie dort nicht abgebaut werden. Menschen, die aus Sorge um die Gesundheit ihrer Kinder aus der Stadt flüchten, entkommen dem Ozon nicht. Deshalb schlägt die Weltgesundheitsorganisation einen Halbstundenrichtwert von 120 Mikrogramm/m^3 vor, ab dem zumindest die Bevölkerung gewarnt werden sollte. Und gerade Kinder sind die Hauptgeschädigten, da die Bodenwerte in ihrer Atemzone noch über den Meßwerten liegen, die auf die Körpergröße von Erwachsenen ausgerichtet sind. Schließlich sind Kinder körperlich sehr aktiv, ihr Atemvolumen, bezogen auf das Körpergewicht, ist zudem größer als das der Erwachsenen.

In Städten wie München liegen die Ozonwerte bei schönem Wetter immer um die 180 Mikrogramm/m^3. Trotzdem wurde das Reizgas Ozon in die Verordnung zum 23. Bundesimmissionsschutzgesetz § 40, Absatz 2 nie aufgenommen. Den Vorwand dazu bietet die Tatsache, daß Ozon selbst nur das Ergebnis einer chemischen Reaktion aus den Vorläufersubstanzen ist und nicht selbst emittiert wird. Erst auf öffentlichen Druck haben alle Umweltminister der Länder nach jahrelanger Diskussion Ende 1994 eine eigene Sommersmogverordnung gefordert, die dann im Sommer 1995 als Ergänzung des § 40, Absatz 1 BlmSchVO vom Bundestag beschlossen wurde. Der darin festgelegte Grenzwert allerdings liegt mit einem Stundenwert von 240 Mikrogramm/m^3 und der Vorgabe, daß dieser Wert gleichzeitig an drei Meßstationen, die mindestens 50 und höchstens 250 km auseinanderliegen, überschritten sein muß, so hoch, daß Verkehrsbeschränkungen nie zu befürchten sind. Dieser Wert kommt höchstens einige Tage im Jahr zur Mittagszeit in einer Schönwetterperiode zustande, so daß alle Maßnahmen sowieso nicht mehr am selben Tag greifen würden. Nur wenn für den folgenden Tag mit allerhöchster Wahrscheinlichkeit, abgesichert durch meteorologische Prognosen, die gleiche Situation zu erwarten wäre, dürften die Kommunen reagieren. Auch Nichtfachleute können sich vorstellen, welchen Aufwand es unter diesen Umständen bedeutet, juristisch wasserdicht die Sperrung von Wohnvierteln oder gar wichtigen Verkehrsadern zu veranlassen, und welche Mühe es kostet, den

öffentlichen Personennahverkehr zur Kompensation zu verstärken – und das innerhalb von vierundzwanzig Stunden.
Wieviel einfacher, billiger, effizienter und für den notwendigen Wirtschaftsverkehr sinnvoller wären weiträumige Verkehrsbeschränkungen mit langfristig aufgebauter Verstärkung des öffentlichen Personennahverkehrs! Doch die Automobilhersteller und ihre Lobby, allen voran der ADAC, bezeichnen derartige Maßnahmen zum Erhalt der Atemluft und damit der Gesundheit als ideologisches Folterwerkzeug und hetzen den egoistischen Autofahrer mit Fehlinformationen oder Verharmlosungen in demagogischer Manier auf. Anstatt die Forschungsgelder und die Mittel für die Öffentlichkeitsarbeit in die Entwicklung zukunftsweisender Transportsysteme für Menschen und Waren zu stecken und die Bürger/Bürgerinnen zur Verhaltensänderung zu bewegen, wird weiter die Leistung des Autos verstärkt, werden benzin- und raumfressende Maschinen gebaut und zugleich jeder Besorgte als Wirtschaftsfeind abgestempelt. In München besitzen knapp vierzig Prozent der Haushalte kein Auto. Das sind vor allem die sozial Schwachen wie Rentner, kinderreiche Familien, besonders Alleinerziehende. Diese Menschen, vor allem die Kinder, müssen die Abgase derer schlucken, die in ihrer Pseudobequemlichkeit faul verharren. Obwohl unumstritten Straßenausbau mehr Verkehr anzieht, setzt in München die Autolobby gegen die Stimmen der Vernunft auf ihren Vollgaskurs noch eins drauf. Sie setzt sich vehement für die Untertunnelung der Stadtautobahn ein, den sogenannten »Mittleren Ring«. Das Zweimilliardenprojekt würde bis zu vierzig Prozent mehr Verkehr erzeugen, nicht nur auf dem Ring selbst, sondern auch in den

Nebenstraßen, wo hauptsächlich Wohnbevölkerung angesiedelt ist. In all diesen Straßen werden der krebserzeugende Dieselruß und das krebserzeugende Benzol den ab 1998 zulässigen Grenzwert voraussichtlich überschreiten, da er sich schon heute, ohne Tunnel, bereits in der Nähe der Obergrenze befindet. Zur Durchsetzung dieses Projekts hat die Autolobby – allen voran der ADAC, die Industrie- und Handelskammer (IHK), die Handwerkskammer und die ihnen nahestehenden Parteien – ein Bürgerbegehren veranlaßt. Zynischer geht es kaum noch: Das Instrument der Bürger/Bürgerinnen gegen Projekte von Wirtschaft und Politik wird von den eigentlichen Machthabern in unserem Land mißbraucht, um gegen die von Umweltschäden betroffene Mehrheit in einer Stadt Eigeninteressen durchzusetzen. Eine Öffentlichkeitskampagne, finanziert durch die kapitalstärkste Gruppe unserer Gesellschaft, überschwemmt die Bürger und Bürgerinnen, signalisiert freie Fahrt ohne Staus im Tunnel, unter blühenden Parklandschaften mit spielenden Kindern. Während das Bürgerbegehren bereits zu ihren Gunsten ausgefallen ist, ist die politische Zukunft des Projekts noch nicht entschieden. Wird es in die Tat umgesetzt, dürfen die Mütter und Väter dieses finanzielle Abenteuer doppelt bezahlen, fünfzehn Jahre lang: Einerseits mit zwei Milliarden aus ihrem Steuergeld, andererseits durch einen entsprechend langen Verzicht auf neue Kindergärten, neue Schulen, Gesundheits- und Sozialprogramme, weil für solche Maßnahmen dann das Geld fehlt.

3. Forschungsreaktor Garching (FRM II)

Die Technische Universität München und die Siemens AG planen eine Hochneutronenquelle im Forschungsreaktor München II (FRM II). Dieser Reaktor soll auf dem Gebiet des alten Atomeis in Garching in unmittelbarer Nähe zu der 1,3-Millionen-Stadt München und dem Großflughafen München II errichtet werden. Die Bundesregierung und der Freistaat sind für die Finanzierung der geschätzten 700 Millionen Mark zuständig. Die Vergabe des Auftrags an die Firma Siemens erfolgte ohne internationale Ausschreibung, die Vorfestlegung der Haushaltsmittel des Freistaates geschah ohne Befassung des Parlaments. Einwendungen kamen aus der betroffenen Bevölkerung der Umgebung, von der Landeshauptstadt München, selbst aus Österreich. Fünfzigtausend Einwendungen wurden am letzten Tag der Einwendungsfrist dem Bayerischen Umweltministerium mit der Begründung übergeben, daß durch den Betrieb des FRM II die körperliche Unversehrtheit, die wirtschaftliche Existenz und das Eigentum der Einwohner und Einwohnerinnen bedroht sei. Vor dem Hintergrund der finanziellen Misere, in der sich die Hochschulen zur Zeit befinden, stellt sich die prinzipielle Frage, ob es im Hochschulbereich nichts Dringenderes gäbe, als einen neuen Forschungsreaktor zu bauen. Aber abgesehen davon fragen sich die interessierten Bürger/Bürgerinnen, warum dies ausgerechnet in einem Ballungsgebiet sein muß. Eine Umweltverträglichkeitsprüfung wurde erst am Ende des atomrechtlichen Genehmigungsverfahrens nachgeschoben, Alternativstandorte oder alternative Techniken wurden nicht eruiert.

Dazu meinte ein Hochschulleiter nur lapidar, so was sei

eben nur noch in Bayern durchzusetzen. Außerdem wäre die Materialprüfung für die einschlägigen Firmen eine wichtige wirtschaftspolitische Aufgabe. Und die wirtschaftlichen Interessen von Siemens nicht nur am Bau einer solchen Anlage, sondern auch an der Forschung, würden nationales Handeln erfordern. Denkbar wäre hingegen durchaus, daß ein Forschungsreaktor dieses Typs für die Mitgliedsländer der EU gebaut würde bzw. daß leerstehende Kapazitäten bestehender Reaktoren dafür genutzt würden. Statt dessen werden alle sicherheits- und umweltrelevanten Fragen in Gutsherrenart vom Tisch gewischt.

Doch die Verwendung von hochangereichertem Uran (HEU) bringt angesichts der direkten Waffenfähigkeit eine neue Quelle in die Auseinandersetzung. Nicht mehr nur die direkt betroffene Bevölkerung kämpft gegen FRM II, auch die Regierung der Vereinigten Staaten von Amerika hat sich inzwischen eingeschaltet. Denn mit dem Einsatz von HEU würden die seit fünfzehn Jahren währenden internationalen Bemühungen unterwandert, den Einsatz von waffentauglichem Uran im nichtmilitärischen Bereich auslaufen zu lassen (Nonproliferations-Vertrag). Der FRM II wäre der einzige Reaktor in der Bundesrepublik, der mit hochangereichertem Uran betrieben werden soll. Alle anderen sind bereits umgestellt oder befinden sich in der Umstellungsphase. Die BRD übernähme damit eine Vorreiterrolle, die Drittländer zur Nachahmung animieren könnte. Deshalb haben die USA auch erklärt, daß sie niemals HEU an den Forschungsreaktor liefern werden und auch nicht bereit sind, die abgebrannten Brennelemente zu entsorgen.

Inzwischen wurde ruchbar, daß die bayerische Staatsregierung mit Moskau über die Anlieferung von HEU verhandelt hat. Angesichts der kritischen politischen Verhältnisse in Rußland ist das ein geradezu abenteuerliches Verhalten. So soll im Schulterschluß von Siemens AG und Freistaat gegen ein internationales Abkommen und gegen die Bürger und Bürgerinnen des Freistaats ein Projekt durchgezogen werden, dessen wissenschaftlicher Wert höchst umstritten ist, dessen Sicherheitsrelevanz kontrovers diskutiert wird und dessen Akzeptanz in der damit befaßten Bevölkerung gleich Null ist.

Diese drei Beispiele sollen nicht nur verdeutlichen, welche Risiken bewußt oder fahrlässig in Kauf genommen werden, sondern vor allem, wer hier jeweils die Mehrheit und wer die Minderheit stellt. Ausgangspunkt war die Frage nach der Dominanz der Mehrheit, die Minderheitsbedürfnisse und -rechte ignoriert. Wer hat den Nutzen an der Chlorchemie – wer den Schaden? Wer will freie Fahrt für freie Bürger – wer sind die Opfer? Wer benötigt eine Hochflußneutronenquelle – wer trägt das Risiko? Wer finanziert – wer kassiert? Bei dieser Betrachtung stellt sich sehr schnell heraus: Hier zwingen Minderheiten Mehrheiten ihre Interessen auf und lassen sie für die finanziellen wie für die existenziellen Folgen – von Reparaturen bis zu tödlichen Katastrophe – geradestehen.

Aber wie ist es möglich, daß die Mehrheit sich als Minderheit fühlt und umgekehrt? Es ist doch ein merkwürdiges Phänomen, daß Kinder, Jugendliche, Mütter, verantwortungsvolle Väter, Menschen ohne Macht und Einfluß, alte Leute, Kranke, Behinderte, Ausländer, rothaarige evangelische Pfarrer, katholische Radfahrer und wie sich sonst noch jemand definieren könnte, zwar weder Auftraggeber noch Profiteur sind, sich aber trotzdem als Minderheit, das heißt als nicht ernstzunehmende Mitglieder der Gesellschaft empfinden – während die wenigen, die den Gewinn abschöpfen, als Mehrheit akzeptiert werden. Der Wert eines Menschen wird immer noch an seiner Macht abgelesen, wobei Macht nicht im ursprünglichen Sinn von Etwas-Können, Etwas-Vermögen, also von einer besonderen Fähigkeit hergeleitet, sondern als die Macht über etwas oder jemanden verstanden wird. Wenn der Machtbegriff nicht als soziale Verpflichtung, sich in den Dienst der Gemeinschaft zu stellen, neu belebt wird, wenn die Ohnmächtigen nicht ihren Wert erkennen, wird es weiter ein Diktat der Minderheit geben.

Die Frauen haben schon umzudenken begonnen. Sie haben erkannt, daß der erfolgreiche Mann zwar behauptet, ihre Interessen mitzuvertreten, aber nur, damit sie ihm weiter keine Konkurrenz machen. Frauen haben ihre Rechte eingefordert und sind selbst in die Politik gegangen. Es sind zwar bei weitem noch nicht genug, aber der Anfang ist erkämpft. Auch wenn es vielleicht eine Illusion ist, zu meinen, Frauen seien a priori bessere Menschen, so kennen Frauen doch zumindest die Lebenswirklichkeit aus nächster Nähe. Selbst wenn Frauen dann unterschiedliche Konsequenzen aus ihrer Kenntnis ziehen, fällt die Verständigung über Parteigrenzen hinweg mit Frauen leichter, denn sie können ihre Realität nicht verleugnen.

Was Frauen politisch geschafft haben, müssen andere Bevölkerungsgruppen noch erkämpfen. In München ist zum Beispiel das Kinder- und Jugendforum eingerichtet worden. Das ist ein Parlament für den Nachwuchs, ein Forum für Forderungen, die von der Stadtverwaltung dann tatsächlich auch bearbeitet werden müssen. Dafür

stehen »Paten« aus dem Stadtrat und der Stadtspitze ein. Der Gerechtigkeitssinn und der noch nicht von sogenannten Sachzwängen umnebelte Blick der Kinder müssen ernst genommen werden, damit die Fähigkeit zur Demokratie erhalten bleibt und die beklagte Politikverdrossenheit auch schon junger Wähler nicht weiter grassiert. In der Pflicht wären in erster Linie unsere Schulen. Doch der Lehrplan macht allen kreativen und sozialen Ansätzen den Garaus. Der von Lehrern gern zitierte Satz: »Nicht für die Schule, sondern fürs Leben lernen«, sollte vor allem im Bereich der sozialen Kompetenz ernst genommen werden. Hier müssen Spielräume durchgesetzt werden, besonders im Interesse jener Kinder, die aus problematischen oder autoritären Elternhäusern stammen. Gerade ausländische Kinder und Jugendliche können bei traditionell geprägten Eltern kaum die Erfahrung machen, daß Kinder, und zwar Mädchen *und* Buben, Rechte haben und mitbestimmen sollten.
Genauso ist es höchste Zeit, die politische Ausgrenzung von Bürgern und Bürgerinnen ausländischer Abstammung abzustellen. Der Unsinn, Menschen, die zum Teil in der dritten Generation bei uns leben, elementare Rechte vorzuenthalten, ihnen zugleich allerdings alle Pflichten wie Steuern oder Sozialabgaben abzuverlangen, führt zu einer Zweiklassen-Demokratie.
1996 durften erstmals EU-Bürger auf kommunaler Ebene mitwählen. In diesem Wahlkampf gab es zum ersten Mal keine ungeschminkt ausländerfeindlichen Parolen, von ein paar Splittergruppen abgesehen. Dieser Teilerfolg muß ausgebaut werden, denn in Deutschland leben vor allem Türken und Leute aus dem ehemaligen Jugoslawien, also Menschen, die nicht wahlberechtigt sind, weil sie keinem EU-Staat angehören. Wenn auch sie kostbare

Stimmen abgeben bzw. selbst Vertreter/Vertreterinnen in die Parlamente schicken können, werden ihre Forderungen mit Sicherheit ein neues, adäquates Gewicht erhalten.
Ein falsch verstandener weitergetriebener Partikularismus, die Zwanghaftigkeit der *political correctness*, wie sie in den Vereinten Staaten ausuferte, bringt die Menschen einander nicht näher. Genausowenig ist aber eine Volksvertretung zu akzeptieren, die nicht den Pluralismus einer Gesellschaft widerspiegelt, sondern einseitig den Machterhalt von Parteien im Visier hat. Deshalb stünden Reformen des Parlamentarismus dringend an, die bis in den Kern der großen Parteien zielen müßten.
Trotzdem wird auch damit der Komplexität und der daraus erforderlichen Sachkenntnisse noch nicht Genüge getan. Eine mögliche Lösung könnte darin liegen, die demokratische Entscheidungsfindung auf eine breitere Basis zu stellen. Die nicht parteipolitisch organisierten Kräfte der Gesellschaft, die viel wesentlicher als die Parteien unsere Realität formen, müßten mehr Gewicht in der Findung von Lösungen bekommen, müßten öffentlich und transparent einbezogen sein. Jetzt ist ja auch schon Realität, daß Wirtschaft, Kirchen, Verbände zerren und fordern, nur laufen diese Prozesse hinter den Kulissen ab. Eine neue Qualität dieser Prozesse ließe sich beispielsweise durch die Installierung von Planungszellen erreichen. Durch einen öffentlichen Diskurs unterschiedlicher Interessengruppierungen in dieser neuen Form könnten Entscheidungen dann auch auf einen weit in die Gesellschaft hineinreichenden Konsens gebaut werden. Die Spirale immer größer werdender Gegensätze mit daraus logisch folgender Unüberbrückbarkeiten der Standpunkte würde zugunsten eines gemeinsamen Inter-

esses an der Lösung gestoppt. Gegensätze müssen dabei nicht unter den Teppich gekehrt werden, aber sie wären auch nicht mehr alleiniger Ausdruck der Bedeutung der jeweiligen Lobby. Denn die Gemeinsamkeiten träten viel deutlicher zum Vorschein. Es geht also um Vertrauensbildung in alle Richtungen, denn nur auf dieser Basis kann »die Wahrheit« Wirklichkeit werden. Das klingt vielleicht allzu idealistisch, doch es gibt keine andere Lösung, als an der partiellen Einsichtsfähigkeit von Menschen festzuhalten, sie ernst zu nehmen und vorurteilsfrei anzunehmen.

Diesen Rahmen zu schaffen – im kleinen einer Kommune wie im großen eines Staates bzw. einer Staatengemeinschaft – wird Überlebensaufgabe sein.

Till Bastian

4 Grenzwerte für Volksverdummung gibt es offensichtlich nicht ...

Als Einstieg in die Problematik der »Grenzwerte« und ihrer Begründung genügt es, wenn wir uns einer Szene erinnern, die wir alle aus der eigenen Schulzeit kennen: Schüler Meier, zwei Bänke vor uns und ohnehin ein arger Streber, erhielt bei drei Fehlern im Diktat noch ein »Gut«; unsereins, mit einem Fehler mehr, hatte sich mit der Note »Befriedigend« zu begnügen ...

»Irgendwo muß ja eine Grenze sein«, sagte der Lehrer dann – falls überhaupt eine Diskussion möglich war. Ja, irgendwo schon, aber warum gerade hier? Später wurde der Streber Meier dann mit dem Abiturnotendurchschnitt von 1,43, abgerundet zu 1,4, zum Medizinstudium zugelassen, während wir – mit dem Schnitt 1,46, aufgerundet zu 1,5 – ein Jahr warten mußten. Kein Wunder, daß alsbald die Forderung erscholl, den Zugang zum zulassungsbegrenzten Arztberuf per Los, das heißt durch die völlig unpersönliche, kalte Irrationalität des Würfels regeln zu lassen.

Was lernen wir daraus? Grenzziehungen solcher Art sind immer willkürlich. Es verhält sich mit ihnen ebenso wie bei der »Abgrenzung« eines Begriffes – der »Definition« (von lateinisch finis = Ende, Grenze). Die Wissenschaftstheorie hat es längst aufgegeben, von »richtigen« Definitionen zu sprechen. Ob die Definition eines Begrif-

fes (»Unter natürlichen Zahlen verstehen wir ...«) sich durchsetzen und allgemein üblich werden kann, ist letztlich eine Frage ihrer *Brauchbarkeit,* und damit basta!
Nun ist eine Note, zum Beispiel im Zeugnis, zweifellos eine menschliche Festsetzung, und auch die ihr zugrundeliegenden Kriterien sind erkennbar »Menschenwerk«, dem niemand eine gewisse Willkür absprechen kann – »es geht aber nun einmal nicht ohne«, so wird rechtfertigend gesagt. Bei jenen Grenzwerten, die uns hier vor allem interessieren – zum Beispiel bei der »Maximalen Arbeitsplatzkonzentration (MAK)«, die für ein vermutlich giftiges Gas von der Gewerbeaufsicht erlaubt wird –, handelt es sich um Werte aus dem Arsenal der Wissenschaft, die mit naturwissenschaftlichen Methoden ermittelt und in der naturwissenschaftlichen Fachsprache niedergelegt werden – meist in Konzentrationsangaben wie zum Beispiel $^1/_{1000}$ Gramm pro Liter (mg/1) oder ein Teil pro Million Teilchen (part per million = ppm). Von besonderem Interesse ist natürlich, wann eine solche Konzentration des Stoffes XY gesundheitsschädlich ist. Wieviel Gramm eines bestimmten Gasdampfes in der Atemluft führen, auf Dauer eingeatmet, bei den Angestellten einer chemischen Reinigung mit Sicherheit zu Leberschäden? Dies zu entscheiden gilt als Angelegenheit der medizinischen Experten. Diese wiederum haben ihre Empfehlungen mit der Methode naturwissenschaftlichen Experimentierens ermittelt, wobei meist der Tierversuch eine herausragende Rolle spielt.
So erhält ein solcher arbeitsmedizinischer Grenzwert – anders als die stets strittige Note im Deutschaufsatz! – die Weihe einer vorgeblichen wissenschaftlichen Objektivität. Naiven Zeitgenossen unserer wissenschaftsgläubigen Epoche mag es dann so scheinen, als fände in

diesem Grenzwert gleichsam die Sprache der Tatsachen selber ihren Ausdruck. Genau dies ist aber falsch. Auch die Grenzwerte, mit denen beispielsweise die maximale Dosis an radioaktiver Strahlung festgelegt wird, der sich ein Flugzeugpilot, eine Röntgenassistentin oder der Arbeiter im Atomkraftwerk aussetzen darf, sind willkürlich festgelegt und orientieren sich am Kriterium praktischer Brauchbarkeit.

Früher war es gängige Vorstellung, für »Schadstoffe« (man sollte besser von »Noxen« sprechen, denn nicht immer handelt es sich ja um »Stoffe« im eigentlichen Sinne) wie zum Beispiel Chemikalien oder radioaktive Strahlung lasse sich eine »Schwelle« festlegen, jenseits derer die gesundheitliche Schädigung beginne, weshalb man im Umkehrschluß unterhalb dieser Schwelle Gefahrlosigkeit vermuten könne (so, wie bei der Zeugnisnote das Überschreiten einer gewissen »Schwelle« die Versetzung gefährdet). Für eine Fülle von Noxen, und gerade für die gefährlichsten unter ihnen, gilt dies aber gerade *nicht.* Sie kennen keine »kritische Schwelle«. Radioaktive Strahlung etwa kann auch in noch so kleinen Dosen gefährlich werden (schon ein einziger radioaktiver Zerfall des eingeatmeten Plutonium-239-Isotops kann Lungenkrebs auslösen). Hier müßte deshalb eigentlich jenes Prinzip zur Anwendung kommen, das die Wissenschaftler als »ALARA-Prinzip« beschreiben: »As Low As Reasonably Achievable« – die Konzentration (und damit die möglicherweise verabreichte Dosis) einer Noxe sollte »so niedrig sein wie aller Vernunft nach nur irgendwie erreichbar«: so niedrig wie möglich also.

Und damit beginnt das Problem: Was heißt »möglich« bei »so niedrig wie möglich« – und was heißt »aller Vernunft nach« (»reasonably achievable«)? Wer legt nach welchen Interessen und anhand welcher Kriterien fest, was »möglich« und was »vernünftig« ist? Hier ist offenbar bereits jener kritische Punkt markiert, an dem Willkür und Beliebigkeit in die Festlegung eines Grenzwertes Einzug finden können. Sagen wir es deutlicher: Hier öffnet sich das Einfallstor für wirtschaftliche Interessen, die mit dem Schutz von Leben und Gesundheit nichts zu tun haben, ja diesem sogar entgegenstehen mögen. Und *deshalb* sind Grenzwerte, wie bereits gesagt, *immer* problematisch.

Dies wird zum Beispiel in den Verlautbarungen der Internationalen Strahlenschutz-Kommission (International Commission on Radiological Protection = ICRP) deutlich, die 1977 in ihrer Publikation Nr. 26 für die Belastung durch radioaktive Strahlung gefordert hat: »Es darf keine Tätigkeit gestattet werden, deren Einführung nicht zu einem positiven Nettonutzen führt. Alle Strahlenexpositionen müssen so niedrig gehalten werden, wie es unter Berücksichtigung wirtschaftlicher und sozialer Faktoren vernünftigerweise erreichbar ist.« (S. 4)

Was bedeutet aber die »Berücksichtigung wirtschaftlicher und sozialer Faktoren«? Wie geschieht sie und anhand welcher Kriterien? Was kann diese – systembedingte – Widersprüchlichkeit bei der Formulierung von Grenzwerten in der Praxis bedeuten?

Versuchen wir uns an einem Gedankenexperiment: Was hielten wir zum Beispiel von einem Bürgermeister, der öffentlich erklärt, das Wasser im Stadtbach sei mit gesundheitsschädlichen Schadstoffen ohnehin in nicht unerheblicher Weise belastet – deshalb habe er einer Bleihütte die Genehmigung gegeben, weitere Abwässer einzuleiten, denn auf das »bißchen mehr« komme es auch nicht mehr an …

Das Beispiel mag absurd erscheinen. Es ist aber dennoch realistisch – leider. Denn zum Beispiel im Falle radioaktiver Niedrigstrahlung wird von offizieller Seite genau so vorgegangen. Immer wieder kann man hören, daß radioaktive Strahlung, wie sie beispielsweise durch den Normalbetrieb eines Kernkraftwerkes, durch den »Fall out« (Niederschlag) der Atomwaffentests oder der Tschernobyl-Katastrophe auftritt, gering sei im Vergleich zur »natürlichen« Strahlenbelastung, und als Risiko könne sie daher vernachlässigt werden. Daran ist richtig, daß jeder lebende Organismus auf unserem Heimatplaneten einer seit jeher vorhandenen Strahlenbelastung ausgesetzt ist, die teils aus dem Weltall auf uns eindringt (kosmische Strahlung) bzw. von den radioaktiv strahlenden Elementen in der Erdkruste geschuldet ist (terrestrische Strahlung). Diese Belastung ist naturgegeben, aber deshalb keineswegs gesund (die Epidemiologie lastet ihr etwa ein bis zwei Prozent aller Krebstodesfälle an), und es besteht keinerlei Grund, ihr weitere menschengemachte Schädigungen »aufzusatteln«! Im Gegenteil: Würde das ALARA-Prinzip wirklich ernst genommen, so dürfte eine zusätzliche zivilisatorische Strahlenbelastung eigentlich nur in extremen Notfällen – etwa bei lebensrettenden Röntgenaufnahmen! – zugelassen werden. Schon die naturgegebene Strahlenbelastung kennt keinen »Schwellenwert« und die Gleichung »von Natur aus vorhanden« = »natürlich« = »zuträglich« gilt eben *nicht,* wie Tollkirsche und Knollenblätterpilz beweisen und wie das jeder afrikanische Pygmäe weiß, wenn er aus Naturstoffen sein Pfeilgift mischt. Eine verquere Argumentationsfigur, sonst eher Sache romantisierender »Alternativmediziner« wird hier in bedenkenloser Weise von der Atomlobby benutzt und ausgeschlachtet – ganz in der Manier

des oben erwähnten Bürgermeisters. Und warum? Aus reinem Geschäftsinteresse.
Anderes Beispiel: Ein in der Medizin eigentlich unstrittiger »Grenzwert« besagt, daß ein (gesunder, das heißt nicht vorgeschädigter) Mann, der jeden Tag 80 Gramm reinen Alkohol zu sich nimmt (was etwa vier Flaschen Bier entspricht), sich »dafür« nach 20 Jahren mit an Sicherheit grenzender Wahrscheinlichkeit eine Leberzirrhose eingehandelt hat. Stellen wir uns nun vor, es würden neue medizinische Fakten bekannt, die nahelegen, daß dies vielleicht sogar schon bei 60 Gramm Alkohol pro Kopf und Tag der Fall sein könnte. Stellen wir uns nun einen Gesundheitsminister vor, der daraufhin zu bedenken gibt, man solle daraus keine entsprechenden Empfehlungen ableiten, weil sonst der Profit (und natürlich die Arbeitsplätze!) in der Alkoholindustrie gefährdet sind. Was würden wir von diesem Mann halten? Richtig, ich auch ... Aber wenn wir für »Alkohol« das Wort »radioaktive Strahlenbelastung« einsetzen, für »Alkoholindustrie« »Atomkraftwerke« und noch ein paar andere Worte vertauschen – dann haben wir ein durchaus realistisches Bild dessen, was jahrzehntelang in allen Industriestaaten »Gang der Dinge« gewesen ist ...
Ein erstes Fazit: Grenzwerte sind nicht nur willkürlich, sie sind auch immer opportunistisch. Das soll heißen, sie dienen Zwecken, die in den Daten selber nicht zu finden sind, sondern an sie herangetragen werden. Sie beinhalten keinesfalls eine rein wissenschaftlich fundierte Sachaussage, sondern sie sind der Versuch, einen Ausgleich zwischen verschiedenartigen Interessen zu finden – zum Beispiel zwischen dem Interesse des Arbeiters im Atomkraftwerk an seinem eigenen gesundheitlichen Wohl-

ergehen einerseits, dem Interesse der Kraftwerksbetreiber-Gesellschaft an einem einträglichen Geschäft andererseits.

Der Versuch einer solchen Kompromißbildung muß nicht von vorneherein illegitim sein (nicht jeder Kompromiß ist ein fauler Kompromiß). Abwägungen zwischen Risiko und Nutzen sind immer wieder unvermeidlich. Zu ihren Grundvoraussetzungen sollte es allerdings gehören, daß die einem demokratischen Rechtsstaat angemessene öffentliche Diskussion erfolgt. Genau dies ist aber in der Regel nicht der Fall, weil die beteiligten Interessengruppen und Konzerne eine solche Diskussion nach Kräften zu unterbinden wissen – und um so entschiedener, je größer der materielle Vorteil ist, der dabei auf dem Spiel steht. So läuft die »Grenzwertfindung« dann oft genug auf die Frage heraus: »Für welche Zeit können wir dem Gemeinwesen wie viele Krebstote pro Jahr zumuten, ohne daß dies großen öffentlichen Unmut erzeugt?« Die Geschichte der »friedlichen« Atomenergienutzung ist ein Musterbeispiel für solche gewissenlosen Geschäfte.[1]

Betrachten wir nach diesem Blick in die trübe Realität von Wirtschaft und Politik nun die wissenschaftliche Ausgangslage. Da die Festlegung von Grenzwerten allgemein als Aufgabe des vorbeugenden medizinischen Gesundheitsschutzes betrachtet wird, ist es naheliegend, nun die moderne Medizin, wo sie mit solchen Grenzwerten hantiert, selber auf den Prüfstand zu stellen.

Folgen wir der klassischen Auffassung von Ernst Haekkel, nach der Ökologie nichts anderes ist als die »gesamte Wissenschaft von den Beziehungen des Organismus zur umgebenden Außenwelt«, dann wäre die Medizin zweifellos nichts anderes als ein Spezialfall der Ökologie, und ihr wissenschaftliches Fundament läge in der Untersuchung und systematischen Erfassung eben jener speziellen Klasse von (Wechsel)-Beziehungen zwischen Organismus und Außenwelt, die im Organismus jene Zustandsänderung herbeiführen, die durch einen sozialen Etikettierungsprozeß als »Krankheit« bezeichnet wird. So einfach liegen die Dinge aber leider nicht. Mindestens die folgenden Komplikationen gelte es zu berücksichtigen:

- Als »verspätete« Naturwissenschaft orientiert sich die Medizin am Weltbild der deterministischen Physik und mithin an einem Kausalitätsbegriff, der so heute nicht mehr haltbar ist. Dieser Begriff von strenger und eindeutiger Mono-Kausalität war gewiß brauchbar beim Studium der klassischen Infektionskrankheiten, wenn bei der Krankheitsentstehung wirklich *ein* Faktor (etwa der Pockenerreger) klar dominierte; heute jedoch sehen wir uns in immer größerem Maße mit den Problemen von *Multimorbidität* (= der Mehrfacherkrankung) und *Polyätiologie* (= der Verursachung von Krankheiten durch ganze »Ursachenbündel«) konfrontiert (siehe auch weiter unten). Komplexe, mehrdimensionale Wirkfaktoren-Gefüge, wie sie bei der Betrachtung etwa einer Pockenepidemie keine vorrangige Rolle spielen mögen, sind bei der Erstellung ökologisch zumindest mitbedingter »Komplexkrankheiten« (ebenfalls siehe weiter unten) unerläßlich: Hier gibt es eigentlich gar keine Einzel-»Ursachen« mehr, sondern nur noch Wirkungen und Wechselwirkungen.
- Insofern erweist auch der klassische Krankheitsbegriff die Grenzen seiner Brauchbarkeit, ist er doch nichts anderes als eine an der Beobachtung von Kollektiven

gewonnene Abstraktion, die in relativ grober Vereinfachung auf das Individuum rückübertragen wird – mit dem Erreger W konfrontiert, verhält sich eine Mehrheit des Kollektives unter den Bedingungen X und Y in der Art und Weise Z; wir sprechen dann in einem *Kunstgriff* von der »Krankheit Z«, die das Individuum A »hat«. Der Begriff »Krankheit Z« entspricht wissenschaftstheoretisch dem Bruch »0,82«, wenn von hundert Männern eines Dorfes zweiundachtzig verheiratet sind – »untersuchen Sie jeden Mann so ausführlich, wie Sie wollen, von ›0,82‹ werden Sie nichts an ihm finden; und wenn er das Dorf verläßt, wird sich dieser Bruch ändern, ohne daß er sich in irgendeiner Weise verändert hat. Offensichtlich ist ›0,82‹ eine Eigenschaft des Dorfes, nicht des einzelnen.«[2] Ebenso ist das, was wir Krankheit nennen, eine Eigenschaft des Kollektives, in dem zum Beispiel zweiundachtzig von hundert Menschen auf ein bestimmtes Virus in einer charakteristischen Art und Weise reagieren. Der Kunstgriff eines individualisierenden Krankheitsbegriffes hatte gewiß heuristischen und didaktischen Wert – doch dieser Kunstgriff erweist sich angesichts des hochkomplexen ökologischen Geschehen als zunehmend fragwürdig.

- Auch die Epidemiologie als vermeintlich neue Grundlagenwissenschaft ist, trotz aller Bemühungen um die Erfassung und statistische Bewertung von »Risikofaktoren«, nicht jener rettende deus ex machina, der eine Neufundierung der Medizin bewerkstelligen könnte – jedenfalls nicht, solange diese Epidemiologie einer individualisierenden Dosis-Wirkung-Betrachtung verhaftet bleibt (und für das Individuum dann das Risiko von 0,82 errechnet, unter bestimmten Bedingungen zu erkranken), übergeordnete humanökologische Faktoren aber grob vernachlässigt (etwa, weil sie der quantifizierenden Bewertung nicht zugänglich sind)! Hierauf hat unlängst Steve Wing überzeugend hingewiesen.[3]

Summa summarum: Bei den klassischen Infektionskrankheiten, in deren Bekämpfung sich unsere »Schulmedizin« heranbildete und erprobte, konnten »Randbedingungen« vernachlässigt werden, indem sich das therapeutische Interesse auf einige wenige entscheidende Variablen konzentrierte (etwa auf den Erregernachweis und auf den Einsatz eines »passenden« Antibiotikums). Bei ökologisch bedingten oder mitbedingten Krankheitsbildern sind solche Vereinfachungen fatal: weder kennen wir alle wirksamen Faktoren noch deren vermutlich sehr vielgestaltige Interaktionen – und vor allem haben wir kaum eine Ahnung, welche Variablen die entscheidenden sind. Wer hätte zum Beispiel vor zwanzig Jahren daran gedacht, daß Haarspray in großer Höhe zur Verdünnung der Ozonkonzentration beiträgt?
Diese Auffassung legt nahe, daß das, was wir heute als »Zivilisationskrankheiten« bezeichnen, sozusagen die »gemeinsame Endstrecke« einer Fülle komplizierter Wechselwirkungen bildet – schließlich wird eine Störung immer erst dann sichtbar, wenn irgendwo »ein letzter Tropfen das Faß zum Überlaufen bringt«. Das Vorliegen solcher Mechanismen zeigte sich nicht nur im Falle des sogenannten Robbensterbens – hier fand man in der Leber der sezierten Tierkadaver erhebliche Schwermetallkonzentrationen, im Fettgewebe hingegen eine starke Anreicherung mit polychlorierten Biphenylen (PCBs), und zudem war die Tierpopulation auch

noch mit einem dem Erreger der Hundestaupe ähnlichen Virus durchseucht. Diesem Verstärkungseffekt, der am Ende zum Massentod der Meeressäugetiere führte, hätte offenkundig durch einen isolierten, das heißt einzelstoffbezogenen Grenzwert gar nicht wirksam vorgebeugt werden können! Ähnlich verhält es sich wohl auch beim Waldsterben, für das ja nach heutigem Kenntnisstand ebenfalls kein einzelner Schadstoff als Ursache angeschuldigt werden kann, weshalb der Münchner Forstbotaniker Peter Schütt in genialer Wortwahl den Begriff »Komplexerkrankung« vorgeschlagen hat, um den Gesamtvorgang zu kennzeichnen. Solche »Komplexerkrankungen«, denen durch einzelstoffzentrierte Vorsorge offenbar nicht beizukommen ist, werden bei allen Organismen auftauchen, die die Endstrecken von Anreicherungsprozessen besiedeln – was für Robben gilt, aber auch für Bäume und für uns Menschen.

Bei dem größten Kollektiv unter den Opfern der Tschernobyl-Katastrophe von 1986, bei den sogenannten »Liquidatoren«, das heißt den zu Aufräumungsarbeiten abkommandierten Personen, beobachten wir heute eine drastisch erhöhte Todesrate – wobei diese Menschen überwiegend vorzeitig an Krankheiten sterben, die »eigentlich« nicht tödlich sein »müßten«. Der Kiewer Arzt Juri M. Schtscherbak hat für dieses Phänomen schon 1987 ein erworbenes Immunmangel-Syndrom vermutet und in Anlehnung an den heute vor allem zur Kennzeichnung der HIV-Infektion verwendeten Begriff »AIDS« (»Acquired Immunodeficiency Syndrom« = Erworbenes Immunmangelsyndrom), der aber eigentlich ganz unspezifisch ist, den Begriff »Tschernobyl-AIDS« vorgeschlagen: Die der radioaktiven Belastung geschuldete mehr oder minder erhebliche Schwächung der körpereigenen Abwehr läßt alle möglichen, für einen gesunden Menschen überwindbaren Krankheiten zu einer tödlichen Gefahr werden ...[4]

Ich habe oben geschrieben, daß sich die moderne Medizin auf der Ebene des Individuums mit der »Polyätiologie« – der Auslösung von »Komplexkrankheiten« durch vielfältige, sich kombinierende Wirkfaktoren, die eigentlich nicht mehr als »Ursachen« bezeichnet werden können – und mit der »Multimorbidität« herumzuschlagen hat (der Vielfacherkrankung eines Einzelindividuums). Auf der Ebene der »Wirkfaktoren« entsprechen dem zwei andere Sachverhalte, die die Dinge noch weiter komplizieren – die »Synergie«, das heißt das bereits erwähnte, sich wechselseitig in der Schadwirkung verstärkende Zusammenwirken mehrerer Faktoren (zum Beispiel radioaktive Strahlenbelastung *plus* Virusepidemie), und die »Akkumulation«, das heißt die Anreicherung der meist sehr langlebigen Schadstoffe zum Beispiel im Knochen oder im Fettgewebe.[5] Grenzwerte, die als aktuelle Konzentrationen oder Wirkmengen (»Aktivitäten«) eines Einzelschadstoffes, bezogen auf einen begrenzten Zeitraum, festgelegt sind, sind daher von vornherein problematisch. Sie taugen wenig, um die (schleichende) Gesundheitsgefährdung in der Lebenswelt der Industriegesellschaft zu beschreiben. Sie berücksichtigen nämlich in aller Regel nur die akute Giftwirkung. Und von Kombinationseffekten wissen sie nichts. Oder anders gesagt: Nur im Hinblick auf Frühschäden durch Einzelschadstoffe geben sie eine Grenze an, unter der ein solcher Schadstoff eventuell als unbedenklich erachtet werden könnte. Ein sicherer Schutz vor möglichen Spätschäden ist damit aber keinesfalls gegeben. Dies insbesondere dann nicht, wenn einem solchen Spätschaden durch die Kombination mit anderen Schadfaktoren der Boden bereitet wird! So kann man ja den Tod der Robbe in der Nordsee durchaus auch als »Spätfolge« einer übermäßigen Schwermetallanreicherung in der Leber ansehen, den Tod des Tschernobyl-Liquidators an einer Lungenentzündung im Jahre 1996 als »Spätfolge« seiner Strahlenbelastung zehn Jahre zuvor usw. usw.

Zumindest bei Schadstoffen, die sich im Körper anreichern, sollte also die zu erwartende Einwirkungsdauer (»Expositionszeit«) – sie ist naheliegenderweise für Kinder lang, für ältere Erwachsene kurz – in die vorhandenen Grenzwerte eingebaut werden. Daß dies nicht geschieht, ist ein wissenschaftlicher Skandal – ebenso wie das Faktum, daß solche Grenzwerte noch immer überwiegend auf den männlichen Erwachsenen von 70 Kilogramm Körpergewicht bezogen sind und die besondere Empfindlichkeit des kindlichen Organismus in keiner Weise berücksichtigen.

Aus diesen Überlegungen zu den Problemfeldern von »Synergie« und »Akkumulation«, die hier natürlich nur im Schnelldurchgang erörtert werden konnten, ergibt sich in aller Klarheit: Der alte Satz des Theophrastus Bombastus von Hohenheim, genannt Paracelsus, daß es von der Dosis abhänge, ob ein Stoff als Gift oder als Heilmittel zu betrachten sei (»Die Dosis macht das Gift« – was ja bedeuten würde, daß es eben doch einen »Umschlagspunkt« gibt und daß es mithin entscheidend sei, den richtigen »Grenzwert« zu erkennen) – dieser zur Standardformel so vieler Mediziner geratene Satz muß also in nicht unerheblichem Maße umgeschrieben werden. Für immer mehr ökologisch relevante Fälle gilt: Nicht »die Dosis (eines Einzelstoffes) macht das Gift« – die Kombination von Dosis und Einwirkungsdauer, mithin die mögliche Anreicherung plus die Existenz zusätzlicher Wirkfaktoren und die von ihnen bewirkten Synergieeffekte bestimmen das »Insgesamt« der Giftwirkung und damit das Erscheinungsbild der »Komplexerkrankung«.

Für den Umgang mit all diesen Veränderungen in unserer ökologisch schwer geschädigten Lebenswelt ist die moderne Medizin nur unzureichend gerüstet. Und die – einzelstofflich orientierten – Grenzwerte, deren Festlegung ohnehin in nicht unerheblichem Maße durch außerwissenschaftliche (Wirtschafts)-Interessen bestimmt wird, sind ein Teil ihres unzureichenden Handwerkszeuges. Für das politisch-ökonomische Establishment besteht allerdings nur wenig Anlaß, an diesem unerquicklichen Zustand etwas ändern zu sollen.

Zum Abschluß noch eine Klarstellung. Ich möchte nicht mißverstanden werden: Die Festlegung von Grenzwerten – aber bitte anhand öffentlich diskutierter Kriterien! – ist in vielen Lebensbereichen immer noch wichtig und unabdingbar. Nur muß ihre Bedeutung erkannt und relativiert werden. Grenzwerte sind alles andere als ein Allheilmittel oder eine Schutzgarantie – oft sind sie, wie hoffentlich gezeigt werden konnte, recht problematisch, und ihre Erörterung lenkt nicht selten vom Wesentlichen ab. Die gesamte Diskussion über die gesundheitlichen Auswirkungen der ökologischen Krise unter dem Gesichtspunkt der Grenzwertfestlegung zu führen ist jedenfalls ebenso abwegig wie jene hektische Umweltpolitik, die sich der medienwirksamen Suche nach dem »Schadstoff der Woche« verschreibt. Einer Gesellschaft freilich, der es leichter fällt, bei hohen Ozonkonzentrationen in der Außenluft die Bewegungsfreiheit der Kinder einzuschränken (»Vom Spielen im Freien muß abgeraten werden«) als die »Freie Fahrt für freie Bürger« bzw. für die schadstofferzeugenden Kraftfahrzeuge dieser Bürger anzutasten, wird eine offene, ehrliche Diskussion über dieses gesundheitsgefährdende Problemgemenge wohl kaum möglich sein.

Anmerkungen

1 Vgl. hierzu: T. Bastian, K. Bonhoeffer (Hrsg.): *Thema Radioaktivität,* Wiss. Verlagsgesellschaft, Stuttgart 1990 – auch die dort angegebene weiterführende Literatur, T. Bastian: *Wahnwitz Atomkraft,* Selbstverlag der Int. Ärzte für die Verhütung des Atomkriegs (IPPNW), Berlin 1995

2 W. Ross Ashby: *Einführung in die Kybernetik,* Frankfurt a. M. 1974, S. 181

3 St. Wing: »Grenzen der Epidemiologie«, in: *Medizin und Globales Überleben 2/1994, S. 25–35*

4 Vgl. J. M. Schtscherbak: »Zehn Jahre Tschornobyl-Katastrophe«, in: *Spektrum der Wissenschaft* 5/1996, S. 84–89; »Tschornobyl« ist die ukrainische Schreibweise des in der russischen Variante berüchtigt gewordenen Ortsnamens.

5 Vgl. hierzu R. Scholz: »Biochemische Wirkungsmechanismen von Umweltnoxen. Gefahren durch Akkumulation und Synergismus von Schadstoffen«, in: *Der informierte Arzt/Gazette Médicale* 5/1994, S. 341–349

Peter Kafka

5 Restrisiko – Anmerkungen zum Künstlichen Gewissen*

Annäherung an den Risikobegriff

Erinnert sich noch jemand an die Katastrophe beim Flugtag 1988 in Ramstein, als zwei Jagdflugzeuge sich berührten und in die Zuschauermassen stürzten? An die hundert Menschen starben sofort oder nach wochenlangem Todeskampf, und wohl noch mehr wurden für den Rest ihres Lebens entstellt. Viele meinten damals, solche Veranstaltungen dürften nicht mehr zugelassen werden. Der damalige Präsident des Deutschen Aero-Clubs und frühere Chef der Lufthansa, Herbert Culmann, aber begriff sofort, wie kleinmütig ein solches Verbot gewesen wäre. »Das Leben steckt voller Risiken«, sagte er, und: »Niemand verbietet deshalb das Leben, weil es das Risiko birgt, gelegentlich vorzeitig zu enden«.[2]
Ja, ja – das Leben spielt nun einmal so. Es läßt Flugzeuge spielerisch im Zentimeterabstand aneinander vorbeirasen – zur Steigerung der Lebensfreude von Hunderttau-

* Dies ist eine mehrfach übermalte Kollage aus verschiedenen Texten der letzten 15 Jahre.[1] Beim Versuch, den schon früher unausweichlichen Sarkasmus zu dämpfen, hat sich dieser noch verstärkt, weil die Untergangssymptome immer deutlicher, die Reaktionen darauf aber oft noch absurder geworden sind. Doch Sarkasmus ist ein Zeichen von Hoffnung ...

senden. Das Todesrisiko war dabei, nachträglich betrachtet, nicht hoch. Hundert von etwa dreihunderttausend Zuschauern – das bedeutete für den einzelnen eine Wahrscheinlichkeit von etwa 3×10^{-4}, also wenig mehr als doppelt so viel wie das Risiko eines »durchschnittlichen deutschen Einwohners«, innerhalb eines Jahres durch einen Verkehrsunfall zu sterben: 10 000 geteilt durch 80 Millionen sind $1{,}25 \times 10^{-4}$. Anders herum ausgedrückt: Man müßte 8000 Jahre leben, um eine vernünftige Chance zu haben, so den Tod zu finden. Man lebt aber nur etwa ein Hundertstel dieser Zeit, und deshalb ist das Verkehrsrisiko selbstverständlich akzeptabel. Jeder, der sich das Augenmaß bewahrt hat, wird einsehen, daß ein Tempolimit oder eine Senkung der Trunkenheitsgrenze unter 0,8 Promille nicht nur deutlich schwerer wiegende volkswirtschaftliche Schäden verursachen würde als ein paar tausend Tote pro Jahr, sondern daß vor allem auch der Verlust an Lebensfreude, der ja Milliarden von Lebensjahren der Bevölkerungsmehrheit beträfe, durch den Gewinn von hunderttausend Lebensjahren einer Minderheit nicht wettzumachen wäre.

Ein anderes typisches Risiko für den durchschnittlichen Deutschen, nämlich im zwanzigsten Jahrhundert durch Kriegseinwirkung ums Leben zu kommen, war aufs Jahr gerechnet ebenfalls nicht viel höher als das im Straßenverkehr (falls nicht noch in den nächsten vier Jahren ganz Unerwartetes geschieht). Schätzen wir ganz grob 10 Millionen Kriegsopfer unter den etwa 200 Millionen Deutschen in diesen hundert Jahren, so kommen wir auf ein Risiko von etwa 5×10^{-4} pro Person und Jahr. Auch das schien der überwältigenden Mehrheit offenbar noch akzeptabel.

Doch selbst das heute so penetrant verteufelte Risiko

starker Raucher, an Lungenkrebs zu sterben, ist kaum zehnmal höher. Man muß den Jahreswert schon mit 40 Jahren Raucherleben multiplizieren, um auf etwa 20 Prozent zu kommen. Erst damit liegt man in der Nähe des Risikos, daß ein durchschnittlicher Nichtraucher durch Krebs beliebiger Art stirbt. Dank medizinischem Fortschritt werden eben viele von uns alt, und so ist Krebs selbst für gesund Lebende eine der normalsten Todesursachen geworden. Obendrein tritt ja auch der Raucherkrebs häufig erst in höherem Alter auf. Zählt man also nicht einfach die Todesfälle, sondern – viel sinnvoller – die verlorenen Lebensjahre, so schneidet das Rauchen wohl kaum noch schlechter ab als der Krieg ...

Für den einzelnen Raucher freilich mag die eigene Widerstandskraft sogar ein wichtigerer Faktor sein als sein Laster – und sie hängt wohl als Ursache wie als Wirkung auch mit der Lebensfreude zusammen. Sie rauchen gern? Wer weiß, ob Sie dadurch nicht sogar Ihr Leben verlängern! Kennen Sie nicht einen lebensfrohen Neunzigjährigen, der sich regelmäßig nach dem Essen sein Pfeifchen stopft? Warum sollten nicht auch Sie zu den Ausgezeichneten gehören? Den hoffnungsvollen Glauben an die eigene Bevorzugung nennen Risikoforscher sarkastisch das »Nicht-Ich-Syndrom«. Aber ist er nicht ein Zeichen seelischer Gesundheit? Neurotisch ist es doch eher, hinter jedem innovativen Molekül ein Gift und hinter jedem der unvermeidlichen kleinen Zwischenfälle im Zivilisationsprozeß den Weltuntergang zu wittern! Müssen wir uns wirklich immer wieder über den jeweiligen »Schadstoff der Woche« ängstigen, den uns der Sensationsjournalismus auftischt? Wie recht doch Herr Culmann hatte! Es gibt eigentlich kaum größere Risiken als das normale Leben, das ja stets mit dem Tode endet (– mindestens bis die Wissenschaft auch dieses Problem endlich gelöst hat)! Warum nur haben viele Leute trotzdem dauernd so viel Angst vor relativ harmlosen Neuerungen? Sind die Menschen so unvernünftig? Oder sind sie von Panikmachern aufgehetzt, die irrationale Ängste anfachen, um darauf ihr politisches Süppchen zu kochen?

Schon immer tauchten bei der Verbreitung von Neuerungen Bedenken auf. Doch mußten sich die Meinungsführer und Machthaber früher nicht so sehr damit plagen wie heute. Diese waren ja, mindestens seit das Zeitalter des Rationalismus anbrach, oft eng verschwistert mit den »Verkäufern« des Fortschritts, der sich sonst gar nicht hätte verbreiten können. Erst die Demokratie schuf durch zunehmenden politischen Einfluß irrationaler Massen die Gefahr, daß risikofreudige Innovationen gehemmt werden. Kaum auszudenken, wie der Fortschritt sich hätte verzögern können, wenn man schon vor Erfindung der Eisenbahn die Demokratie, gar samt Frauenstimmrecht und Volksentscheid, eingeführt hätte! Heute zeichnet sich ja ab, daß wegen unbestimmter Ängste ganze wissenschaftlich-technische, ja auch militärische und sogar wirtschaftliche Entwicklungen abgebrochen und womöglich demnächst ganz zurückgenommen werden müssen.

Allerdings dreht sich die Diskussion dabei kaum je um Zahlen wie die eben vorgestellten. Der wachsende innere Widerstand gegen den Fortschritt scheint vielmehr ähnlich verschwommen motiviert wie das traditionelle Vertrauen in ihn, das ja auch nie ganz verschwunden ist. Quantitative Risikobetrachtungen stammen durchweg nicht von den Ängstlichen, sondern von Leuten, die rechnen können und etwas verkaufen wollen. Die Verwissenschaftlichung soll dazu verhelfen, die »Emotio-

nen« in den Griff der Experten zu bringen. Warum gelingt das so schlecht?
Eine von der EG-Kommission beauftragte Wissenschaftlergruppe,[3] die sich mit der Akzeptanz von Atomkraftwerken beschäftigte, zeigte sich besonders beeindruckt von einer amerikanischen Studie. Deren Ergebnisse, so meinen sie, »zeigen, daß die Kernenergie bezüglich der Risikoakzeptanz eine einzigartige Stellung einnimmt. Die Gründe für die Antipathie gegen dieses Risiko müssen psychometrischer Natur sein. Die tief verwurzelte Ablehnung mag mit dem gewaltsamen Beginn der Kernspaltung im Zweiten Weltkrieg zu tun haben oder mit Angst oder mit einer Reihe anderer unerkannter Faktoren. Wir konnten keinerlei spezifische Faktoren identifizieren, die das Phänomen erklären würden. Weitere Studien werden nötig sein, um es zu verstehen.«
Drängt sich da nicht der Wunsch nach ganz anderen »psychometrischen« Studien auf? Sollte man nicht lieber an solchen Wissenschaftlern nach den mentalen Vorgängen fahnden, die es ihnen unmöglich machen, Gründe des Widerstandes gegen die großtechnische Nutzung der Kernenergie und andere Abenteuer wahrzunehmen? Wären nicht diese von der Industrie und ihren politischen Freunden mit der Risikoanalyse beauftragten Forscher selbst ein faszinierender Forschungsgegenstand für Psychologen und Soziologen? Sie scheinen wirklich nicht zu verstehen, warum die Leute ein Risiko nicht endlich zufrieden akzeptieren, wenn man es nach hinlänglicher Mittelung als kleine Zahl präsentiert. »Woran sollte man denn noch glauben, wenn nicht an Zahlen?« fragen sie – aber das zeigt auch, warum es sich kaum lohnt, sich ernsthaft mit seelischen Regungen solcher Leute zu beschäftigen, also etwa nach entwicklungspsychologi-

schen, charakterlichen oder moralischen Wurzeln ihrer Gewissenlosigkeit zu suchen, die doch nur auf einem Mangel an glaubhaften Zahlen beruht. Werfen wir lieber einen Blick auf die Methoden, mit denen sie versuchen, sich und uns endlich ein zuverlässigeres, computergestütztes *Künstliches Gewissen* zu schaffen, das jener *Künstlichen Intelligenz* angemessen wäre, die ohnehin bald die Herrschaft wird übernehmen müssen. (Hier kann ich mir nicht verkneifen, wieder daran zu erinnern, daß die übliche englische Abkürzung AI – für *artificial intelligence* – sich auch als *artificial imbecility* – Künstlicher Schwachsinn – deuten läßt ...)

Auf dem Verordnungsweg zum Stand der Wissenschaft

Fassen wir für Leser, die es nicht gewohnt sind, in Zahlen zu denken, noch einmal zusammen: Wenn wegen zu hoher Komplexität eines Systems die Ursachen und Wirkungen nicht in allen Details analysierbar sind, so versucht man, die erwartete Häufigkeit eines Schadens als Wahrscheinlichkeit zu definieren – eben als sogenanntes Risiko. Die Wahrscheinlichkeit, daß bei einem bestimmten Tun oder Lassen gewisse unerwünschte Folgen (Tod, Krankheit, Vermögensschäden etc.) auftreten, kann etwa pro Einzelereignis, pro Jahr oder pro mittlerer Lebensdauer angegeben werden. Ein Risiko von einem Tausendstel oder 10^{-3} pro Jahr bedeutet beispielsweise, daß von tausend Teilnehmern einer gewissen Aktivität jährlich durchschnittlich einer betroffen ist, daß also der einzelne im Durchschnitt wahrscheinlich etwa tausend Jahre warten muß, bis er dran ist

– oder daß von 365 000 Menschen durchschnittlich jeden Tag einer dran ist. Die Tabelle zeigt nochmals einige Beispiele für die Größenordnung des Todesrisikos durch verschiedene Einwirkungen, teils im Mittel über alle Einwohner, teils im Mittel über eine gewisse Gruppe.

Tod durch:	pro Jahr	ganzes Leben
Autounfall (Deutschland)	$\sim 1{,}5 \times 10^{-4}$	~1%
Haushaltsunfall (USA)	$\sim 1{,}1 \times 10^{-4}$	~ 1%
Luftverschmutzung (USA-Ostküste)	$\sim 2 \times 10^{-4}$	~ 1%
Krebs aller Art	$\sim 3 \times 10^{-3}$	> 20%
Raucherkrebs (~20 Zigaretten/Tag)	$\sim 3{,}6 \times 10^{-3}$	~ 20%
»Oft-Flieger«	$\sim 5 \times 10^{-5}$	~ 0,25%
»Bergsteiger«	$\sim 6 \times 10^{-4}$	~ 3%
Kriegseinwirkung (Deutschland, 20. Jh.)	$\sim 5 \times 10^{-4}$	~ 3%
Krebs durch natürliche Radioaktivität	3×10^{-5}–10^{-3}?	0,1–5%?
Durch radioaktive Freisetzung aus kerntechnischen Anlagen im 21. Jh.	?	?
Durch unerwartete Folgen gentechnischer Verfahren im 21. Jh.	?	?

Abgesehen von den letzten drei Zeilen sind die Zahlen letztlich durch Abzählen wirklicher Ereignisse gewonnen. *Beispiel:* Wie viele Leute gingen pro Jahr klettern, und wie viele verunglückten dabei tödlich? Das macht sofort klar, daß das mittlere Risiko für den einzelnen nicht maßgeblich sein muß. Er kann sich auch bei manchen risikoreichen Aktivitäten noch immer so verhalten, daß sein persönliches Risiko weit unter dem mittleren bleibt – beispielsweise durch größere Vorsicht als Fuß-

gänger oder Autofahrer, als Kletterer am Berg oder als Benutzer einer Leiter beim Fensterputzen und Reinigen der Dachrinne. Auch bei Krebs bestehen große individuelle Unterschiede in Empfindlichkeit und Abwehrstärke und natürlich vor allem in der Häufigkeit und Intensität des Kontakts mit Karzinogenen, so daß der einzelne sein Risiko durch die Lebensweise beeinflussen kann. Nur sind mögliche Vorsichtsmaßnahmen hier nicht immer so einleuchtend und allgemein anerkannt wie etwa beim Rauchen oder Klettern – nämlich: »Bleiben lassen!« Beim Kriegführen, beim Betrieb von Atomreaktoren, bei Nutzung chemischer und genetischer Techniken, ja bei fast allen gesellschaftlichen Unternehmungen ist das schwieriger. Hier steht die Aussicht auf Beute oder auf anderen gewaltigen gesellschaftlichen Nutzen einer so einfachen Empfehlung entgegen.
Die Tabelle erinnert uns aber auch an einen anderen wichtigen Unterschied: Die in den letzten drei Zeilen angeführten Risiken (wie auch die Risiken vieler anderer neuer Techniken) sind von anderer Art als die weiter oben genannten. Sie lassen sich nicht durch Abzählen wirklicher Ereignisse bestimmen. Entweder weil viele verschiedene Ursachen ähnliche Phänomene hervorbringen (wie beim Krebs, wo eine Zuordnung immerhin ansatzweise durch umfangreiche epidemiologische Untersuchungen möglich wäre), oder weil die Ereignisse zwar folgenreich, aber doch sehr selten sind (wie Reaktorkatastrophen), oder weil viele unabsehbare Folgen erst nach Jahrzehnten sichtbar werden (wie bei der Anreicherung von Spurengasen in der Atmosphäre und von Giften in Böden und Gewässern), oder weil die Anwendung der entsprechenden Technik gerade erst begonnen hat (wie bei der Gentechnik). Die Wahr-

scheinlichkeit von Schäden ist dann zunächst völlig unbekannt.

Das ist in einem Rechtsstaat untragbar. Hier muß jedes Handeln justitiabel sein! Wie sollen denn die Behörden Anlagen und Verfahren genehmigen, und wie sollen Richter diese Genehmigungen beim Widerspruch einzelner Betroffener oder Fortschrittsfeinde beurteilen können, wenn die möglichen Folgen völlig unbekannt sind? Genehmigen will und muß man doch schließlich – sonst würde sich das Kapital einfach einen anderen Standort für jene Aktivitäten suchen – und dann wohl bald auch für alle anderen! Damit aber wären nicht nur Leben oder Gesundheit einer Minderheit bedroht, sondern es wäre bekanntlich uns allen jede Lebensgrundlage entzogen! Der Staat muß also die Wissenschaft dazu bringen, Fragezeichen durch Zahlen zu ersetzen, die in Gesetze, Verordnungen und richterliche Urteile eingehen können.

Im wesentlichen gilt noch immer der Grundsatz:

Man darf alles tun, solange konkrete schädliche Folgen nicht wissenschaftlich nachgewiesen oder wenigstens aufgrund wissenschaftlicher Argumente höchst wahrscheinlich zu erwarten sind. Nun sind aber durch den wissenschaftlichen Fortschritt die Meßmethoden für Schadstoffe wie für Schäden immer empfindlicher geworden, und obendrein sind natürlich durch den Fortschritt der Zeit selbst immer mehr Risiken, die einem pro Jahr vernachlässigbar erscheinen mochten, manifest geworden. Wer stündlich eine neue chemische Verbindung herstellt, die es vorher auf der Erde oder gar im Universum nicht gab, der ist zunächst stolz auf seine Schöpferkraft. Hat man das freilich hundert Jahre lang getan und immer mehr von diesen Innovationen in wachsenden Mengen freigesetzt, dann zeigen sich allmählich Probleme – zum Beispiel, daß etwa stündlich eine lebendige Art ausstirbt, die zu ihrer Entstehung Jahrmillionen brauchte. (Inzwischen mögen es nach Aussage führender konservativer Biologen sogar schon eher zehn Arten pro Stunde sein ...)

Nun geht es also offensichtlich darum, daß die Wissenschaft mögliche Schäden einer technischen Innovation rechtzeitig abschätzt. Auf dieser Basis sollen dann die Genehmigungsbehörden über neue Projekte entscheiden. Leider liegt es aber im Wesen komplexer Fragen, daß sich in ihnen auch Wissenschaftler nicht leicht einigen – und schon gar nicht in Eile. Wenn sie nicht so eng zusammenarbeiten, daß ihre Vorurteile und Fehler identisch werden, werden sie bei der Abschätzung eines Risikos im allgemeinen lauter verschiedene Zahlen finden. Das hat freilich auch seinen Vorteil: Nun weiß man, wer die kleineren Zahlen findet! Und damit liegt nahe, was zu tun ist, um ein Projekt genehmigungsfähig zu machen: Man muß Kommissionen aus jenen Wissenschaftlern berufen, bei denen die Zahlen klein genug herauskamen!

Da die anderen Wissenschaftler, jene mit den zu großen Zahlen, nicht in der Kommission sind, also auch weniger Geld verdienen, gelten sie fortan in der Öffentlichkeit und schließlich sogar unter Kollegen als die schlechteren Wissenschaftler und als weniger glaubwürdig. Obendrein kann das viele Geld, das hinter den Projekten steckt, auch durch Förderung von »Öffentlichkeitsarbeit« ein wenig nachhelfen, daß sie als defätistische Fortschrittsfeinde oder senile Pessimisten erkennbar werden. Daß sie nichts wissenschaftlich Haltbares zu sagen haben, wird endgültig klar, wenn die nationalen

Kommissionen aus den Leuten, die kleinere Zahlen produzieren, sich in einer noch höher bezahlten internationalen Kommission vereinigt haben, die nun mit dem definitionsgemäß höchsten Sachverstand die Risiken quantifiziert und entsprechende Grenzwertempfehlungen gibt. Spätestens dann ist der auf dem Verordnungsweg gewonnene »Stand der Wissenschaft« gesichert ... Damit kein Mißverständnis aufkommt: In diesem Verfahren kann alles mit bestem Willen geschehen. Korruption mag zwar oft naheliegen, ist aber fürs Funktionieren keineswegs notwendig. Es genügt der gesellschaftlich organisierte Wille zu schnellerer Innovation und mehr globaler Vereinheitlichung. Diese Ideologie ist es, die die projektfördernde theoretische Vereinfachung komplexer Sachverhalte erzwingt. Hat sich erst einmal eine Gruppe normalbegabter Wissenschaftler zu diesem Zweck zusammengefunden und wird dafür zusätzlich gefördert, dann kommt es auch ohne jede Beteiligung von »Bosheit« leicht zum absurdesten, geradezu »kriminell« wirkenden Verhalten. Die Geschichte ist voll von Beispielen. Auf einige werden wir zurückkommen, doch wollen wir zuvor einigen Fragen, die immer wieder auftauchen müssen, etwas grundsätzlicher nachgehen.

Probabilistische Risikoanalyse – Beispiel Kernenergie

Bei genauerer Betrachtung wäre der Risikobegriff so komplex wie das Leben. Nehmen wir das Beispiel »Risiken der Kernenergienutzung«. Welche vorstellbaren Schäden soll man überhaupt zu bewerten versuchen? Was soll man zählen? Die unmittelbaren menschlichen

Todesfälle? (»Beim Unfall in Tschernobyl gab es 31 Tote.«) Oder die verlorenen Lebensjahre, wenn der Tod nicht sofort, sondern erst später eintritt? (Dann sind es durch Tschernobyl vermutlich Millionen von Lebensjahren.) Oder die durch Gesundheitsschäden an »Lebensqualität« ärmer gewordenen Lebensjahre? Dann genügte ja das Zählen nicht, und man müßte auch noch gewichten! Und was ist mit den Erbschäden bei den Nachkommen? Mit den Schäden an der Pflanzen- und Tierwelt? Mit etwaigen Einflüssen aufs Klima? Was soll man da zählen oder wiegen? Und wie sollte man es zum Beispiel werten, wenn beim weiteren Übergang zur Atomenergienutzung zum Zwecke der Risikoverminderung die Macht von Verwaltung und Polizei wachsen müßte, wenn etwa aus Sicherheitsgründen, oder wegen der Proliferationsgefahr, eine Art dauernden Ausnahmezustands entstünde? Wäre das nicht vielleicht sogar positiv zu bewerten, gehörte also eigentlich auf die Waagschale der Chancen, weil es Arbeitsplätze im gehobenen Dienstleistungssektor schüfe, während ja solare Energietechniken nur Arbeit in simpler Produktion und Wartung und im Reparaturgewerbe brächten? Und schließlich die scheinbar noch schwierigere Frage: Wie soll man denn gesellschaftliche und biosphärische Folgen bewerten, wenn sie erst in fernerer Zukunft zu erwarten sind?

Für eine wissenschaftliche Risikodefinition sind solche Gesichtspunkte natürlich ungeeignet. Hohe Komplexität eines Systems bedeutet geradezu definitionsgemäß, daß das Wesentliche nicht wissenschaftlicher Analyse zugänglich ist. Wissenschaft beginnt zwangsläufig mit der Reduktion auf hinreichend Simples. Meist reduziert sie das vielfältige Risiko für Natur und Gesellschaft auf die Frage in der obigen Tabelle: Wie wahrscheinlich ist es, daß Menschen durch Freisetzung von Radioaktivität aus einer bestimmten kerntechnischen Anlage getötet werden? Schon die Frage nach Krankheiten, die nicht zum Tode führen, würde ein so weites Feld eröffnen, daß man sie meist gar nicht erst stellen mag.

Um wenigstens auf die einfachste Frage eine Antwort zu finden, muß man abschätzen, wieviel Aktivität freigesetzt werden wird – im angestrebten »Normalbetrieb«, wie auch bei allen zu erwartenden Zwischenfällen. Um den letzteren überhaupt Zahlen zuordnen zu können, hat man die sogenannte »probabilistische Risikoanalyse« entwickelt: Da die Ereignisse, die man zählen müßte, in der bisherigen Praxis nur selten oder noch gar nicht stattgefunden haben, versucht man auf dem Papier alle möglichen Ereignisketten zu konstruieren, die zu ihnen führen könnten. Dann versucht man, jedem Glied jeder solchen Kette eine Wahrscheinlichkeit zuzuordnen – entweder aufgrund von Erfahrungen mit verwandten Bauteilen und Abläufen in anderen Anlagen oder notfalls durch Spekulation. *(Beispiele:* Platzen eines Kessels? Versagen einer Dichtung oder eines Ventils? Ausfall eines Meßinstruments? Fehlerhafte Bedienung eines Schalters?) Nun muß man untersuchen, wie weit die betrachteten Glied-Ereignisse voneinander unabhängig sind – dann kann man die Gesamtwahrscheinlichkeit jeder Kette ausrechnen und schließlich die Wahrscheinlichkeiten aller Ketten addieren. Mit diesem Verfahren kam man zum Beispiel zu der Aussage, ein Kernschmelzen in einem deutschen Reaktorkern sei höchstens einmal in zehntausend Betriebsjahren zu erwarten.[4]

Weiter geht's dann mit Betrachtungen zum optimalen »Unfallmanagement«: Wie kann durch Konstruktionsmerkmale (etwa die »Wallmann-Ventile« zur gezielten »Druckentlastung« im Falle drohender Explosion) und durch Verhaltensregeln fürs Personal dafür gesorgt werden, daß mittels kontrollierter Freisetzung von Radioaktivität eine eventuell noch katastrophalere Freisetzung unwahrscheinlicher gemacht wird? Über solche Verfahren einer neuen »nuklearen Sicherheitskultur« wird öffentlich erst seit einer Konferenz (November 1988 in München) gesprochen, auf der die weltweite *Nuclear Community* gemeinsame Sicherheitsstandards zu formulieren versuchte. Ein Zitat von dort: »Dem Streben nach Akzeptanz für die Kernenergie ist es abträglich, wenn Unterschiede zwischen den Sicherheitsniveaus verschiedener Staaten existieren oder diskutiert werden.«[5] Bemerkenswert ist auch die seither herrschende Sprachregelung: Was ich hier noch »probabilistische Risikoanalyse« nenne, heißt in der nuklearen Gemeinschaft nun »probabilistische Sicherheitsanalyse« – abgekürzt nicht mehr PRA, sondern PSA. So leicht läßt sich »risk« durch »safety« ersetzen.

Die mit viel gutem Willen ermittelten Wahrscheinlichkeiten für bestimmte Typen von Unfallereignissen muß man nun als Ausgangspunkt für weitere hypothetische Ereignisketten nehmen: Welche Bruchteile des Inventars an verschiedenen Nukliden werden in Luft, Wasser und Boden freigesetzt? Wie verbreiten sie sich weiter? Wie werden sie von Lebewesen aufgenommen? Was gelangt direkt oder über die Nahrungskette in den Menschen? In welchen Organen wird es wie lange gespeichert? Wie wirkt sich das schließlich auf die Gesundheit und die Erbanlagen der Bewohner in verschiedenen Abständen vom Unfallort aus, und wie viele Todesfälle, Krankheiten und Erbschäden werden dadurch in verschiedenen Zeiträumen verursacht? Wenn berufene Kommissionen diese Fragen beantwortet haben (von Fragen nach anderen biosphärischen Folgen ganz zu schweigen), haben wir endlich eine der Zahlen, die ein Fragezeichen in der Tabelle ersetzen sollen! Gibt es Gründe, sie zu glauben?

Restrisiko

Jeder gibt zu, daß den Forschern schon bei der Abschätzung der Unfallwahrscheinlichkeit wichtige Ereignisketten entgehen müssen. Man spricht zwar vernünftigerweise oft nicht mehr von Ereignisketten, sondern vom »Fehlerbaum«, aber dieses Bild steht auf dem Kopf. Die Zweige eines Baumes wachsen aus den Ästen, wie diese aus dem Stamm. Bei Reaktorkatastrophen aber ist es umgekehrt: Das dicke Ende kommt nach! Der Vorsitzende der deutschen Reaktorsicherheitskommission behauptete einst in öffentlichen Vorträgen, die vielen kleinen Verzweigungen möglicher Ursachenketten seien doch in einer »Einhüllenden« enthalten – ähnlich wie die Gesamtgestalt eines Baumes im wesentlichen schon durch die Gestalt der großen Äste bestimmt sei. Das verschwommene Bild sollte wohl der eigenen Beruhigung wie der des Publikums dienen. Es sollte die Hilflosigkeit gegenüber der Tatsache verschleiern, daß praktisch unendlich viele verschiedene Linien von der »fraktalen« Außengrenze des Baumes zum Stamm hin gezogen werden können. Die »Ursachen« einer Katastrophe verzweigen sich in der Vergangenheit in unermeßlich viele, aber oft nur scheinbar immer »unwichtigere« Ereignisse. Die Enden, das heißt die Anfänge dieser unendlich vielen Würzelchen, sind schließlich »wirkliche Zufälle« (– letztlich sogar die spontanen mikroskopischen Schwankungen, von denen die Physiker reden). Um etwa die Wahrscheinlichkeit eines großen Unfalls mit Freisetzungen aus dem radioaktiven Inventar abzuschätzen, müßte man alle verschiedenen möglichen Wurzelnetze eines solchen Ereignisses erfassen. Die Menge der verschiedenen möglichen Vereinigungen von Pfaden zur schließlichen Katastrophe ist aber so unermeßlich groß, daß man nie sagen darf, man habe den wesentlichen Teil davon mit einer »Einhüllenden« gedanklich erfaßt.

Das zeigt sich auch in der Praxis ganz deutlich: Der Weg zu vielen der bekannt gewordenen Störfälle folgte »unfallauslösenden Ereignisketten«, die zuvor in keiner Risikostudie aufgetaucht waren. Die entscheidenden Stellen, an denen meist durch raffinierte Wechselwirkungen zwischen Mensch und Technik etwas »schiefging«, waren niemandem eingefallen. Kein Wunder! Was einem vorher einfiel, hat man ja meist durch technische und organisatorische Maßnahmen bereits zu verhindern oder in den Folgen zu begrenzen versucht. In einer komplizierten technischen Anlage, bedient von Menschen, eingebettet in eine komplexe Gesellschaft und natürliche Umgebung, müssen immer wieder Abläufe vorkommen, die keinem Forscher vorher eingefallen sind. Darunter müssen auch solche sein, bei denen sich winzige Fehler an unscheinbaren Würzelchen zu unermeßlichen Folgen auswachsen. Die Menge völlig verschiedener Wege zur Katastrophe ist also unfaßbar groß. Wenn deshalb versucht wird, den »unberechenbaren« Menschen weitgehend auszuschalten, wird das aber im allgemeinen nicht besser. Ich muß nur wieder daran erinnern, wie viele verschiedene Möglichkeiten es gibt, ein paar Punkte durch gerade Striche miteinander zu verbinden: Schon bei 24 Punkten ist die Anzahl der verschiedenen möglichen Beziehungsmuster größer als die Zahl der Atome im Weltall ...

In der Zusammenfassung der Tausende von Seiten umfassenden »Deutschen Risikostudie Kernenergie« war argumentiert worden, die unvermeidbare Unvollständigkeit bei der Erfassung der »auslösenden Ereignisse« sei dadurch berücksichtigt und ausgeglichen worden, daß man bei der Durchrechnung der erfaßten Möglichkeiten besonders vorsichtig, ja übermäßig »pessimistisch« vorgegangen sei. Das heißt: Unbekanntes glaubt man dadurch zu berücksichtigen, daß man das Bekannte besonders sorgfältig anschaut – Wer mit dieser Art von Denken oder vielmehr Gedankenlosigkeit konfrontiert wird, beginnt sich zu fragen: Welchen Teil des gesamten Risikos mag man wohl überhaupt mit den üblichen Methoden der probabilistischen Analyse erfaßt haben? Sind es über 99 Prozent oder ist es weniger als ein Prozent? Und siehe da: Es gibt keine zuverlässige Antwort auf diese Frage! Das Restrisiko könnte größer sein als alle bisher theoretisch erfaßten Risiken zusammen – der »Super-GAU« wahrscheinlicher als der »GAU«!

Was antwortete der Forschungsminister auf solche Bedenken? Sie brächten keine neuen Erkenntnisse! Ich solle doch bitte etwaige Lücken der Studie »konkret und im einzelnen aufdecken«. Darüber hinaus sei »längerfristig durch den ständigen Vergleich der theoretischen Untersuchungen mit den praktischen Erfahrungen zu prüfen, ob sich neue Erkenntnisse ergeben können«. Mit anderen Worten: Der in den Nebel Rasende ist nicht durch vage Vermutungen zu stoppen, sondern nur durch Aufprall.

Wie sollen Genehmigungsbehörden und Justiz aber auch mit dieser Situation umgehen? Die »kleineren Zahlen« helfen doch nichts mehr, wenn man zugeben muß, daß sie nur einen unbekannten Bruchteil des gesamten Risikos betreffen. Die sogenannten Wahrscheinlichkeiten sind dann gar keine, denn sie sind nicht auf die Menge aller Möglichkeiten bezogen, das heißt »nicht auf Eins normiert«, wie Mathematiker sagen würden. Was tun mit dem nicht abschätzbaren Teil des Risikos, den man das Restrisiko genannt hat – in der Hoffnung, ein Rest sei ja schon definitionsgemäß etwas Kleines? Nun bleibt nichts als die Hoffnung auf Götter! Wie wird diese in einem Rechtsstaat institutionalisiert? Natürlich übers Verfassungsgericht! Dieses muß einfach bestätigen, daß »nach den Regeln der praktischen Vernunft« das Ungeahnte unberücksichtigt bleiben müsse und deshalb das Restrisiko unabhängig von seiner Größe »sozial akzeptabel« sei.

Damit wollte man vermutlich nicht für akzeptabel erklären, daß demnächst eine berühmte Stadt oder Landschaft unbewohnbar wird (was ja bedeutet hätte, daß man gerade den »Super-GAU«, der definitionsgemäß noch schlimmer wäre als der »größte anzunehmende Unfall«, für annehmbar erklärte – oh, diese schillernden Wörter!). Zwar weiß man, daß die Möglichkeit solcher Unfälle besteht und daß eine Wahrscheinlichkeit für ihr Eintreten nicht vernünftig abschätzbar ist – aber nach der »praktischen Vernunft« ist die Sache trotzdem klar: Es wird schon gutgehen! Sollten wir etwa doch Pech haben, dann sind wir jedenfalls nicht schuld. Dann war es »höhere Gewalt« – was auf englisch noch einleuchtender klingt: »An act of God«! Das heißt: Kernenergie ist verantwortbar. Auch im schlimmsten Fall wird man mit bestem Gewissen erklären, warum man die entsprechenden Anlagen trotz unvollständigen Wissens bauen durfte: »Nach dem damaligen Stand der Wissenschaft war mit diesem Ereignis nicht zu rechnen!« In der Tat: Mit etwas zu rechnen, wofür man gar keine Zahlen hat, wäre doch absolut irrational! Mit dem Restrisiko ist also nicht zu rechnen – und die Verfassungsrichter, die schließlich auch keine andere Vernunft als die praktische haben, müssen es für akzeptabel erklären. Sonst liefe ja *gar nichts* mehr in diesem Land!

Die tiefen Widersprüche in diesem für mich immer wieder verblüffenden Denkprozeß scheinen längst kaum noch jemandem den Schlaf zu rauben. Für die Öffentlichkeit deutlich wahrnehmbar und dokumentiert wurde er wohl erstmals im Zusammenhang mit der Frage der Reaktorsicherheit (im Wyhl-Urteil des Bundesverfassungsgerichts), aber das Prinzip dieses Verfahrens hat man mittlerweile auf praktisch alle Bereiche der »Folgenabschätzung« für technische und soziale Entwicklungen ausgedehnt. Wie sonst könnte man denn auch mit dem Problem des Restrisikos umgehen, nachdem sich herausgestellt hat, daß wir von lauter »hausgemachten« Untergangssymptomen bedrängt werden, die sich am Beginn der entsprechenden Hausmacherkünste einmal als vernachlässigbare Restrisiken darstellten? Ein bevorstehendes Umkippen des Erdklimas? Die Verdünnung der Ozonschicht und die entsprechende Bedrohung alles Lebendigen durch ultraviolette Strahlung? Der Abbau der Biosphäre durch immer rascheren Untergang von Arten? Bis zum »Weltuntergang«? – Lauter Restrisiken! Bleiben wir aber noch ein wenig beim relativ simplen Beispiel der Kernenergie, weil hier die Konsequenzen der sogenannten praktischen Vernunft leichter erkennbar sind. Hier fallen ja unter das Restrisiko auch mögliche Ereignisse, die gar nicht »ungeahnt« sind, die vielmehr fast jedem sofort einfallen, gegen die man aber praktisch ziemlich machtlos wäre – und mit denen man trotz fehlender Zahlen irgendwie glaubt rechnen zu müssen. Ein besonders eklatantes Beispiel ist die absichtliche Freisetzung großer Mengen von Radionukliden durch gezielten militärischen oder terroristischen Angriff. Wie wahrscheinlich ist es zum Beispiel, daß ein gut organisiertes Terrorkommando (vielleicht sogar entschlossen, sich selbst zu opfern, um schnurstracks in den Himmel zu kommen) mit Lastwagen in eine nukleare Anlage eindringt, mit Gas die Bedienungs- und Wachmannschaften ausschaltet, an ganz bestimmten Stellen eine von Kennern solcher Anlagen errechnete Menge von Sprengstoff anbringt, durch Explosion einen möglichst großen Teil des radioaktiven Inventars freisetzt, durch mitgebrachten Brennstoff ein Großfeuer entfacht – und so eine Stadt oder ein Land auf Generationen hinaus unbewohnbar macht? Hierfür eine Wahrscheinlichkeit abzuschätzen, hat noch nicht einmal ein Wissenschaftler gewagt.

Für die Benennung dieser Möglichkeit bin ich von Wissenschaftlern immer wieder kritisiert, ja beschimpft worden.[6] So etwas dürfe man nicht einmal denken! Warum nicht? Das ist in der Diskussion über die Kernenergie klar: Schon diese *eine* Möglichkeit reicht aus, um ohne jede quantitative Risikoabschätzung die sogenannte friedliche Nutzung der Kernenergie für tabu zu erklären! Allein wegen dieser Möglichkeit müßte jede Anhäufung größerer Mengen radioaktiver Nuklide an einem Ort grundsätzlich und für alle Zeiten geächtet werden – denn durch keinerlei technische oder organisatorische Mittel ließe sich ihre Freisetzung durch dumme Zufälle, Schlamperei oder Absicht zuverlässig ausschließen. Das macht die Kernenergienutzung zu einem der simpelsten Beispiele für den vernünftig gebotenen Umgang mit dem sogenannten Restrisiko: Dieses läßt sich hier einfach auf Null reduzieren! – Oder finden die praktische Vernunft und ihr Künstliches Gewissen etwa doch noch Auswege, um die bedingungslose Kapitulation zu vermeiden? Aber natürlich! Man muß die Sache nur von noch etwas höherer Warte aus betrachten.

Vogelperspektive

In den zehn Jahren seit dem Unglück von Tschernobyl starben auf der Erde rund eine Milliarde Menschen. Davon dreißig bei jenem bisher größten Atomunfall. Innerhalb des nächsten Vierteljahrhunderts werden an die zweieinhalb Milliarden Menschen sterben, das sind knapp halb so viele, wie es jetzt auf der Erde gibt. Bei fast einer halben Milliarde davon wird Krebs die Todesursache sein – doch höchstens etwa einer von tausend bis zehntausend dieser Krebsfälle wird wohl durch die aus der Ukraine stammende Radioaktivität verursacht sein. Wer da nach zehn Jahren noch immer von Tschernobyl redet, muß ein Panikmacher sein – oder ein von Panikmachern Irregeleiteter. Gemessen an so viel größeren, bedenkenlos akzeptierten Lebens- und Zivilisationsrisiken sind schließlich einige zigtausend oder sogar eine Million Opfer innerhalb einer Menschheitsgeneration vernachlässigbar.

Dabei ist das »Totezählen«, wie wir sahen, sogar noch ungerecht gegenüber den Freunden der Atomenergie und anderen Fortschrittswilligen. Auch der von Strahlung verursachte Krebs tritt überwiegend erst nach Jahrzehnten, also in höherem Alter auf. Es gehen also nicht ganze Leben verloren, sondern ein paar Lebensjahre. Statistiker werden vorrechnen können, daß auch die Zahl der durch Tschernobyl verlorenen Lebensjahre gegenüber der Zahl aller von Menschen gelebten Jahre klar vernachlässigbar sein wird. Schon das Wachstum der Weltbevölkerung macht sie wohl mehr als wett.

Solche Umlegung des Schadens auf die gesamte Menschheit muß ich nicht neu erfinden. Sie ist gang und gäbe bei politischen Anführern und ihren wissenschaftlichen Hand- und Kopflangern, die mit ihren Weltverbesserungsplänen aufs Ganze gehen. Diese Art der Betrachtung erzeugt eine ungeheure moralische Kraft. Die Einsicht, man habe durch eigene Aktivitäten zum Tod von Zehntausenden von Menschen beigetragen und noch weit mehr bis in ferne Generationen mit gesundheitlichen Schäden belastet – diese Einsicht löst dann keine unguten Gefühle oder gar schlechtes Gewissen aus. Im Gegenteil: Das Denken in großen Zusammenhängen ist erhebend! Man weiß doch, *warum* man das alles tun mußte! Darf man nicht letztlich sogar stolz sein? Hat man nicht Milliarden von Menschen mit Energie und vielem anderen versorgt? Ihnen also geradezu das Leben geschenkt? Hat nicht die ungeheure Mehrheit all jener, die man nicht umgebracht oder geschädigt hat, das Überleben eigentlich solchen Großtaten zu verdanken? Und wieviel mehr könnte man für sie tun! Würde nur endlich mehr Geld für Großforschung und Großtechnik bereitgestellt.

Es gibt noch eine andere Art von Menschheitswohltätern: Terroristen, die durch Attentate auf Repräsentanten einer ungerechten Gesellschaftsordnung endlich den Weg zum Wohl der Massen freibomben wollen. Merkwürdig ist, mit welchem Haß die beiden Arten von Wohltätern einander als Verbrecher ansehen. Kann einem nicht die ideologische Motivation von Terroristen als nahe verwandt mit jener der politischen, militärischen, wirtschaftlichen oder wissenschaftlich-technischen Macher erscheinen? Beide fühlen: »Wir wissen, wie die Welt besser wird! Aber ohne Opfer geht's nun mal nicht. Wo gehobelt wird, fallen Späne ...«

Seltsam: Ich mußte immer wieder darüber nachgrübeln, ob da nicht doch ein wesentlicher Unterschied besteht. Eine Erleuchtung kam mir nach den Ereignissen von Tschernobyl über einem Brief der Bonner Staatsanwaltschaft. Ich hatte gemeinsam mit einem Anwalt Strafanzeige wegen gemeinschaftlich versuchter schwerer Körperverletzung gegen die deutsche Strahlenschutzkommission gestellt, weil diese in ihren Begründungen für den Grenzwert des Jod-131 in Milch nur jene wissenschaftlichen Arbeiten zitiert hatte, die beruhigend wirkten. Bedenklichere wurden einfach unterschlagen. Die Staatsanwaltschaft konnte dies natürlich nicht leugnen, ließ mich jedoch wissen, sie sehe darin kein Anzeichen für bewußtes Fehlverhalten. Da wußte ich endlich wieder, was mir vor lauter abstrakten Erwägungen entfallen war: Es gibt Gut und Böse! Der Unterschied liegt im *Bewußtsein* der Täter!

Kein Staatsanwalt käme ja auf die Idee, nach einem Terrormord mitzuteilen, es bestehe kein Anlaß für strafprozessuale Maßnahmen, weil bei einem einzigen Todesfall unter Millionen von Einwohnern die mittlere Belastung der Bevölkerung offensichtlich minimal gewesen sei. Es sind eben nicht tödliche Folgen einer Handlungsweise, die diese als Verbrechen definieren. Es ist der Wille! Terroristen *wollen* ja töten, die Anführer des technischen Fortschritts wollen dies normalerweise gewiß *nicht*. Nur selten kommt es vor, daß sich begeisterte Forscher an gesellschaftlich organisierte Verbrechen anhängen, um deren Opfer dankbar als wertvolle Gaben für die Wissenschaft auszuschlachten. So bereicherten etwa deutsche Hirnforscher die wissenschaftliche Erkenntnis durchs Präparieren von Gehirnen, die sie bei den Vollstreckern der »Euthanasie« oder der »Endlösung« bestellten (... wo sonst kam man an so viele interessante Gehirne ...). Und die Forschung über Strahlenwirkungen profitierte davon, daß man »vergessen« hatte, beim Test der ersten amerikanischen Wasserstoffbombe (namens »Bravo«) am 1. März 1954 die Einwohner des dem Bikini-Atoll benachbarten Atolls Rongelap zu evakuieren, so daß man endlich über eine hervorragend geeignete Gruppe für Langzeituntersuchungen unter Bedingungen erheblicher radioaktiver Kontamination verfügte ... Wie gesagt, so etwas kommt zwar vor, vielleicht sogar öfter, als wir gemeinhin glauben, aber das Normale ist es gewiß nicht. Nur Narren vermuteten sogar hinter dem Unglück von Tschernobyl böse Absichten.

Dagegen sind die Terroristen in der Tat direkt aufs Töten aus. An diesem ihrem Bewußtsein erkennen wir sie als Verbrecher – nicht etwa an der Menge der Opfer. (Ist diese besonders groß, ist das zuweilen sogar der späteren Verehrung der Täter in Nationalheiligtümern förderlich.) Eine Gemeinsamkeit liegt freilich darin, daß beide Sorten von Weltverbesserern fremdes Leben gegen Vorteile abwägen, die einer Gesellschaft oder der ganzen Welt zugute kommen sollen. (Eigener Vorteil spielt in der Motivation so edler Menschen natürlich keine Rolle.) Beginnt hier nicht der Unterschied schon wieder zu verschwimmen? Oder liegt er vielleicht darin, daß die Opfer der Mörder schon beim Planen der Tat einen Namen haben, die Opfer der Technokraten aber, wie die des Krieges, noch namenlos sind? Aber nein, auch das kann es nicht sein. Wüten nicht auch Terroristen immer öfter gegen namenlose Opfer? Als Unterschied bleibt wohl nur: Die einen glauben doch wenigstens in einer Ecke ihres Herzens an das Wunder, daß die Weltverbesserung ganz ohne Opfer abgehen könnte, nicht wahr? O weh! Auch das ist es nicht! Dann würden sie doch nicht ständig vom Abwägen reden. – Auch die Staatsanwaltschaft hat mir nicht geholfen. Ich bin wieder ganz durcheinander. Müssen wir die Moraltheologen fragen?

Nun gut – es gibt Förderer der Kernenergie, die wegen Tschernobyl ein schlechtes Gewissen haben. Sollten wir es damit nicht endlich genug sein lassen und nicht weiterhin so nachtragend sein? Jeder kann einmal Fehler machen. Das muß sogar sein. Ohne Fehler kann man nicht lernen. Zugegeben, das in Tschernobyl war ein bedauerliches Ereignis, aber nun wird's gewiß nicht wieder vorkommen. Es muß einmal Schluß sein mit dem Wühlen in der Vergangenheit! Wenden wir uns der Zukunft zu, die im eigenen Land liegt und in Europa. Was also ist mit den eigenen Reaktoren?

Wer die wissenschaftlich-technische Diskussion einigermaßen verfolgt, der weiß, daß auch bei ihnen Unfälle möglich sind, die ebensoviel oder gar mehr Radioaktivität freisetzen könnten als die Katastrophe in Tschernobyl. Selbst die schnelle Zerstörung des Sicherheitsbehälters durch Explosionen von Dampf oder Wasserstoff ist nach Meinung von Fachleuten im Fall einer Kernschmelze bisher nicht auszuschließen. Die Menge möglicher »Verkettungen unglücklicher Umstände« – von unvorhergesehenen technischen Pannen über den durch Bedienungsfehler bedingten gleichzeitigen Ausfall angeblich unabhängiger Sicherheitssysteme bis zum böswilligen Eingriff militanter Terroristen –, diese Menge von Möglichkeiten ist grundsätzlich nicht hinreichend übersehbar. Jeder Störfall kann eine neue Offenbarung bescheren. Wieder etwas gelernt – aber nichts über den nächsten.

Glauben Bürger und Politiker noch immer den wahrscheinlichkeitstheoretischen Beschwörungsformeln der Verkäufer? Nein, diese glauben selbst kaum noch, daß es auf Dauer gutgehen wird. Vielleicht werden schon Wetten abgeschlossen, welche europäische Großstadt oder Landschaft als erste auf lange Sicht unbewohnbar wird. Zwar kam Mütterchen Kiew nur durch die Hitze des Graphitbrandes im Tschernobyl-Reaktor und durch die Gunst des Wetters, das für die Verteilung über ganz Europa sorgte, gerade noch davon. Zwar hatten viele weißrussische Städte und Dörfer weniger Glück und müßten bei uns für unbewohnbar erklärt werden (obwohl auch dort letztlich weniger Menschen an Radioaktivität sterben oder leiden werden, als an unserem ein halbes Jahrhundert zurückliegenden Versuch, uns diese Gegend einzuverleiben). Aber all das läßt sich aus der Vogelperspektive durchaus in Kauf nehmen. Es geht allein ums verantwortungsvolle Abwägen von Chancen und Risiken.

Die Europäische Kommission hat in den letzten zehn Jahren führende Wissenschaftler daran arbeiten lassen. Ein schönes Ergebnis ist beispielsweise der Bericht[7] der »Ständigen Konferenz zum Thema Gesundheit und Sicherheit im Atomzeitalter«, die zum Zwecke der Akzeptanzförderung europäische Medienvertreter mit Fachleuten von EURATOM nach Luxemburg einlädt. Dort wurde unter anderem vorgerechnet, wieviel Strontium-90 nach einer Katastrophe in einem westeuropäischen Reaktor etwa im Brot zugelassen werden sollte, damit der finanzielle Verlust durch Zusammenbruch des europäischen Getreidemarktes nicht den Wert der Kinder und Erwachsenen übersteigt, die durch das Essen von Brot wahrscheinlich an Krebs sterben. Das ist echtes, wissenschaftlich begründetes Abwägen zwischen der Anzahl von Toten (die noch nach Qualität zu gewichten wären) und den volkswirtschaftlichen Schäden durch zu niedrige Grenzwerte. Man sieht: Ist das *Restrisiko* des schweren Unfalls erst einmal sozial akzeptiert, so wird es zum *ganz normalen Risiko,* mit dem man endlich wieder rechnen darf! Auch der weitere *Ausbau* der Kernenergienutzung ist so wieder voll verantwortbar, wie die Bundesregierung zum zehnten Tschernobyl-Gedenktag verlauten ließ. Niemand mehr muß sich deshalb Gewissenlosigkeit vorwerfen lassen.

Nur Mut! Verlieren wir nicht den Maßstab! Selbst wenn hie und da, dann und wann, eine Großstadt aufgegeben oder ein Landstrich verlassen werden und brachliegen müßte, so wäre das beim Abwägen gegen die Vorteile einer gesicherten Energieversorgung durchaus akzeptabel. Hand aufs Herz: Selbst der schwerste Unfall wäre doch das Problem einer Minderheit. Es war schon immer so, daß einige für das Glück anderer leiden mußten. Arbeitsteilung ist nun einmal das Grundprinzip unserer erfolgreichen Gesellschaft. Wir werden schon Glück haben und zur glücklichen Mehrheit gehören.

Einen wichtigen Punkt allerdings sollte man im Zusammenhang mit der Akzeptanzförderung nicht außer Acht lassen: Wegen des bekannten »Kindchenschemas« und verwandter Mitleidseffekte sollte man nach Kräften dafür sorgen, daß die Minderheit nicht identifizierbar ist. Es empfehlen sich daher technische Maßnahmen, die mithelfen, beim nächsten Unfall die Radioaktivität sogar noch weiträumiger und gleichmäßiger zu verteilen, als dies in Tschernobyl gelang. Hilfreich sind hierzu die Gedanken des britischen Wissenschaftlers Bernard Sansom, die er (nicht etwa in satirischer Absicht, wie ich erst glaubte) in der Zeitschrift *New Scientist* vorstellte:[8] Eine statistisch nicht signifikante Zahl von Opfern sei nach den Regeln der Wissenschaft eigentlich als *nicht existent* anzusehen. Konkret: Wenn unter den an Krebs sterbenden Deutschen, gleichmäßig verteilt, jährlich zusätzlich tausend durch Tschernobyl oder ein ähnliches Unglück zugrunde gingen, wäre dies wissenschaftlich gesehen gar kein existierendes Ereignis! Logisch: Was ich nicht weiß, macht mich nicht heiß.

Nach diesem Kriterium ergibt sich ganz praktisch und vernünftig: Wir könnten uns vielleicht sogar im eigenen Land jedes Jahr einen Unfall à la Tschernobyl leisten, wenn wir nur alle Reaktoren schon beim Bau mit angemessenen Sprengladungen und gewaltigen Scheiterhaufen ausrüsteten, die im Falle radioaktiver Freisetzungen bei einem schweren Unfall sofort automatisch gezündet und entflammt werden müßten. Dann wäre dafür gesorgt, daß alle Schadstoffe sogleich in große Höhen transportiert würden und sich vor dem Niedersinken oder Ausregnen möglichst weltweit verteilen könnten. Vom erkenntnistheoretischen Standpunkt aus könnte es also die falsche Sicherheitsphilosophie sein, wegen des Restrisikos auf besseres *Containment* zu setzen. Nein, der bei unseren Reaktoren übliche Sicherheitsbehälter ver-

größert womöglich das Risiko eines statistischen oder gar individuellen Nachweises von Unfallfolgen! Ein faszinierender Gedanke.
Denken Sie nur: Die Welt unserer Urenkel aus der Vogelperspektive: Zehn Milliarden Menschen, mit zehntausend Atomkraftwerken (erzwungenermaßen überwiegend Schnellen Brütern!) und den stillgelegten dazu, und den Wiederaufbereitungsanlagen, und den Endlagern, und all dem Herumkarren von Brennelementen und Plutonium und Atommüll. Und dennoch: Sorgfältige globale Gleichverteilung der Folgen unvermeidbarer Unfälle könnte dafür sorgen, daß keinerlei Schäden statistisch signifikant nachweisbar wären, denn auch Zehntausende zusätzliche Tote pro Jahr gehen in der Gesamtzahl der ohnehin Gestorbenen unter. Praktische Vernunft hätte so nicht nur das Restrisiko abgeschafft, sondern sogar das gewöhnliche Risiko großer Unfälle!

Diskontierung der Zukunft

Nun könnten freilich bei massivem, weltweitem Ausbau der Kernenergie doch irgendwann einmal noch größere Opferzahlen auftreten, die selbst mit optimalen statistischen Methoden nicht zu verbergen wären. Mit so etwas ist zu rechnen. Und auch infolge ganz anderer fortschrittlicher Aktivitäten, wie etwa chemischer und biologischer Techniken, stehen uns wohl noch eindrucksvolle Schadensereignisse bevor – ganz zu schweigen von den ohne große Einzelereignisse allmählich immer deutlicher werdenden Untergangssymptomen in Luft, Böden und Gewässern, in der ganzen Biosphäre, ja sogar beim Klima und den klimabedingten Meeresströmungen. Was da alles auf uns zukommen könnte, beunruhigt ja auch bereits zutiefst die Versicherungswirtschaft. Wir müssen deshalb noch kurz auf die Frage zurückkommen, wie wir Schäden bewerten sollen, die in fernerer Zukunft auftreten. Diese Bewertung ist unerläßlich, wenn wir solche Schäden gegen heutige Vorteile abwägen müssen. Glücklicherweise hat die Wissenschaft (zu der sich auch die Volkswirtschaft zählt) hierauf eine jedermann unmittelbar einleuchtende Antwort gefunden: Wenn ich weiß, daß ich in hundert Jahren Reparaturkosten von einer Million Mark zu zahlen haben werde, so muß ich mich nur fragen: Wieviel Geld muß ich heute zurücklegen, um dann die Schadenssumme begleichen zu können? Die zurückgelegte Summe wird bis dahin um Zins und Zinseszins anwachsen. Bei fünf Prozent Zinssatz wächst sie in hundert Jahren aufs 132fache, bei zehn Prozent aufs 13 781fache, und bei 15 Prozent aufs 1174 314fache. Man sieht sofort, daß es nicht angemessen wäre, für die Bewertung künftiger Schäden den mickrigen Zinssatz der Sparkassen, den Diskontsatz der Bundesbank oder gar die viel zu niedrige Rate des allgemeinen Wirtschaftswachstums anzusetzen. In der Tat benutzen Fachleute für solche Betrachtungen im allgemeinen eher den Zinssatz für Risikokapital. Nehmen wir doch ruhig einmal die 15 Prozent. Dann müssen wir für den Millionenschaden in hundert Jahren heute nur 85 Pfennig ansetzen!

Man bezeichnet diese plausible Methode der Bewertung künftiger Schäden als *Diskontierung.* An ihrem Erfolg erweist sich, fast noch eindrucksvoller als am phantastischen Wachstum der Geldvermögen, die wundertätige Macht des Zinses.

Dieses Prinzip ist für künftige Schäden aller Art anwendbar. Es ist eine der entscheidenden rechnerischen Hilfen des Künstlichen Gewissens. Ohne die Diskontierung der Zukunft könnten wir uns fast nichts von dem mehr leisten, was wir heute tun. Nun sehen wir aber zum Beispiel auch, warum man es sich um die letzte Jahrhundertwende, als Svante Arrhenius auf zu erwartende Folgen der atmosphärischen CO_2-Anreicherung hinwies, leisten konnte, Warnungen in den Wind zu schlagen und die Verbrennungsprodukte eines weiteren Jahrhunderts in den Wind zu blasen. Wir verstehen auch, daß keinerlei »Gewissenlosigkeit« dazu gehörte, Millionen von Tonnen neuartiger Chemikalien und neuerdings sogar Lebewesen freizusetzen, die nicht mit der irdischen Biosphäre zusammenpassen. Schließlich konnte niemand ahnen, daß die Menschen so leichtsinnig sein würden, ständig das Geld abzuwerten, so daß unsere Rücklagen heute noch immer nicht ganz reichen, um das Klimaproblem zu lösen, die Ozonschicht zu reparieren und die ausgestorbenen Arten durch bessere und vor allem besser zusammenpassende zu ersetzen ...

Verantwortung – was ist das eigentlich?

Warum komme ich nicht von diesem Sarkasmus los? Will ich Salz in die Wunden streuen? Ist denn unsere Lage nicht schmerzhaft genug, ja geradezu verzweifelt? Nein, ich bin voller Hoffnung und wollte Sie nur ein wenig necken! Sarkasmus hat seinen Sinn, wenn andere Möglichkeiten erreichbar sind: Die Neckerei soll an lebensunfähig gewordenen Denkgewohnheiten nagen, damit diese zusammenbrechen, bevor das Leben unter ihnen zusammenbricht. Nur wenn es keine Auswege gäbe, wäre Sarkasmus grausam. So aber ist er ein Aufruf zum Optimismus. Wenn es nämlich gelingt, den Zusammenbruch der falschen Ideen im Kopf zu bewirken, statt ihn in Biosphäre und Gesellschaft geschehen zu lassen, dann werden erreichbare lebensfähigere Möglichkeiten in Sicht kommen – und plötzlich wird es wieder für alle etwas Sinnvolles zu tun geben!

Um dies zu erkennen, müssen wir auch noch die Vogelperspektive hinter uns lassen. Schauen wir die Sache aus noch größerem Abstand an – *sub specie aeternitatis*, gewissermaßen. Wie wir mit Chancen und Risiken umgehen müssen, wie sich Verantwortung wahrnehmen läßt, das können wir nicht von Verfassungsrichtern lernen. Diese müssen uns selbstverständlich bestätigen, daß »nach den Regeln der praktischen Vernunft« eine Minderheit von Ängstlicheren oder Klügeren ein »Restrisiko« in Kauf zu nehmen habe, wenn die Mehrheit das Spiel wagen will. Wie sonst könnte die juristische Entscheidung aussehen? Schließlich können nicht Richter darüber urteilen, was *Vernunft* ist. Sie müssen voraussetzen, daß die aufgeklärte Gesellschaft dies in jahrhundertelanger Praxis herausgefunden hat! Jedes Recht braucht eine ethische Grundlage, aber das Wort *Ethos* bedeutet nichts anderes als *Gewohnheit*. In der Verfassung ist geronnen, was sich bewährt hat. Auch der selbstverursachte Weltuntergang wäre also verfassungsgemäß, denn bis zu diesem wäre es ja gutgegangen. So einfach ist es: Bis an den Rand des Abgrunds haben sich die verfassungsmäßigen Regeln der Jagd zum Abgrund bewährt. Erst jetzt kann allen klar werden, daß Zweifel an der Verfassung geboten sind.

Treiben wir die Aufklärung ein bißchen weiter. Es lohnt sich, die Spielregeln der Evolution anzuschauen. Beim langwierigen Tasten zwischen Chancen und Risiken hat die Wirklichkeit seit dem Anfang der Welt im Raum der

Möglichkeiten Gestalten gefunden, die immer wieder durchlaufen werden konnten, die sich also am Abend eines Schöpfungstages als »sehr gut« bewährt hatten. Wurden »am nächsten Tag« noch höhere Gestalten gefunden, so geschah dies nicht etwa durch Verlassen bewährter Attraktoren, sondern vielmehr dadurch, daß im evolutionären Weitertasten raffiniertere Verflechtungsmöglichkeiten zwischen diesen entdeckt und erprobt wurden – bis sich am nächsten Abend wiederum zeigte, daß auch auf dem höheren Komplexitätsniveau »alles sehr gut« war. Diese Bewertung geschah freilich nicht etwa durch Abwägen, sondern allein durch den Erfolg, eben die Bewährung. Beim Hinschauen zeigt sich ja, wie wunderbar durch das lange Probieren schließlich alles zusammenpaßt, so daß immer wieder dieselben attraktiven Gestalten durchlaufen werden können. Die unvermeidbaren, letztlich zufälligen, kleinen Abweichungen bewirken einerseits noch bessere gegenseitige Anpassung, andererseits machen sie in vielfältigen Versuchen die Entdeckung noch höherer Komplexität mit noch schwächeren Wechselwirkungen wahrscheinlich. So findet die Wirklichkeit »ganz von selbst« einen Weg – immer höher hinauf in den Raum der Möglichkeiten, das Reich der Ideen, die geistige Welt oder wie immer wir diesen »Himmel« nennen wollen.

Wie wunderbar, dieses Schöpfungsprinzip! Und doch, wie unglaublich einfach! Die Sache kann insgesamt eigentlich nicht schiefgehen, möchte man meinen, wenn man die Geschichte anschaut, nicht wahr? Oder gibt es da etwa ein Restrisiko? Ja – die Geschichte ist nämlich nicht zu Ende. Beim Übergang vom sechsten zum siebten Tag wird eine unvermeidbare Krise erreicht, die systemtheoretisch gesehen schon durchs

Prinzip des evolutionären Schöpfungsprozesses definiert ist. Ich nenne sie die »globale Beschleunigungskrise«. Ihr Wesen ist leicht zu verstehen: Höhere Innovationsgeschwindigkeit und größere Organisationsform haben einen selektiven Vorteil. Deshalb wird der Fortschritt immer schneller und zunehmend weltweit vereinheitlicht. Für beide Prozesse gibt es aber aus rein logischen Gründen kritische Grenzen. Räumlich ist das klar, weil die Erde endlich ist und die Sterne viel zu weit weg. Globaler als global kann die Organisation nicht werden. Aber auch die kritische Innovationsgeschwindigkeit ist leicht zu entdecken: Wenn die Anführer des Schöpfungsprozesses so schnell geworden sind, daß sie wesentliche Züge des Ganzen und ihrer selbst ändern können, bevor sie sich selbst bewährt haben, dann kann es nicht mehr »aufwärts« gehen. Immer unwahrscheinlicher wird es, daß Neues und Altes zusammenpassen. Die bis dahin im evolutionären Schöpfungsprozeß erreichte Komplexität wird abgebaut.

Natürlich paßt dann auch der Mensch nicht in seine neue Schöpfung. So viel ungewohntes Neues am eigenen Leibe zu spüren und die sozialen Folgen im eigenen Umfeld wahrnehmen zu müssen – das muß Angst auslösen. Wohin aber soll man nun fliehen? Die Angst, der alte nützliche Instinkt, wird in den Dienst der fortentwickelten Kreativität gestellt. Die Flucht nach vorn, zum achten Schöpfungstag, setzt ein. Das kollektive Fluchtverhalten wird mit Hilfe höchster Bewußtseinsleistungen immer raffinierter gesellschaftlich organisiert. Die Organisationsstrukturen wachsen bis zur globalen Skala an und verdrängen so die Versuche im Kleinen. Das ermöglicht weitere Steigerung des Tempos beim gemeinsamen Davonlaufen. Wie nennt man dieses Fluchtphänomen doch gleich? Ach ja – Fortschritt! ... Nur schnell fort von hier!

Wie dumm, daß dabei die Fehler wahrscheinlich immer größer werden und sich immer schneller global ausbreiten müssen. Das verträgt sich nicht mit den logischen Voraussetzungen, unter denen früher, mit unermeßlich vielen kleinen Fehlern, ganz allmählich evolutionärer Aufstieg gelingen konnte, ja mußte: Es fehlt an Vielfalt der Versuche und an Gemächlichkeit, um auszuprobieren, ob wohl Neues und Altes zusammenpassen und ein lebensfähiges Ganzes ergeben. Der Aufstieg muß deshalb wahrscheinlich, ja praktisch zwangsläufig, in Abstieg übergehen. Gemessen an den höchsten Gestalten, die im Laufe des evolutionären Schöpfungsprozesses im Raum der Möglichkeiten bisher erreicht wurden, das heißt gemessen an unseren eigenen seelisch-geistigen Fähigkeiten, kann also die Raserei wahrscheinlich nicht »aufwärts« führen. Die Krone der Schöpfung wird zum »Durcheinanderwerfer«. Das ist die Übersetzung des griechischen *diabolos*. Immer schneller kommen wir vorwärts und nähern uns endlich dem freien Fall – eben weil der Weg nach bestem Wissen und Gewissen mit so vielen guten Vorsätzen gepflastert ist.

Man kann vorm Teufel nicht davonrennen. Seine Eile ist unübertrefflich. Und doch läßt er sich besiegen! Die Einsicht in die systemtheoretischen Ursachen der globalen Beschleunigungskrise läßt uns den Weg dahin erkennen – und siehe da: Wir wußten es eigentlich schon lange, denn seit Menschen denken, haben sie dies im Ringen mit dem Problem der Verantwortung gelernt. Deshalb berichten alle Mythen der Menschheit davon.

Der Mensch ist wegen der Fähigkeiten, die am sechsten Tag gefunden wurden, eben nicht nur für das verantwortlich, was er ausrechnen kann, sondern vor allem für das, was er nicht einmal ahnen kann. Wenn er die Verantwortung fürs Ungeahnte abweist, ist er wirklich gewissenlos! Das hört sich absurd an, ist aber ganz einfach: Die menschliche Gesellschaft muß eine Verfassung finden, in der ungeahnte, schnelle, globale Entwicklungen an den Wurzeln – an den Erfolgen der ersten sechs Schöpfungstage – so unwahrscheinlich werden, daß man sie wirklich guten Gewissens als praktisch unmöglich betrachten darf. Was dafür zu tun wäre, kann ich hier nicht auch noch erzählen.[9]

Anmerkungen

1 Neben den in Anm. 4–7 genannten Texten vergleiche vor allem:
»Keine akute Gefahr – Anmerkungen zur Rationalität moderner Technik«, in: *Süddeutsche Zeitung* 24./25. Mai 1986 (Wochenendbeilage); (nachgedruckt auch in *Kernenergie – Ja oder Nein)*; vgl. Anm. 6
»War Tschernobyl wichtig?« (Zum 1. Jahrestag des Unfalls), in: *natur,* Heft 5, 1987;
»Risiko und Prognose« (unveröffentlicht), geschrieben im Sept. 1988 als Diskussionsgrundlage für die Vorbereitungsgruppe des »Forum Risiken der Technik« beim Evangelischen Kirchentag Berlin 1989;
»Wissenschaft – Opium fürs Volk«, in: Der Spiegel, Nr. 29, 1989, S. 154–156;
»Künstliches Gewissen«, Kritik zu: »Das Risiko im Prinzip Verantwortung« von Günter Ropohl, in: *Ethik und Sozialwissenschaften,* EuS 5 (1994) Heft 1, S. 150–152.

2 *Der Spiegel,* Nr. 36, 1988, S. 25.

3 Bericht der Europäischen Kommissionen, EUR 6417 EN, 1980. Darin zitiert die Studie von Okrent et al., 1977.

4 Vergleiche hierzu meinen Brief an den damaligen Bundesfor-

schungsminister Hauff mit einer Stellungnahme zur ab 1979 veröffentlichten »Deutschen Risikostudie Kernenergie«; abgedruckt in: P. Kafka, J. König, W. Limmer: *Tschernobyl, die Informationslüge. Anleitung zum Volkszorn,* Schneekluth, München 1986, S. 135–139.

5 »Hoffnungen auf ›Nukleare Sicherheitskultur‹ – Reaktorexperten auf der Suche nach weniger Risiko«. Bericht von P. Kafka über eine Tagung der IAEA in München, in: *Süddeutsche Zeitung* Nr. 265 (17. 11. 1988), S. 13.

6 P. Kafka u. H. Maier-Leibnitz: *Kernenergie – Ja oder Nein;* Piper, München, 1987 (Erweiterte Neuauflage der *Streitbriefe über Kernenergie,* 1982);
P. Kafka: »Einwendungen gegen die WAA wegen der nicht abschätzbaren Gefahr absichtlicher katastrophaler Freisetzung von Radioaktivität«, Vortrag am 11. 8. 1988 bei der Wackersdorf-Anhörung in Neunburg vorm Wald, in: *Rundbrief Ärzte gegen Atomkrieg,* Nr. 27, Dezember 1988, S. 36–41.

7 *Strahlenschutz – 40. Ständige Konferenz zum Thema Gesundheit und Sicherheit im Atomzeitalter,* Bericht EUR 11608 DE, Luxemburg 1989. Siehe hierin z. B. den Beitrag von Alexander Kaul: »Die Prinzipien der Dosisbegrenzung im Strahlenschutz« (S. 137–152) und die Anmerkungen von P. Kafka im Namen des Europäischen Umweltbüros (S. 231–238).

8 B. Sansom: »Beware the prophets of doom!«, in: *New Scientist,* 16. Okt. 1986, S. 62.

9 Siehe hierzu u. a. folgende Bücher und Aufsätze von P. Kafka:
Das Grundgesetz vom Aufstieg, Hanser-Verlag, München 1989;
Gegen den Untergang – Schöpfungsprinzip und globale Beschleunigungskrise, Hanser-Verlag, München 1994;
»Das sogenannte Energieproblem«, in: *Schaffen wir die Energiewende!?* (Hg. A. Dally), Loccumer Protokolle 13, Rehberg-Loccum 1995;
»Geld oder Leben – Zur Befreiung der Marktwirtschaft vom Kapitalismus«, in: *Markt und Sinn* (Hg. F. Müller, M. Müller), Campus, Frankfurt a. M./New York 1996, S. 90–129.

Christoph Bals

6 Globale Klimapolitik: Wieviel ist ein Menschenleben »wert«?[1]

Welcher Wert wird Menschenleben in Modellen der »naiven« neoklassischen Standardökonomie zugemessen? Das ist die zentrale Frage des folgenden Artikels, vor allem des zentralen dritten Abschnitts. Bevor ich ihr genauer nachgehe, gebe ich einige Hinweise darauf, warum sich Wirtschaftswissenschaftler/innen überhaupt mit dieser Frage beschäftigen. Zudem weise ich auf einige übliche Beschränkungen der entsprechenden Modelle hin. In einem kurzen Resümee gehe ich abschließend auf die bescheidene Rolle ein, die der Volkswirtschaft bei der Frage »Handeln angesichts des Treibhauseffekts oder nicht?« sinnvollerweise zukommt.

Der Hilferuf der Politik an die Volkswirtschaftler

Wir wissen heute mit an Sicherheit grenzender Wahrscheinlichkeit, daß uns – durch das Handeln des Menschen – ein globaler Klimawandel bevorsteht. Dieser kann durch entschiedene Gegenmaßnahmen im Ausmaß verringert, aber nicht mehr völlig verhindert werden. Der neueste Bericht (1996) des Intergovernmental Panel on Climate Change (IPCC), des weltweit bedeutendsten Wissenschaftsgremiums zu Klimafragen, zeigt anhand klimatologischer Modellüberlegungen und sorgfältiger statistischer Analyse der Klima- und Temperaturentwicklung, daß der Mensch begonnen hat, das Klima unseres Globus zu ändern. Von ihm freigesetzte Treibhausgase verursachen diesen globalen Klimawandel. Auf das Konto des Gases Kohlendioxid (CO_2), das beim Verbrennen fossiler Brennstoffe (Kohle, Öl, Gas) und beim Roden von Wäldern frei wird, geht bislang gut die Hälfte der menschgemachten Treibhauswirkung. Innerhalb von nur 100 Jahren – einem klimageschichtlich sehr kurzen Zeitraum – schickt der Mensch sich an, die globale Temperatur um mehrere Grad Celsius zu erhöhen. Das genaue Ausmaß der Erhöhung hängt entschieden vom Ausmaß des Gegensteuerns ab. Zum Vergleich: Der Temperaturunterschied zwischen Wärme- und Eiszeiten beträgt nur vier bis fünf Grad Celsius. Allerdings ging dieser Wandel über Jahrtausende vor sich, so daß sich Ökosysteme allmählich daran anpassen konnten. Die Frage lautet heute also: Welches Katastrophenpotential bürden wir durch den menschgemachten Treibhauseffekt künftigen Generationen auf? Wobei zu berücksichtigen ist, daß aufgrund des nach wie vor schnellen Bevölkerungswachstums aller Voraussicht nach in der nächsten Generation mehr Menschen auf der Erde leben werden als bisher in der ganzen Menschheitsgeschichte. Diese große Zahl von Menschen wird zu Versuchskaninchen in einem – in der bisherigen Menschheitsgeschichte einmaligen – Klima-Großexperiment.

Trotz der absehbaren Bedrohung ist die Politik fast nirgendwo auf der Welt bereit, die notwendigen Entscheidungen zu treffen. Zunächst ging ein Hilfeschrei der Politik an die Naturwissenschaftler/innen: Sagt ihr uns, was wir wirklich zu erwarten haben, dann können wir auch politisch handeln. Inzwischen haben die Klimawissenschaftler/innen längst ihre Bringschuld erfüllt. Sowohl die Klima-Enquete-Kommissionen des deutschen Bundestages als auch der IPCC lassen keinerlei Zweifel an der Ernsthaftigkeit der Bedrohung. Aus durchsichtigen wirtschaftspolitischen Gründen fordern zwar vor allem die erdölexportierenden Länder immer weitere wissenschaftliche Studien, bevor gehandelt wird. Doch dies ist nur der Versuch, die Politik zu lähmen – getreu dem Motto ›Paralyse durch Analyse‹.

Obwohl also klare wissenschaftliche Antworten vorliegen (bei allen Unsicherheiten im Detail), kommt das Handeln der Politik kaum von der Stelle. Deren zweiter Hilferuf erging deshalb an die Wirtschaftswissenschaftler/innen: Sagt ihr uns, ob es sich tatsächlich lohnt zu handeln – erst dann sind wir bereit, wirklich etwas zu tun. Die Volkswirte stehen damit vor der Frage: Rentiert es sich, *jetzt* im Sinne der Vorsorge entschieden zu handeln, oder sollen wir eher später Anpassungsmaßnahmen (Deichbau, sturmsichere Häuser usw.) finanzieren und Schäden in Kauf nehmen?

Dieser zweite Hilferuf der Politik mag manch einen auf den ersten Blick verblüffen.[3] Könnte man doch erwarten, daß es prinzipiell Aufgabe der Politik sei, Risiken für Menschenleben – in diesem Fall durch den globalen Klimawandel – möglichst zu minimieren. Und daß die Politik auch der Wirtschaft entsprechendes Handeln vorschreiben müsse. Immerhin heißt es in Artikel 1 des deutschen Grundgesetzes: »Die Würde des Menschen ist unantastbar. Sie zu achten und zu schützen ist Verpflichtung aller staatlichen Gewalt.«

Doch selbst da, wo die Politik wie in Deutschland CO_2-

Reduktionsziele gesetzt hat, zeichnet sich ab, daß diese nicht erreicht werden.[4] Wie so oft, gilt auch in diesem Fall: »Man hat sofort Einvernehmen darüber hergestellt, daß etwas geschehen müsse, und wartet nun offenbar darauf, daß die Probleme so dringlich werden, daß man ohne Aussicht auf Verlust von Wählerstimmen aktiv werden kann.«[5]

Nun ist der Hilferuf der Politik an die Volkswirtschaft dennoch nicht so absurd, wie er auf den ersten Blick scheint. Denn selbst im Fall des politischen Willens zu entschiedenem Handeln muß die Frage erlaubt bleiben: Sind die Risiken entschiedenen klimapolitischen Handelns (etwa eventuelle Wachstums- und Arbeitsplatzverluste) größer als die Risiken künftiger Katastrophen? Wachstumsrisiken für die Armen der Zweidrittelwelt kann durchaus auch heißen: Gefährdung von Menschenleben in Kauf zu nehmen (wobei dann allerdings über die jeweilige Qualität des Wachstums zu diskutieren wäre). Das heißt, als Ergänzung zu ethischen und politischen Einschätzungen können auch volkswirtschaftliche Abschätzungen zu der Frage, ob und wie gehandelt werden soll, sinnvoll sein – zumindest prinzipiell. Das heißt allerdings, sich sowohl der Grenzen der volkswirtschaftlichen Analyse (und ganz besonders: der Modelltheorie) als auch der ethischen Wertentscheidungen, die diese – oftmals implizit – enthält, bewußt zu sein.

Einige Mängel volkswirtschaftlicher Modelle

Die Unsicherheit wird nicht genügend reflektiert

Es gilt, sich die Modelle näher anzuschauen, die hier Entscheidungshilfen geben sollen. Oft hat es den Anschein, daß zwar viel über die Begrenzungen und Unsicherheiten der naturwissenschaftlichen Modelle gestritten wird, die den globalen Klimawandel vorhersagen; daß jedoch im gesellschaftspolitischen Diskurs (über das notwendige Ausmaß von Klimapolitik) die Begrenzungen und Unsicherheiten der volkswirtschaftlichen Kosten-Nutzen-Analysen kaum eine Rolle spielen. Diese sind mindestens ebenso groß, vermutlich sogar erheblich größer. Während die Klimamodelle physikalische Beziehungen (allerdings sehr komplexe) widerspiegeln, beinhalten die Wirtschaftsmodelle zusätzlich Aussagen über das von Kultur, Werten, Politik und technologischen Weiterentwicklungen geprägte Verhalten von Menschen sowie über soziale Verständigungsprozesse.
Die Eindimensionalität des ökonomischen Menschenmodells (»homo oeconomicus«) und die mangelhafte bzw. in weiten Teilen fehlende Berücksichtigung sozialer Institutionen und Prozesse sind Probleme, mit denen sich die neoklassische Volkswirtschaftslehre von Beginn an auseinanderzusetzen hat. Eine valide Analyse gesellschaftlicher Prozesse scheint im Rahmen dieses Paradigmas nur sehr begrenzt möglich. Neben diesen theoretischen Überlegungen führen mich vor allem praktische Erfahrungen (etwa im Bereich der Energieprognosen) zu der These: Keine naturwissenschaftliche Theorie würde so viele Fehlprognosen überleben, wie sie sich die Wirt-

schaftswissenschaft bereits geleistet hat. Ungewißheit ist oftmals ein methodisch nicht adäquat erfaßter, wesentlicher Bestandteil volkswirtschaftlicher Modellvorhersagen. Um so mehr relativiert sie die Aussagefähigkeit und den politischen Nutzen von Modellen, die Aussagen über eine Zeit in 50 oder 100 Jahren machen sollen.

Zwischen langsamen Energiepreissteigerungen und plötzlichen -schocks wird häufig nicht unterschieden

Die volkswirtschaftlichen Modelle, die die Kosten der Treibhausgas-Reduktionen ermitteln sollen, variieren stark in ihrer Struktur.[6]

Die vor allem in den angelsächsischen Ländern am häufigsten benutzten Modelle sind Kosten-Nutzen-Analysen, die aufgrund der Datenlage zweier sehr begrenzter Zeiträume entwickelt wurden: der Periode von 1958 bis 1979 und der von 1973 bis 1985. Die Konzentration auf diese Zeiträume kann allerdings in die Irre führen, da sie die Ölpreisschocks der siebziger Jahre beinhalten. Vieles spricht dafür, daß der *schockhafte* Anstieg der Energiepreise weit mehr einen störenden Einfluß auf die Wirtschaftsentwicklung hatte als die höheren Energiepreise *an sich.* Es lohnt sich, die Modelle daraufhin zu prüfen, inwieweit sie in der Lage sind zu unterscheiden, ob Energiepreise sprunghaft oder schrittweise ansteigen. Alle heute ernsthaft diskutierten Modelle einer ökologischen Steuerreform setzen auf stetigen und schrittweisen, nicht auf einen plötzlichen Anstieg der Preise. Ein Modell, das zwischen Energiepreisschock und ökologischer Steuerreform nicht unterscheiden kann, ist ungeeignet, wirtschaftliche Folgen erhöhter Energiepreise abzuschätzen.

Der Nutzenaspekt von Treihausgas-Reduktions-Szenarien wird systematisch unterschätzt

In zahlreichen Kosten-Nutzen-Rechnungen werden zwar die Kosten von Treibhausgas-Reduktionen aufgelistet, jedoch wird dem kaum der Nutzen solcher Maßnahmen gegenübergestellt. Dies hat in erster Linie einen praktischen Grund: Es ist wesentlich einfacher, die Kosten für technische Neuerungen abzuschätzen, die notwendig sind, um Umweltstandards einzuhalten, als diffuse positive Langzeiteffekte abzuschätzen (etwa effektivere Wirtschaft und geringere Anfälligkeit für Energiepreisschocks durch niedrigeren Energieverbrauch, Arbeitsplätze durch Energieeffizienzmaßnahmen und im Bereich erneuerbare Energieträger). Zu einer realistischen Abschätzung der vor uns liegenden Probleme und Möglichkeiten gelangt man so indes nicht.
Beispielhaft sei die jüngste Auswertung des *Clean Air Act*, einer Gesetzesinitiative zur Luftreinhaltung des Staates Kalifornien, USA, erwähnt; sie verdeutlicht die systematische Unterschätzung des Nutzens der Umweltpolitik, der sich im nachhinein als 16mal so hoch wie die Kosten politischer Maßnahmen erwies.

Die indirekten Kosten des globalen Klimawandels werden tendenziell unterschätzt

Die Wirtschaftsmodelle basieren fast ohne Ausnahme auf *den* negativen Effekten des Treibhauseffekts, die *einfach und direkt sind.* So berücksichtigen sie in der Regel den Anstieg des Meeresspiegels und die zu erwartenden Veränderungen der landwirtschaftlichen Produktivität.

Keine Berücksichtigung finden hingegen Folgen, die indirekt sind, verschiedene Ursachen (von denen der Klimawandel nur eine ist) haben oder deren Eintreffen unsicher ist. Daß sich tropische Krankheiten über ihr jetziges Verbreitungsgebiet hinaus ausweiten könnten, daß Hurrikane heftiger werden und sich neue Bahnen suchen könnten, daß Chemiefabriken im tauenden Dauerfrostboden in der früheren Sowjetunion versinken könnten – all dies findet in aller Regel keinen Eingang in die Modelle. Es geht somit möglicherweise ein Großteil der zu erwartenden Folgen nicht in die Modelle ein.

Regionale Klimavariationen werden nicht berücksichtigt

Es gibt unterschiedliche Abschätzungen darüber, inwieweit die landwirtschaftliche Produktivität durch den Treibhauseffekt beeinträchtigt wird. Ein mögliches Szenario ist, daß netto und global die landwirtschaftliche Produktivität erhalten bleibt. Dieser Wert geht dann in die Wirtschaftsmodelle ein. Kein Problem also im Modell. Wohl aber möglicherweise in der Realität. Man stelle sich nur vor, daß in Sibirien dann große Mengen an Getreide angebaut werden, die USA aber durch langandauernde Dürren einen Großteil ihrer Anbaufläche verlieren. Dies könnte zu erheblichen geopolitischen Erschütterungen führen. Das Modell spiegelt diese Realität nicht.
Schon diese Vorüberlegungen sollten zur Vorsicht gegenüber zu großen Erwartungen an ökonomische Kosten-Nutzen-Analysen zum Klimaschutz führen. Um so mehr gilt dies, wenn diese abschätzen, welche Verluste von Menschenleben in Kauf genommen werden sollen.

Vom Wert des menschlichen Lebens und drei ethischen Setzungen

Im folgenden möchte ich auf ein zentrales Problem der wirtschaftswissenschaftlichen Debatte bezüglich der monetären Abschätzungen der durch den menschgemachten Klimawandel verursachten Schäden eingehen. Bekanntermaßen wird im Zuge der Klimaveränderungen je nach Region mit einer Zunahme bzw. regionalen Verschiebung von Dürreperioden, Überflutungen, Stürmen und anderen Wetterextremen gerechnet. Nicht nur häufigere und stärkere Wetterextreme, auch eine regionale Verschiebung hätte – da die entsprechende Region nicht auf diese Wetterkatastrophen vorbereitet ist – eine Zunahme an Todesopfern zur Folge. Die Frage an die Volkswirtschaft lautet dann: Welcher Wert wird bei der Kosten-Nutzen-Abwägung dem Verlust eines Menschenlebens zugemessen? Drei Fragen, deren Beantwortung jeweils Wertentscheidungen implizieren,[7] werde ich in diesem Zusammenhang untersuchen:

- Zunächst die Frage, ob nur die direkten Folgen des Klimawandels (etwa Ernteausfälle) oder aber dadurch verursachte Konsequenzen (etwa Hungertote in den ärmsten Ländern) in die Modelle eingehen.
- Zweitens ist zu fragen, ob für die Kostenberechnungen der Wert von Menschenleben danach differenziert wird, ob eine Person aus einem Industrie- oder Entwicklungsland betroffen ist.
- Drittens gilt es sich genauer anzuschauen, mit welchem *Gegenwartswert* künftige Menschenleben in die Modellrechnungen eingehen. Das heißt, ob und wenn ja mit welcher Diskontrate Menschenleben

abgezinst werden. Und das läuft auf die Frage hinaus, welcher Wert dem zukünftigen Verlust von Menschenleben eingeräumt wird.

Ein Problem – zwei Perspektiven

Grundsätzlich ist anzumerken, daß es sich empfiehlt, das Problem der Opfer des menschgemachten globalen Klimawandels – zu welcher ökonomischen Bewertung man auch kommt – nicht alleine aus der ökonomischen Perspektive als Prozeß der Selbstverwertung des Kapitals zu beschreiben. Denn mittels dieser Perspektive wird der sein Leben verlierende Mensch zu einem Objekt, das durch andere Güter oder Geld jederzeit ersetzbar ist. Die notwendige Tiefenschärfe des Blicks erhält man erst, wenn eine zweite Perspektive hinzukommt: die der Betroffenen (bzw. virtuellen Opfer), wobei jeder Mensch, nicht nur die Betroffenen, prinzipiell in der Lage ist, diese Perspektive einzunehmen.[8] Denn der Konflikt zwischen Treibhaus-Tätern und -Opfern wird, indem er aus ökonomischer Systemperspektive betrachtet und in das Medium des Tauschwertes (Geld) gebracht wird, zugleich objektivistisch verhüllt und objektiviert, das heißt versachlicht.

Es gilt daher den Doppelcharakter des Menschen als eingeplanter Kostenfaktor einerseits und als Opfer andererseits zu analysieren: Der (in Zukunft) getötete Mensch geht erstens als *abstrakter* Kostenfaktor in Projektionen eines unter Verwertungsgesichtspunkten des Kapitals geordneten Wirtschaftssystems ein. Zweitens aber unterscheidet sich das künftige Lebensende aus der Perspektive des (virtuellen) Opfers als (noch) *lebendiger*

Mensch von allen anderen Sachschäden fundamental. Es geht um das irreversible Ende des eigenen Lebens einer lebenden oder demnächst lebenden Person, das nicht von dieser getrennt betrachtet werden kann. Was sich aus der einen Perspektive als systemische Aussage über anonyme Wertbeziehungen liest, stellt sich aus der anderen Perspektive als historische Aussage über Interaktionsbeziehungen zwischen Opfern und Tätern dar. Beide Perspektiven ergänzen sich. Die ökonomische Perspektive der neoklassischen Theorie bleibt für sich genommen merkwürdig wirklichkeitsfern: Der unbefangene Leser hat den Eindruck, als würde das, worum es eigentlich geht, nämlich das Wohlergehen von heutigen und künftigen Generationen in einer intakten Umwelt, systematisch ausgeblendet.
In der lebensweltlichen Perspektive hingegen kommen tatsächlich Menschen aus Fleisch und Blut, mit jeweils eigener Geschichte und Kultur sowie individuell und kollektiv geprägtem Zukunftshorizont zum Vorschein. Sie haben eine Gesundheit, die reversibel oder irreversibel geschädigt werden, und ein Leben, das ein für allemal zu Ende gehen kann. Diese zweite, lebensweltliche Perspektive ist umfassender, sie umfaßt auch den Bereich der Ökonomie. Ihr haftet hingegen ein anderer Mangel an: Sie bleibt handlungsfern. Edle Seelen können sich an ihr ergötzen. Doch das ständige Hochschaukeln der gesellschaftlichen Teilsysteme zu einer sich selbst organisierenden globalen Weltmaschine, die Helmar Krupp mit dem Namen »Schumpeterdynamik« umschreibt, beschleunigt sich gleichzeitig ungerührt weiter.
Die doppelte Perspektive erlaubt es, die Probleme schärfer zu fassen. Zum einen aus der über die Absichten des einzelnen, seine Ziele und Freiheitsvorstellungen hinaus-

greifenden und deshalb zwangsweise unpersönlichen Systemperspektive. Zum anderen aus der Perspektive der betroffenen Menschen mit ihren realen Wünschen und Problemen. Im Optimalfall gelingt es, die blinden Flekken der jeweils anderen Perspektive zu erkennen und den Geltungsbereich der entsprechenden Aussagen demnach einzugrenzen. Im Ergebnis führt die doppelperspektivische Betrachtung zu einer größeren Bescheidenheit sowohl ökonomischer als auch lebensweltlicher Aussagen, dafür aber zu einer größeren Realitäts- und Handlungsnähe, einer größeren Tiefenschärfe.[9]

Den roten Faden »der doppelten Perspektive« werde ich bei der folgenden Diskussion der – aus meiner Sicht – drei zentralen Wertentscheidungen bei der Frage nach dem ökonomischen Wert des Lebens jeweils wieder aufnehmen.

Wertentscheidung eins: Ernteausfall oder Hungertote in den ärmsten Ländern

Ernteausfälle in den USA würden – angesichts der Kaufkraft der heimischen Bevölkerung – wohl dazu führen, daß weniger Getreide exportiert wird. Dies führt, wenn dieser Verlust nicht anderswo kompensiert wird, zu steigenden Getreidepreisen auf dem Weltmarkt. Viele Menschen in den ärmsten Ländern des Südens sind aber auf Getreidezukäufe angewiesen. So kann der Ausfall der Getreideernte nicht nur zu Einkommensverlusten für den amerikanischen Bauern führen, sondern auch zu einer steigenden Zahl von Hungertoten in den Ländern des Südens.[10]

Hier nun liegt die erste Wertentscheidung: Geht in die

monetäre Kosten-Nutzen-Analyse nur der Ernteausfall etwa in den USA oder aber auch das Menschenleben zum Beispiel in Westafrika ein? Im ersten Fall würde die ausgefallene Ernte, von der ein Mensch ein Jahr lang hätte ernährt werden können (200 kg) vielleicht mit 80 US-Dollar bewertet werden. *Aus der Sicht der Verwertungsinteressen des Kapitals* eine vertretbare Entscheidung. (Sie wird häufig ganz schlicht als regionale Abgrenzung der Modellierung getroffen, die Folgen für Entwicklungsländer werden »abgeschnitten«.) *Aus der Perspektive des (virtuellen) Opfers* aber ist das gänzlich unakzeptabel. Der »eigentliche« Schaden, das irreversible Ende seines Lebens, gerät überhaupt nicht in den Blick. Aus dieser Perspektive wird auch klar: Taucht der in Kauf genommene Verlust von Menschenleben nur als Ernteausfall in ökonomischen Analysen auf, wird die Ursache des Todes (Ernteverlust) mit dem Wert des Lebens verwechselt. Ein Kategorienfehler. Wenn aber der Verlust des Menschenlebens in die Berechnung integriert werden soll, verlangt dies eine zweite Wertentscheidung.

Wertentscheidung zwei: Bereitschaft zu zahlen oder Bereitschaft, Kompensation zu akzeptieren

Welcher Wert soll nun für den Tod eines Menschen in den Entwicklungsländern in die monetären Abschätzungen eingesetzt werden? Die Hauptautoren der Langfassung der Ergebnisse der Working Group III des jüngsten IPCC-Berichts verwenden die Methode der Zahlungsbereitschaftsanalyse. Nach dieser Methode werden die betroffenen Menschen direkt nach ihrer Zahlungsbereitschaft bzw. der Entschädigungsforderung für verschiedene Umweltqualitätszustände – hier verschiedene Ausmaße von Klimaveränderungen – befragt. Konkret wenden sie jene der beiden Varianten dieser Methode an, die die »Bereitschaft zum Zahlen« (willingness-to-pay-Ansatz) bewertet. Wieviel sind die Menschen bereit zu zahlen, um die Folgen des Klimawandels, in diesem Fall ihren Tod, zu verhindern? Dies seien 1,5 Millionen US-Dollar für ein Menschenleben in den Industriestaaten, 100 000 US-Dollar für eines in den Entwicklungsländern, sagen die Autoren. Obwohl auch nach dieser Studie 78 Prozent der durch den Klimawandel verursachten Toten Menschen aus Entwicklungsländern sein werden, tragen nach diesen Modellen – aufgrund der Anwendung dieses ökonomischen Bewertungsverfahrens und der spezifischen Verwendung seiner Ergebnisse in der gesamten Klimaschutz-Kosten-Nutzen-Analyse – die industrialisierten Länder mit nur 20 Prozent betroffener Bevölkerung und Fläche etwa zwei Drittel der Kosten.

Es erklärt sich von selbst, daß die Menschen in Bangladesch nicht so viel zahlen *wollen* (weil sie nicht so viel zahlen *können)*, um ihren Tod abzuwenden, wie die Menschen in Deutschland. Wer weniger zahlen kann, dessen Leben ist – finanziell gesehen – weniger wert, so die Logik hinter diesem Ansatz. Es gibt eine gewisse Analogie dieses Ansatzes zum frühneuzeitlichen Zensuswahlrecht. Dort war die »Bereitschaft«, Steuern zu zahlen, Grundlage für die Anzahl der Stimmen, die der Betreffende bei der Wahl abgeben durfte. Im Fall der Klimapolitik soll die »Bereitschaft« zu zahlen Maßstab dafür sein, ob es sich lohnt, das Leben zu retten, oder nicht.

Es gibt durchaus Vertreter der neoklassischen Ökonomie, die sich der Werturteile, die der Bereitschaft-zu-zahlen-Ansatz impliziert, bewußt sind. So schreibt Cansier: »Die geäußerten individuellen Zahlungsbereitschaften der verschiedenen Einkommensbezieher spiegeln immer auch die Einkommensverteilung wider. Wenn man sie unkorrigiert als Maß für die individuelle Nutzenvorstellung verwendet, impliziert dies das Werturteil, die herrschende Einkommensverteilung sei einigermaßen gerecht. Akzeptiert man diese Position nicht, so kann man die Zahlungsbereitschaften mit Verteilungsgewichten abändern. Man kann sie zum Beispiel auf die Basis eines mittleren Einkommens umrechnen. Auch diese Vorgehensweise impliziert ein Werturteil über die Kaufkraftverteilung.«[11]

Wer so argumentiert, *hat bereits die Eindimensionalität der ökonomischen Systemperspektive verlassen.* Denn diese neutralisiert auch Gerechtigkeitsfragen. Anders als bei den Autoren der IPCC-Arbeitsgruppe III anerkennt Cansier, daß – ob man will oder nicht – Wertentscheidungen zu treffen sind. Diese Notwendigkeit wird erst aus der lebensweltlichen Perspektive deutlich. Dies genügt, um Einspruch gegen einen »Zensuslebenswert« zu erheben. Allerdings hält auch Cansier die zweite, begleitende, *lebensweltliche Perspektive,* die die Sicht der Opfer miteinbezieht, keineswegs durch. Auch wenn aus Gerechtigkeitsgründen die Zahlungsbereitschaft auf der Basis eines mittleren Einkommens abgeschätzt wird, stellen sich aus der Sicht potentieller Opfer weitere Fragen: Was hat meine *Möglichkeit* zu zahlen (auch wenn ihr jetzt der Durchschnittswert des Welteinkommens zugrunde liegt) mit dem Wert meines einmaligen Lebens und erst recht mit dem meiner Kinder zu tun? Wieso wird mir bei der

Befragung nicht die Antwort erlaubt: »Ich kann zwar leider nur einen bestimmten Betrag zahlen, aber mein Leben ist viel mehr wert«? Und grundsätzlicher: Wieso soll die *reversible* Weitergabe von Geld den Wert des *irreversiblen* Verlustes meines Lebens oder gar des Lebens meiner Kinder zum Ausdruck bringen? Wieso soll mein Leben, das sich nicht von meiner Person trennen läßt, durch Geld, das sich von meiner Person trennen läßt, ausdrückbar sein?

Eine weitere Frage drängt sich auf: Wieso soll ich – als Person aus einem Entwicklungsland, das zur Verursachung des Klimawandels (bislang) kaum beigetragen hat – statt der Verursacher (vor allem die Industrieländer) für die Abwendung der Schäden bezahlen?

Ohne die Berücksichtigung dieser Frage sind die Ergebnisse der Arbeitsgruppe III des IPCC, die nach ihrem Bekanntwerden zu einem großen politischen Eklat und auch zu Turbulenzen in der Wissenschaftsgemeinde führten, wertlos. In der für Politiker erstellten Zusammenfassung wurden diese Ergebnisse deshalb auch deutlich relativiert. Die Ökonomen des IPCC haben vor allen Dingen die folgenden Überlegungen in angemessener Weise im Rahmen von Kosten-Nutzen-Analysen zu berücksichtigen, wollen sie in Zukunft einen politikrelevanten Beitrag leisten. Das heißt, daß sie zumindest teilweise auch die *Perspektive der potentiellen Opfer* mit einbeziehen müssen:

Der Treibhauseffekt wird zu etwa drei Vierteln von einem guten Viertel der Menschheit verursacht, das in den westlichen Industriestaaten lebt. Betrachtet man die Treibhausgase, die sich inzwischen in der Atmosphäre angehäuft haben, dann sind es sogar vier Fünftel, die auf das Konto der westlichen Industrieländer gehen.[12] Die

Folgen des Klimawandels aber haben in erster Linie die Menschen der »Entwicklungsländer« zu tragen.[13] Erstens sind diese Länder noch stärker landwirtschaftlich geprägt und damit für Klimaveränderungen besonders anfällig. Zweitens sind die Böden dort für Wetterextreme besonders anfällig. Drittens fehlt das Geld für Anpassungsmaßnahmen. Die Niederlande können sich ein milliardenschweres Dammbauprojekt leisten, Bangladesch nicht. Viertens gehen die meisten Studien davon aus, daß auch absolut die meisten Wetterkatastrophen in den Ländern des Südens stattfinden werden.

Auch die Autoren der Langfassung der Ergebnisse der Arbeitsgruppe III der IPCC stimmen ja damit überein, daß es mehr Tote in den »Entwicklungsländern« als in den Industriestaaten geben wird. Da sie aber unreflektiert den »Bereitschaft-zu-zahlen«-Ansatz benutzen und die Menschen in den Südländern nur in der Lage sind, ein Fünfzehntel dessen zu zahlen, was Menschen im industriellen Norden zur Abwendung der Lebensgefahr zahlen »wollen«, entstehen nach diesen Rechnungen zwei Drittel der Schäden in den Industrieländern. »Das geht naiverweise von der Annahme aus, daß unschuldige Opfer von Schäden, die andere verursacht haben, verpflichtet sind, für diese Schäden zu zahlen. Es kann sein, daß dieser Fall am Ende – wie etwa in Bhopal – tatsächlich eintritt. Aber wenn das die neue Entwicklungsethik ist, dürfte diese kaum zukunftsfähig (sustainable) sein«, heißt es in einem Kommentar des Global Commons Institute aus London.

Da die Schäden überwiegend von den Bürgern/innen der reichen Staaten verursacht werden, setzen andere Wirtschaftswissenschaftler auf einen anderen Ansatz. Sie fragen: Welche Kompensationen würden die potentiellen Opfer fordern, um die auf sie zukommenden Risiken zu akzeptieren (ability to accept). Es ist unstrittig, daß in diesem Fall, beim »Kompensationsansatz« von Menschen in armen Ländern ein höherer Betrag gefordert würde als beim Bereitschaft-zu-zahlen-Ansatz. Die Frage ist, um wieviel höher? Die einen argumentieren, daß arme Menschen trotzdem weniger fordern würden, als die reichen Menschen der Industrieländer zum Schutz ihres Lebens zu zahlen bereit wären. Ein armer Mensch sei eher bereit, eine Kompensationszahlung von sagen wir 1 000 000 US Dollar für ein verfrühtes Lebensende zu akzeptieren, als ein ohnehin schon reicher Mensch. Die anderen setzen dagegen, daß der begrenzende Faktor für Kompensationsforderungen jetzt das Einkommen der Täter sei. Jedes strategisch denkende Opfer würde sich soviel wie möglich zahlen lassen und deshalb die Forderung vom Zahlungsvermögen der Verursacher (in den reichen Industrieländern) abhängig machen. Deshalb läßt sich auch argumentieren, »daß diese Kompensationsbereitschaft in der gleichen Größenordnung liege, wie die Zahlungsbereitschaft der Täter« (Hohmeyer). Das aufs Spiel gesetzte Leben in den Entwicklungsländern würde nach diesem Ansatz bis zu 15mal höher eingestuft als beim unreflektiert benutzten »Bereitschaft-zu-zahlen-Ansatz«. Je nach zugrundeliegender ethischer Wertentscheidung wird also der in Geld ausgedrückte Wert des Menschen 15mal höher bzw. tiefer eingeschätzt.

In der IPCC-Langfassung der Working Group III berufen sich die Autoren allein auf den gängigen »Bereitschaft-zu-zahlen«-Ansatz. Einige Entwicklungsländer haben in enger Zusammenarbeit mit Aubrey Meyer vom Global Commons Institute in London dann aber durchgesetzt, daß in der wichtigen Zusammenfassung dieses Kapitels für Politiker/innen (Summary for policy makers) *beide* Ansätze zur monetären Bewertung beschrieben werden. *Die Perspektive des Opfers* wird bei diesem Ansatz, der ausgeht von der Bereitschaft, Kompensationszahlungen zu akzeptieren, deutlich aufgewertet. Es sollte jedoch berücksichtigt werden, daß sie nicht damit identisch ist. Es gibt für das potentielle Opfer nicht die Möglichkeit, »nein« zu jeglicher Kompensation zu sagen und sein Leben zu retten.

Menschen, die sich ihr Leben oder das ihrer Kinder für keine wie auch immer geartete Kompensation abkaufen lassen würden, gibt es auch nach diesem Modell nicht. Gäbe es nur *eine* solche Person, so würde die geforderte Kompensation sofort auf »unendlich« hochschnellen. Zurecht heißt es deshalb in der Zusammenfassung für Politiker/innen: »Monetäre Abschätzungen sollten nicht die menschlichen Konsequenzen des menschgemachten Treibhauseffektes verdecken, denn das menschliche Leben hat eine Bedeutung, die über den wirtschaftlichen Wert hinausgeht.«

Die ersten beiden Wertentscheidungen zusammenfassend, läßt sich festhalten: Je nach individueller Präferenz geht der Tote in einem »Entwicklungsland« mit 80 Dollar (Ernteausfall), mit 100 000 Dollar (Bereitschaft zum Zahlen) oder mit 1 500 000 Dollar (Bereitschaft, Kompensation zu akzeptieren) in die Abschätzungen ein. Das heißt, die Unsicherheit ökonomischer Aussagen umfaßt hier – je nachdem, welche Wertentscheidungen zugrunde gelegt werden – eine Bandbreite von über vier Größenordnungen.

Wertentscheidung drei: Den Wert von Menschenleben abdiskontieren – ja oder nein?

Es gibt eine weitere ethische Wertentscheidung, die den Wert von Menschenleben in Kosten-Nutzen-Analysen zum globalen Klimawandel dramatisch beeinflußt. Obwohl bereits heute ein Einfluß des Menschen auf das Klima festzustellen ist, ist zu erwarten, daß die dramatischsten Schäden erst in 50 bis 100 Jahren und noch später zu erwarten sind. Um zu verschiedenen Zeitpunkten anfallende Kosten und Nutzen vergleichbar zu machen, bedient sich die Ökonomie der Abzinsung (Diskontierung) aller Zukunftswerte auf die Gegenwart. Für diese Umrechnung werden in der Regel Zinssätze zwischen drei und zehn Prozent (real) angesetzt. Der Einkommensverlust des amerikanischen Farmers von 80 Dollar im Jahr 2046 ist bei einer Abzinsung auf die Gegenwart bei einem Zinssatz von drei Prozent noch 18 Dollar und bei zehn Prozent noch 0,7 Dollar wert. Tritt der Verlust erst in 100 Jahren ein, so reduziert sich der abgezinste Verlust heute auf 4 Dollar (Zinssatz drei Prozent) bzw. 0,006 Dollar (Zinssatz zehn Prozent).[14] Hierbei handelt es sich, wie gesagt, um reale, das heißt inflationsbereinigte Werte.
Auch der Gegenwartswert eines verlorenen Menschenlebens – sei es nach der »Bereitschaft-zu-zahlen«- oder der »Bereitschaft-zu-akzeptieren«-Methode – wird in den »naiven« Standardmodellen dementsprechend bestimmt.
Begründet wird das Abzinsen bzw. Abdiskontieren im wesentlichen mit drei Argumenten. Alle drei gehen vom künftigen Individualnutzen eines einzelnen Akteurs aus und seien im folgenden vorgestellt:

- Erstens, die Zeitpräferenz: Die Zukunftsdiskontierung drückt die Minderschätzung zukünftigen Nutzens aus Gründen der reinen Zeitpräferenz aus. Den meisten Menschen ist derselbe Nutzen heute lieber als morgen.
- Zweitens, das Zinsargument: Wer heute Vorsorge zum Treibhauseffekt trifft, gibt schon in der Gegenwart zusätzliches Geld aus. (Diese Annahme läßt allerdings die große Zahl von sogenannten No-regret-Maßnahmen, die auch unabhängig von ihrer Klimaschutzwirkung wirtschaftlich sinnvoll sind, außer acht). Wer statt dessen erst in Zukunft sein Geld für die Reparatur von Schäden ausgibt, kann es in der Zwischenzeit anlegen und (real) Zinsen kassieren. Deswegen trifft ihn ein Schaden in 50 Jahren weniger hart als ein Schaden derselben Höhe heute. Er verfügt, da sein Geld um Zins und Zinseszins (inflationsbereinigt) angewachsen ist, in der Zukunft über viel mehr Geld zur Kompensation des Schadens.
- Drittens die Unsicherheit: Der einzelne weiß nicht, ob er in 50 Jahren überhaupt noch lebt. (Getreu nach Keynes: »Langfristig gesehen sind wir alle tot.«) Aufgrund dieser Unsicherheit ist der Gegenwartswert zukünftiger Kosten (Reparaturmaßnahmen aufgrund klimabedingter Schäden) geringer einzuschätzen als der Gegenwartswert heutiger Kosten (Vorsorgemaßnahmen).

Neben dem Mainstream der »naiven« neoklassischen Wirtschaftswissenschaftler/innen, die die Abdiskontierung bedenkenlos verwenden und lediglich über die Höhe des Diskontsatzes streiten, gibt es auch grundsätzliche Infragestellungen der Zeitdiskontierung. Arrow[15]

sieht in ihr lediglich eine pragmatische Anpassung an die Zeitpräferenz ihrer Anwender, für die es keine theoretische Rechtfertigung gebe. E. F. Schumacher bezeichnet die Methode des »discounted cash flow« als »logische Vollendung eines Egoismus, der vollständig dem Sofort-Nutzen verhaftet und unfähig ist, die Zukunft als menschliche Realität ernst zu nehmen«.[16]
In unserem Zusammenhang geht es indes nicht um Fundamentalkritik am Ansatz des Diskontierens. Die Frage ist vielmehr, ob sich dieser Ansatz, selbst wenn man ihn grundsätzlich akzeptiert, auch anwenden läßt, wenn es um die monetäre Bewertung von Todesfolgen in volkswirtschaftlichen Modellen im Rahmen der Klimapolitik geht. Zu fragen ist also, ob dann die drei für die Diskontierung angeführten Gründe noch Bestand haben. Für jede einzelne Begründung sollen Einwände benannt werden:

- Erstens: Die Abdiskontierung aus Gründen reiner Zeitpräferenz ist – wenn überhaupt – nur aus der individuellen Perspektive sinnvoll. Da im vorliegenden Fall jedoch gerade nach einem rationalen und objektiveren Maßstab gesucht wird, um Belastungen *für verschiedene Generationen* abzuwägen, greift dieser Grund in unserem Fall nicht. Aus volkswirtschaftlicher Perspektive liegt hier vielmehr ein Indikator für das Ausmaß von Gruppenegoismus vor.
- Zweitens: Auch das Zinsargument trägt nicht »bei der Betrachtung des Stellvertreterwertes für ein verlorenes Menschenleben; denn es ist davon auszugehen, daß die Zahlungsbereitschaft für die Vermeidung von Todesfällen in dem gleichen Maße steigen wird wie unser materieller Wohlstand«.[17] (Dies ist ein wesentlicher Unterschied zu Sachgütern.)

- Drittens: Wir betrachten im Modell einen in 50 Jahren *sicher* eintretenden Todesfall. Die Unsicherheit als Argument kann auch hier allenfalls wieder als Argument aus der Sicht des einzelnen herhalten (der einzelne weiß nicht, ob er zu den Opfern gehört), nicht jedoch im Rahmen der hier diskutierten volkswirtschaftlichen Kosten-Nutzen-Rechnungen.

Hohmeyer zieht aus ähnlichen Überlegungen den Schluß, es lasse sich demnach »im Gegensatz zur ökonomischen Tradition trefflich argumentieren, daß im Fall der monetären Bewertung von Todesfolgen anthropogener Klimaveränderungen keine Abdiskontierung angebracht ist«.[18] (Gemeint ist hier keine reale, das heißt inflationsbereinigte Abdiskontierung.)
Ihm ist darin zuzustimmen, daß die Anwendung des Diskontsatzes auf die Berechnung des Wertes von (verlorenen) Menschenleben keineswegs sachlogisch zwingend ist. Ihr liegt vielmehr, wie in den beiden vorhergehenden Fällen, eine (ethische) Wertentscheidung zugrunde.
Aus der System-Perspektive, orientiert an den Verwertungsgesichtspunkten des Kapitals, läßt sich die Entscheidung für einen Diskontsatz auch in diesem Falle unter der Annahme rechtfertigen, daß ein positiver Realzins nicht nur gegenwärtig, sondern über den gesamten Zeitraum bis zu dem zukünftigen Zeitpunkt (in fünfzig oder hundert Jahren) besteht. *Aus der Perspektive des (potentiellen) Opfers* ist es gänzlich unannehmbar, daß das Wertvollste, das er oder sie besitzt, nämlich das Leben, durch die Abdiskontierung in heutigen Modellrechnungen zu einem völlig geringfügigen Betrag schrumpft. Für künftige Generationen wird es völlig

unakzeptabel sein, daß heutige Generationen deren Leben gegen die geringfügigen Kosten der heutigen Verursachergeneration aufgerechnet haben.
Werden auch verlorene Menschenleben der Methode des Abdiskontierens unterworfen, ist die Folge, wie William Cline, Wirtschaftswissenschaftler am renommierten International Institute of Economics, im Jahr 1992 beschrieb, zwingend: Der Versuch, ein Langzeitproblem wie den Treibhauseffekt mit diskontierten Cash-flow-Analysen – basierend auf den kommerziellen Zinssätzen – anzugehen, muß dann eine vorhersehbare Schlußfolgerung erzeugen: Die Welt ist nicht wert, gerettet zu werden.[19] Aus der Sicht all derer, die sich in die Perspektive der Opfer versetzen können, eine unannehmbare Perspektive.

Die bescheidene Rolle der Wirtschaftswissenschaften

Die Antwort auf die Frage, ob es sich lohnt, Vorsorge gegenüber Problemen wie dem Treibhauseffekt zu treffen, werden Politiker und Politikerinnen nicht von Volkswirten/innen erhalten. Oder aber sie erhalten je nach zugrundegelegter Wertentscheidung eine völlig unterschiedliche Antwort. Eine um ihre Begrenzungen und impliziten Wertentscheidungen Bescheid wissende und deshalb bescheidene Volkswirtschaftslehre kann hingegen im Einzelfall wichtige Hinweise darauf geben, welche Vorsorge- und Anpassungsmaßnahmen in welchem Ausmaß sinnvoll sind.
Die notwendigen Wertentscheidungen sollten in demokratischen Gesellschaften aber von den gewählten Poli-

tikern getroffen werden. Jeder Bürger und jede Bürgerin hat sowohl das Recht als auch die Pflicht, darauf zu drängen, daß auch in der Politik Entscheidungen nicht *allein* aus der Perspektive der Systemlogik (in diesem Fall nach dem Prinzip der Optimierung der Wahlchancen), sondern *zusätzlich* aus der der potentiell Betroffenen gefällt werden. Diese Erkenntnis hat – ausgehend von anderen Problemlagen – im politischen Teilsystem zu einem guten Teil ihren Niederschlag in der Formulierung der Menschenrechte gefunden. Wobei auch dort die Frage der Gültigkeit von Menschenrechten für künftige Generationen noch unbeantwortet ist.

Anmerkungen

1 Ich bedanke mich bei Christiane Bals, Kora Kristof, Wiebke Lass, Klaus Milke, Manfred Treber für die sehr konstruktiven Kommentare im Lauf der Erstellung dieses Artikels. Die diversen Anregungen haben die Prägnanz des Artikels erheblich geschärft.

2 Ulrich Hempick (Ökologische Ökonomie, Opladen 1992, S. 30 ff.) unterscheidet zwischen »naiver« Neoklassik und verschiedenen problemorientierten Erweiterungen des neoklassischen Rahmens.

3 Tatsächlich stelle ich bei vielen Nicht-Ökonomen/innen fest, daß sie sehr verblüfft reagieren, daß Wirtschaftswissenschaftler angesichts unabsehbarer Risiken des globalen Klimawandels sich mit der Frage beschäftigen, ob – und nicht nur wie – gehandelt werden soll. Viele Ökonomen reagieren hingegen verblüfft ob solcher Verblüffung. Abwägungsprozesse dieser Art seien doch gerade ihre Aufgabe.

4 Prognos, 1995.

5 Luhmann, 31990, *Ökologische Kommunikation:* 182

6 Vgl. Alan Miller, Irving Mintzer, Peter G. Brown, »Rethinking the Economics of Global Warming« in *Issues in Science and Technology*, Fall 1990, 70–73

7 vgl. Hohmeyer, »Externe Kosten möglicher Klimaveränderungen –

Grenzen und Schwierigkeiten von Kostenabschätzungen« in *VDI-Berichte* Nr. 1250, 1996

8 Diese Überlegung entwickele ich in Weiterentwicklung der Habermasschen kritischen Interpretation der Marxschen Werttheorie; Habermas, *Theorie des kommunikativen Handelns,* Frankfurt a. M., 1988, Bd. II, 492 ff.

9 Es würde den vorliegenden Rahmen sprengen, die beiden Perspektiven hier im Detail einander gegenüberzustellen. Vielleicht können zwei Analogien eine Ahnung des hier Gemeinten vermitteln. Das Verhältnis der Beschreibung wirtschaftlicher Phänomene aus zwei unterschiedlichen Perspektiven ähnelt dem Verhältnis von zeitloser Logik und Alltagssprache in der Philosophie sowie von klassischer Physik und Thermodynamik. In diesen beiden Fällen ist der Versuch, die Realität in einer zeitlosen »Idealsprache« (Logik, Mechanik) aufgehen zu lassen, ebenso gescheitert wie der Versuch der neoklassischen Wirtschaftstheorie, die wirtschaftliche Wirklichkeit als einen zeitlosen »Wirtschaftskreislauf« darzustellen. Nur in Kombination mit einer aus anderer (lebensweltlicher) Perspektive gewonnenen fundamentaleren, aber in gewisser Weise unpräziseren Beschreibungsebene (Alltagssprache, Thermodynamik) behalten diese Idealisierungen ihren – nun deutlich eingegrenzten – Wert.

10 vgl. Hohmeyer, a. a. O., S. 113

11 Cansier, 1993: 81

12 Enquete Kommission, Deutscher Bundestag, 1990, Bd. 2: 880

13 Vgl. etwa Klaus Michael Meyer-Abich: *Öko-Kolonialismus – auch durch die Veränderung des Klimas,* 1991

14 Hohmeyer, a. a. O., S. 114

15 Arrow, Kenneth J.: »Some ordinalist-utilitarian notes on Rawls' ›Theory of Justice‹«, in: *Journal of Philosophy* 70 (1973), 245–263: 260

16 Schumacher, E. F.: *Es geht auch anders. Jenseits des Wachstums.* München, 1974: 58

17 Hohmeyer, a. a. O., S. 114

18 ebda.

19 A. J. Mc Michael: »Carbon Dioxide Emissions« in *Nature,* February 29, 1996; William R. Cline, *The Economics of Global Warming,* Washington, D.C.: Institute for International Economics, 1992.

II

Eingriff in das Leben: Beispiele

Linde Peters

7 Xeno-Östrogene[1]: Bedrohen Umweltgifte mit Hormonwirkung die Fortpflanzung von Menschen und Tieren?

Die Verseuchung unserer Umwelt mit Industriechemikalien hat inzwischen globale Ausmaße erreicht und nimmt trotz erster punktueller Gegenmaßnahmen weiter zu. Seit langem wissen wir, daß Holzschutzmittel die Menschen krank machen, daß Allergien und Atemwegserkrankungen, besonders bei Kindern, durch chemische Belastungen zunehmen und daß viele der synthetischen Substanzen Krebs auslösen. Parallel zu diesen Beobachtungen ist auch erkannt worden, daß immer mehr Paare unfreiwillig kinderlos bleiben – der Anteil nähert sich bei uns der 20-Prozent-Grenze – und daß Anzahl und Qualität der Spermien abnehmen. Es ist auch schon länger unbestritten, daß die zunehmende Unfruchtbarkeit mit der Umweltbelastung zusammenhängt, denn sie tritt gehäuft in Ballungsgebieten und bei bestimmten Berufen auf, bei Arbeitern in der chemischen Industrie, der Müllverbrennung, bei Lackierern, Anstreichern und Beschäftigten in der Landwirtschaft, die mit Pestiziden umgehen.[2]

Eine Substanz ist giftig, wenn sie Körperfunktionen stört. Daß Gifte nicht nur die Gesundheit, sondern auch die

Fruchtbarkeit schädigen können, versteht sich fast von selbst und wurde auch vielfach beobachtet (siehe unten). Weniger selbstverständlich ist, daß körperfremde Stoffe wie ein natürliches Geschlechtshormon wirken und über eine Verweiblichung oder Vermännlichung die Fortpflanzung stören. Die Diskussion über solche Wirkungen tauchte in den achtziger Jahren in der Fachliteratur auf und gelangte Anfang der neunziger Jahre in die allgemeinen Medien – zu einem Zeitpunkt, als die dadurch bedingten Schäden bereits ein Riesenausmaß angenommen hatten.

Bereits 1936 und 1938, also vor fast 60 Jahren (!), wurden Befunde veröffentlicht, daß einige synthetische Chemikalien die Wirkung von weiblichen Hormonen haben. Schon damals wurde diese Wirkung für Bisphenole und Alkylphenole beschrieben.[3] Alkylphenole sind Abbauprodukte von Detergenzien, also Waschmitteln, über deren Schadwirkung es heute, 60 Jahre später, immer noch keine epidemiologischen[4] Untersuchungen gibt. Wenn heute gesagt wird, wie es zum Beispiel auf einem Fachgespräch des Umweltbundesamtes 1995 der Fall war, es sei 1991 »völlig überraschend und unerwartet« gekommen, »daß Abbauprodukte wie Nonylphenol (ein Alkylphenol) östrogene Aktivität besitzen«,[5] dann entspricht das einfach nicht den Tatsachen. Die frühen Hinweise wurden offenbar ignoriert. Allem Anschein nach müssen erst massive Schäden erkennbar sein, bevor Warnhinweise ernst genommen werden.

Massive Schäden in der Tierwelt

Bereits in den fünfziger Jahren gab es erste Berichte über die Östrogen-Wirkung von Abbauprodukten des Pestizids Methoxychlor auf Säugetiere und zehn Jahre später erste Hinweise auf eine solche Wirkung des weltweit verbreiteten Pestizids DDT bei Vögeln.[6]

- Bei Seeadlern und anderen fischfressenden Vögeln in den USA blieben viele Eier unbefruchtet und aus den anderen schlüpften in erheblicher Zahl mißgebildete Junge.
- In Kalifornien wurde beobachtet, daß bei den Möwen oft mehrere Weibchen gemeinsam brüteten, weil es so wenige fortpflanzungsaktive Männchen gab.
- 1980 ging am Apopka-See in Florida die Geburtenrate der Alligatoren um 90 Prozent zurück. Die Männchen hatten viel zu kleine Penisse und enthielten fast kein Testosteron.[7] Auch bei den Weibchen richtete die zusätzliche weibliche Hormonwirkung Schaden an. Bei ihnen wurde fast das Doppelte der normalen Östrogen-Konzentration gefunden, mit der Folge, daß die Eierstöcke junger Weibchen bereits so ausgebrannt waren wie sonst erst bei älteren Tieren am Ende ihrer fruchtbaren Lebenszeit.[8] Die Phänomene an den Alligatoren waren aufgetreten, nachdem sich eine Fabrik an den Ufern des Sees niedergelassen hatte, die Dicofol, ein DDT-haltiges Pestizid, in den See einleitete.
- Auch bei den wenigen noch existierenden Panthern in Florida wurden Mißbildungen an den Geschlechtsorganen der Männchen gefunden. Sie enthielten doppelt so viel weibliches wie männliches Hormon, und 75 Prozent ihrer Spermien waren deformiert.

- Im Mississippi wurden, wahrscheinlich wegen der hohen Konzentrationen an DDT und polychlorierten Biphenylen im Wasser des Flusses, die Störe steril.[9]
- Schon Jahre vorher war englischen Anglern aufgefallen, daß unter den Fischen, die sie fingen, viele Zwitter waren. Das veranlaßte den englischen Endokrinologen John Sumpter, Käfige mit Forellen stromabwärts von Abwassereinleitungsstellen in Flüsse zu hängen. Er stellte fest, daß männliche Tiere bereits nach wenigen Tagen Dottereiweiß (Vitellogenin) produzierten, ein eindeutiges Zeichen für eine Östrogenwirkung, denn diese Dottereiweiße werden (von eierlegenden Tieren) ausschließlich unter der Einwirkung von Östrogen gebildet.[10]

Solche Berichte veranlaßten Forscher, Tiere bestimmten Giften gezielt auszusetzen und die Folgen zu registrieren.

- Möweneier wurden mit DDT behandelt. Alle danach geschlüpften männlichen Tiere waren verweiblicht. Ihre Hoden enthielten Eierstockgewebe.
- In Wachteleier wurde DDT injiziert, mit dem Erfolg, daß die Tiere ein gestörtes Fortpflanzungsverhalten zeigten und weniger Nachkommen hatten.
- Trächtige Ratten erhielten mit dem Futter Phthalate, die als Weichmacher in Plastik überall verbreitet sind. Die danach geborenen männlichen Tiere hatten deutlich kleinere Hoden und produzierten später 20% weniger Spermien.[11]
- Andere trächtige Ratten erhielten kurz vor der Geburt ihrer Jungen Dioxin. Äußerst kleine Mengen (64 Milliardstel Gramm pro Kilogramm Körpergewicht) waren ausreichend für eine Störung der Fortpflanzung.[12]

- Affenweibchen erhielten über längere Zeit Dioxin in einer Menge, die einem Achtel des Grenzwertes entspricht, der von der Weltgesundheitsorganisation festgelegt und vom damaligen Bundesgesundheitsamt übernommen worden war. Diese niedrigen Konzentrationen reichten aus, Endometriosen zu erzeugen. Das sind Wucherungen der Gebärmutterschleimhaut, die auch bei Frauen nach Hormonbehandlungen auftreten können.

Tributyl-Zinn (TBT) ist ein Bestandteil von Fäulnisschutzfarben für Schiffe. Es gilt als die giftigste Substanz, die je in die Umwelt ausgebracht wurde, und ist ungefähr zwanzigmal so giftig wie das oft als Supergift bezeichnete Dioxin. Wenige Millionstel Gramm pro Tonne Wasser zeigen bereits eine Wirkung. Trotzdem werden davon jährlich 5000 Tonnen hergestellt. Außer für Schiffsfarbe wird es für Dichtungsstoffe, Dämmstoffe, Klebstoffe und Textilien verwendet. TBT wirkt vermännlichend. Damit ist es eine Ausnahme unter den hormonwirksamen Fremdstoffen, die sonst verweiblichende, also xenoöstrogene Wirkungen haben.
Besonders empfindlich reagieren einige Wasserschnekken auf dieses extreme Gift. Zu ihnen gehört die Wellhornschnecke, mit acht bis zwölf Zentimeter Länge die größte Wasserschnecke der Nordseeküste. Bei den Weibchen unter ihnen kommt es dabei zu einer zusätzlichen Entwicklung von männlichen Funktionen, während die weiblichen zunächst erhalten bleiben. Man nennt das Pseudozwittrigkeit oder Imposex. Durch das zusätzliche Wachsen männlicher Gewebe wird die Vaginalöffnung sekundär verschlossen. Die Eiproduktion aber läuft weiter, und da die Austrittsöffnung für die Eier

verschlossen ist, platzt schließlich das umgebende Gewebe, woran die Tiere zugrunde gehen. Diese Vorgänge wurden für 110 verschiedene Arten von Wasserschnekken beschrieben.[13]
Wegen dieser Wirkung sind organische Zinn-Verbindungen in Europa und den meisten anderen Ländern seit etwa 1980 für Schiffe unter 25 Metern Länge verboten. Ausgerechnet die großen Schiffe dürfen es also weiter verwenden. Trotz der Einschränkung nimmt die Belastung der Süßgewässer an diesen Substanzen zu. Grund dafür sind die bereits genannten anderen Verwendungen, für die sie nicht verboten wurden, zum Beispiel als Bestandteile von Dichtungsstoffen, Dämmstoffen, Klebstoffen und zur Behandlung von Textilien.
Lange Zeit hielt man die Schädigung der Wasserschnecken für die einzige Wirkung von TBT (jedenfalls bei den in der Umwelt vorkommenden Konzentrationen), aber Anfang 1996 wurden japanische Untersuchungen veröffentlicht, daß tote Tümmler in sämtlichen Geweben TBT-Mengen enthielten, die bis zu zweimillionenmal so hoch waren wie die Grenzkonzentration, die bei Wasserschnecken gerade eine Wirkung erkennen ließ. Bei anderen Meeressäugern wurden ähnliche Werte gefunden. Möglicherweise ist das eine Erklärung für das bisher als mysteriös angesehene Sterben von Tümmlern, Delphinen und Walen. Diese Säugetiere enthielten aber auch große Mengen anderer Gifte, Quecksilber, verschiedene Pestizide und andere Industriechemikalien wie polychlorierte Biphenyle.[14]
Wir haben es hier sicher mit einer Summe verschiedener Einzelwirkungen zu tun. Was aber allen Giften, gemeinsam ist, sind die hohen Konzentrationen in diesen Tieren. Dabei handelt es sich um Anreicherungen, die im

Verlaufe einer langen Nahrungskette entstehen. Langzeit-Giftwirkungen sind immer an eine Fettlöslichkeit der Substanzen gebunden. Je fettlöslicher eine Substanz, desto schwerer ihre Ausscheidung über die Niere und desto länger ihr Verbleiben im Körper. Gifte, die der Körper nicht ausscheiden kann, lagert er auf Dauer im Fettgewebe ein, so daß sich die Giftkonzentrationen im Laufe eines Lebens erhöhen. Ein Tier, das ein anderes frißt, übernimmt die dort erreichte Konzentration und steigert sie im Verlauf seines Lebens weiter. So erhöhen sich die Giftkonzentrationen in einer Freßkette von Stufe zu Stufe. Bei Fischen wurden Anreicherungsfaktoren um 300 und Spitzenwerte bis 1300 gefunden.[15] Zu den letzten Gliedern solcher Nahrungsketten gehören die Meeressäuger, aber auch wir Menschen.

Die Beluga-Wale im St.-Lorenz-Strom in Kanada sind seit Ende der siebziger Jahre streng geschützt, und trotzdem sind sie heute mehr vom Aussterben bedroht denn je, es heißt, sie seien nicht mehr zu retten. Der Anteil trächtiger Weibchen ist wesentlich geringer als bei ihren Artgenossen in den weniger belasteten arktischen Gewässern. Bei Säugetieren, zu denen auch die Belugas gehören, kommt erschwerend hinzu, daß die trächtigen Weibchen für die Versorgung der Föten ihre Fettreserven mobilisieren, was besonders die Erstgeborenen trifft. Es wurde festgestellt, daß an das erstgeborene Junge 80 Prozent der bis dahin angesammelten Giftstoffe des Muttertieres abgegeben werden. Diese Jungen starten also gleich mit einer sehr hohen Belastung. Außerdem ist das Gift natürlich auch in den Fettanteilen der Milch enthalten.[16]

Was der Natur schadet, trifft auch die Menschen

Bei so gravierenden Auswirkungen auf die Tierwelt sind entsprechende Schäden bei Menschen nicht verwunderlich.

In unfruchtbaren Menschen waren in den achtziger Jahren überdurchschnittlich hohe Mengen der Chlorchemikalien Lindan und Pentachlorphenol (PCP) gefunden worden, bei Frauen in der Gebärmutterschleimhaut oder in den Eibläschen und bei Männern im Seminalplasma.[17] Die Konzentrationen waren etwa 10- bis 20mal so hoch wie in der umgebenden Flüssigkeit. Wissenschaftler des Klinischen Arbeitskreises Umweltschäden in Heidelberg untersuchten die Folgen der PCP-Belastungen. Die zum Arbeitskreis gehörende Gynäkologin Ingrid Gerhard bestimmte bei 90 Frauen, die wegen eines unerfüllten Kinderwunsches, Zyklusstörungen oder Klimakteriumsbeschwerden in die Universitätsfrauenklinik gekommen waren, die PCP-Werte und fand sie bei 22 der Frauen erhöht. Bei ihnen wurde nachgeforscht, wo sich die Quelle der Belastung befand, am Arbeitsplatz oder in der Wohnung. Für zwölf der Frauen war es möglich, die Quelle auszuschalten. Alle Frauen bekamen außerdem Hormone. Bei allen zwölf, nun weitgehend PCP-frei lebenden Frauen kam es zu einer Heilung oder Besserung der Beschwerden. Von den Frauen mit Kinderwunsch bekamen drei ein Kind. Die Erfolgszahlen waren größer als bei den anderen Frauen, die weiterhin mit der PCP-Belastung leben mußten, aber als Beweis, daß die Beschwerden durch PCP verursacht worden waren, seien die Zahlen zu gering, meinten die Autoren der Untersuchung, hier bestehe Forschungsbedarf. Im Oktober 1990 äußerten sie sich zuversichtlich, »in einem Jahr Beweise vorlegen« zu können.[18] Vier Monate später hieß es, Untersuchungen an 500 Patientinnen würden zur Zeit ausgewertet.[19] Aber weitere drei Jahre danach mußte Ingrid Gerhard auf die Frage nach dem Beweis für solche Zusammenhänge wieder eine vage Antwort geben: Man könne immer nur einen Teil der Gifte nachweisen, aber wenn die Gifte ausgeschwemmt und die Frauen danach schwanger wurden, so sei das ein gewisser Beweis.[20] Wieder wurde betont, daß hier ein Forschungsdefizit bestehe.

Die Zahl der Spermien bei Männern verringert sich seit einigen Jahrzehnten drastisch. Das hat spätestens seit den achtziger Jahren Eingang in die Lehrbücher gefunden und wurde auch als Folge der Umweltbelastung angesehen.[21] Aber zum allgemein diskutierten Problem wurde diese Tatsache erst, als der dänische Endokrinologe Niels Skakkebaek 1992 seine Ergebnisse auf einem internationalen Kongreß vortrug. Er berichtete von einem Rückgang der Spermienzahlen von durchschnittlich 113 Millionen pro Milliliter (ml) Sperma im Jahre 1938 auf 66 Millionen im Jahre 1990.[22] Ihm war aufgefallen, daß nicht nur die Zahl der Spermien zurückging, sondern daß parallel dazu die Zahl von Mißbildungen der männlichen Geschlechtsorgane und der Hodenkrebserkrankungen zunahm.[23] Die Hodenkrebsfälle verdoppelten sich in Dänemark zwischen 1943 und 1982, bei jungen Männern zwischen 15 und 24 Jahren vervierfachten sie sich sogar. Auch für England wurden ähnliche Zahlen gefunden.[24] Sogar bei abgetriebenen männlichen Föten wurden schon Hodenkrebsvorläuferzellen gefunden.[25]

Diese Nachricht löste zum Teil Erschrecken aus und zum Teil Unglauben. Die Vorstellung, daß die männliche

Zeugungskraft in allen Industriestaaten nur noch auf weniger als der halben Samenproduktion beruhen sollte, schien unfaßbar. Unter anderem wurde vermutet, daß Unvergleichbares verglichen worden war: Waren vielleicht junge Medizinstudenten früherer Jahre mit Männern verglichen worden, die heute wegen Fruchtbarkeitsproblemen in die Praxen kommen? Oder unterschieden sich die Auszählmethoden? Einer der Kritiker, der französische Reproduktionsbiologe Pierre Jouannet hatte Zugang zu einer Datenbank, die unter einwandfrei vergleichbaren Bedingungen aufgebaut worden war. In einer großangelegten Studie mit Hilfe dieser Daten wollte er den Gegenbeweis antreten – und kam zum selben Ergebnis wie Skakkebaek.[26] Er fand für die Jahre zwischen 1973 und 1992 einen Rückgang der Spermienzahlen von knapp 90 auf 60 Millionen/ml, eine fast bilderbuchartige Bestätigung. Eine ganze Reihe ähnlicher Untersuchungen in verschiedenen Ländern brachten insgesamt stark streuende Werte, aber immer die gleiche fallende Tendenz. Dabei waren nicht nur die Spermienzahlen geringer, sondern von den wenigeren Spermien war außerdem ein höherer Anteil unbeweglich oder deformiert.

Das Beängstigende an dieser Entwicklung ist, daß der Rückgang zunächst keine Auswirkungen auf die Zeugungsfähigkeit hat – bis zu einer bestimmten Grenze. Befruchtungszentren fordern meist 20 Millionen Spermien pro ml. Das gilt als Normgrenze. Unterschreiten die Durchschnittswerte diese Grenze, so ist mit dem plötzlichen Auftreten massenhafter männlicher Unfruchtbarkeit zu rechnen.

Außerdem hängt die Spermienzahl nicht nur vom Jahr der Probenentnahme ab, sondern auch vom Geburtsjahr

des untersuchten Mannes, das heißt: je jünger, desto weniger Spermien. Aus diesem Umstand, wie auch aus dem Zusammenhang mit Mißbildungen muß geschlossen werden, daß die Hauptschädigung vor der Geburt stattfindet. Das bedeutet: Die Schäden, die wir heute sehen, sind vor der Geburt der getesteten Männer eingetreten, und die durch die heutige Umweltbelastung verursachten Schäden werden wir erst erkennen, wenn die heute geborenen Jungen ihre Pubertät abgeschlossen haben.
Weltweit an unterster Stelle bezüglich durchschnittlicher Spermienzahlen steht Dänemark, dicht gefolgt von anderen skandinavischen Ländern, mit Ausnahme von Finnland. Die finnischen Männer stehen erstaunlicherweise ganz am anderen Ende der Skala, mit Werten wie bei uns vor 60 Jahren. Und die Zahl der Hodenkrebserkrankungen ist in Finnland nur ein Viertel so hoch wie in Dänemark.[27] Das schien zunächst verwunderlich, sind doch Klima, Ernährung und Lebensweise in beiden Ländern ziemlich ähnlich. Als wahrscheinlichste Erklärungsmöglichkeit gilt jetzt, daß in Finnland die Umweltbelastungen erst später eingesetzt haben und daß die heute untersuchten Männer noch in unbelasteten Zeiten geboren wurden. Übrigens sind die Werte in den finnischen Städten etwas schlechter als auf dem Lande.
Korrelationsuntersuchungen mit Lebensumständen zeigen, daß niedrige Spermienzahlen parallel gehen mit hohen chemischen Belastungen, mit der Zahl zugelassener Autos, dem Konsum von Fleisch und Fett sowie Alkohol. Es gibt aber auch Vermutungen, daß häufiges Fischessen eine besonders stark schädigende Wirkung hat. Beim Fischessen ist der Mensch nämlich das Ende einer Nahrungskette. Das würde auch erklären, warum die Schäden in Skandinavien so deutlich sind. Bei Eski-

mos, die hauptsächlich von Fisch leben, wurde festgestellt, daß männliche Föten im Wachstum zurückbleiben. Hier wurde Dioxin als Verursacher ausgemacht. Die männlichen Babys waren um so kleiner, je höher die Dioxinbelastung der Mutter war.[28]

Die xeno-östrogene Wirkung erfolgt auf verschiedenen Wegen

Die Substanzen, die diese Wirkungen verursachen, gehören zu äußerst verschiedenen chemischen Gruppen. Auch die Wege, über die sie ihre Hormonwirkungen ausüben, sind unterschiedlich. Haben wir es mit einer Vielzahl voneinander unabhängiger Phänomene zu tun, die zu gleichen Auswirkungen führen?

Das Forscherehepaar Hans und Katrin van Ven an der Universitäts-Frauenklinik in Bonn ließ 1988 chlorierte Kohlenwasserstoffe auf Spermien einwirken. Alle untersuchten Chemikalien zeigten Schadwirkungen, die jedoch je nach Art des chemischen Stoffes unterschiedlich waren. Polychlorierte Biphenyle lähmten die Spermien, DDE, ein Abbauprodukt von DDT, führte zu einer vorzeitigen Freisetzung der Enzyme, mit denen die Spermien die Außenhülle der Eizellen öffnen, um hineinzugelangen, und Hexachlorbenzol schädigte die Membran von Spermien, so daß sie sich nicht mehr an der Eizellenmembran anheften konnten – ebenfalls eine Voraussetzung für das Eindringen.[29] Bei diesen Effekten handelt es sich um Gift- und nicht um Hormonwirkungen.

Auch die schädigende hormonelle, also die eigentliche xeno-östrogene Wirkung kann über verschiedene Wege erfolgen. Einige Substanzen wirken dadurch, daß sie anstelle des Hormons an den hormonspezifischen Rezeptor gebunden werden und so die Hormonwirkung imitieren, und andere dadurch, daß sie in den Stoffwechsel eingreifen und dadurch die Menge des produzierten Hormons verändern.

Zunächst zur Rezeptorbindung: Rezeptoren sind Eiweißmoleküle, die einen für sie spezifischen Wirkstoff, zum Beispiel ein Hormon, binden können. Durch diese Bindung wird die räumliche Struktur des Rezeptors so verändert, daß er eine andere biologische Aktivität erhält. Die Aufgabe des Hormonmoleküls ist mit der Bindung an seinen Rezeptor beendet. Die Fortsetzung der Hormonwirkung übernimmt nun das hormongebundene Rezeptormolekül mit seiner neu gewonnenen biologischen Aktivität. Die Hormone sind sozusagen die Überbringer eines Befehls, und die Rezeptoren geben das Startsignal zu dessen Ausführung. Die Xeno-Östrogene spielen hierbei die Rolle von falschen Boten. Sie tun so, als hätten sie einen Auftrag für eine Hormonwirkung, und verstärken damit einen an sich natürlichen Vorgang über das Maß hinaus, das dem Organismus zuträglich ist. Die Bindung zwischen einem Wirkstoff und seinem Rezeptor ist im allgemeinen hoch spezifisch. Das ist auch notwendig, denn viele Hormone gehören zur gleichen Substanzklasse, fast alle gehören entweder zu den Steroiden oder zu den Peptiden. Das bedeutet, sie sind sich chemisch recht ähnlich. Trotzdem müssen sie von ihren jeweiligen Rezeptoren zweifelsfrei erkannt werden. Das ist eine Grundvoraussetzung für die Hormonwirkungen in unserem Körper.

Um so erstaunlicher ist es daher, daß ganz anders strukturierte Substanzen wie Salze der Phthalsäure und Nonylphenol (der Hauptvertreter der Alkylphenole) offen-

bar vom Östradiol-Rezeptor mit dem Östradiol verwechselt werden. Eine so geringe Spezifität bei einer biologisch so wichtigen Funktion erscheint erstaunlich, aber es hat ja Hunderte von Millionen Jahre lang funktioniert, weil es die imitierenden Chemikalien in der Natur nicht gab. Warum diese Verwechslungen möglich sind, weiß man noch nicht. Das letzte Wort darüber, ob das überhaupt so zutrifft, ist auch noch nicht gesprochen.
Die Regulation und Erhaltung der verschiedenen Geschlechtsfunktionen sind komplexe Vorgänge, an denen 70 bis 80 verschiedene Hormone und Hormonrezeptoren beteiligt sind[30], die alle auf die richtige Weise zusammenwirken müssen. Diese Wechselwirkungen sind keineswegs vollständig bekannt. Theoretisch könnte jede der beteiligten Komponenten das Ziel für eine Störwirkung sein. Und die Zahl der möglichen Störfaktoren ist noch sehr viel größer. 1981 gab es etwa 100 000 verschiedene Chemikalien in der Umwelt, und jährlich kommen ungefähr tausend hinzu. Von den meisten kennen wir weder die Abbauprodukte noch die Wirkungen der Substanzen selbst oder ihrer Abbauprodukte. Und da auch die Grundlagen der xeno-östrogenen Wirkung kaum geklärt sind, ist es nicht verwunderlich, daß die ganze Hypothese nicht gesichert ist. Selbst die Entdecker dieser Zusammenhänge sagen, daß sie letztlich nicht bewiesen sei. Die vorgebrachten Einwände sind im wesentlichen folgende:

1. Die Hormonwirkung der meisten dieser Chemikalien ist, bezogen auf die Substanzmenge, um mehrere Größenordnungen geringer als die der natürlichen Hormone. (Eine Ausnahme hiervon bilden die ins Wasser gelangten Abbauprodukte von Verhütungsmitteln.)

Gegen dieses Argument wird eingewendet, daß die körpereigenen Steroidhormone zu einem erheblichen Prozentsatz an sogenannte Transporteiweißstoffe gebunden und damit nicht bioverfügbar sind. Xeno-Östrogene dagegen werden nur in geringem Umfang gebunden.[31] In diesem Fall konkurrieren sie also nicht mit den natürlichen Stoffen um den Bindungsplatz am Eiweiß.

2. Die von außen einwirkenden Aktivitäten betragen nur einen Bruchteil dessen, was auf natürlichem Wege an weiblicher Hormonaktivität auf einen männlichen Organismus einwirkt, zum Beispiel ist der männliche Fötus den Hormonen seiner Mutter ausgesetzt. Außerdem werden in den Hoden auch weibliche Hormone produziert und das in größerer Wirkmenge als durch die Chemikalien.[32] Auch hier muß wieder die andere Bioverfügbarkeit berücksichtigt werden. Und wie ein männlicher Fötus vor den weiblichen Hormonen seiner Mutter geschützt wird, ist noch weitgehend ungeklärt. In einer Veröffentlichung hierzu heißt es: »Wenn wir die Mechanismen verstehen würden, die normalerweise den Fötus vor den mütterlichen Östrogenen schützen, wären wir in einer besseren Position, die Effekte von Xeno-Östrogenen zu verstehen und präventive Maßnahmen zu ergreifen.«[33]
3. Ein dritter Einwand lautet: Fremdsubstanzen mit östrogener Wirkung sind überhaupt nichts Neues, denn es gibt sie auch in einigen Gemüsearten, besonders in Soja, aber auch in verschiedenen Kohlarten.

Um zu diesem Punkt Stellung zu nehmen, müssen wir auf den zweiten der beiden vorhin erwähnten Wege einer xeno-östrogenen Wirkung zu sprechen kommen. Die pflanzlichen Xeno-Östrogene wirken nämlich nicht über eine Rezeptorbindung, sondern sie beeinflussen den Stoffwechsel der Hormone. Diese Art der Wirkung haben auch Dioxine, polychlorierte Biphenyle (PCBs) und DDT.

Bei der Umsetzung von Östradiol im Körper entstehen wahlweise zwei verschiedene Produkte: 2-Hydroxy- und 16-Hydroxyöstron. Beide werden trotz der chemischen Veränderung noch an den Östradiol-Rezeptor gebunden, haben also eine entsprechende Hormonwirkung. Die Bindung beider Substanzen ist unterschiedlich stark, die der 2-Hydroxy-Substanz ist schwach, die andere dagegen geht eine starke Bindung mit dem Rezeptor ein. Die Folge davon ist eine Wachstumsstimulierung, die mit einer erhöhten Krebsgefahr verbunden ist. Das 2-Hydroxyöstron bietet im Gegensatz dazu eher einen gewissen Schutz vor Krebs.[34]

Zurück zum Gemüse: Die Xeno-Östrogene in Soja und Kohl verstärken die vor Krebs schützende Bildung von 2-Hydroxyöstron, die Chlorchemikalien dagegen die der schädlicheren 16-Verbindung. Damit in Einklang ist die Beobachtung, daß in Japan, wo viel Soja gegessen wird, nur etwa ein Fünftel so viele Frauen an Brustkrebs erkranken wie in den USA. Übersiedeln sie in die USA, so steigen auch bei ihnen die Brustkrebsfälle. In New York und Kanada wurden Blutproben von Frauen mit Brustkrebs untersucht. Sie enthielten überdurchschnittlich viel DDT-Abbauprodukte und mehr 16-Hydroxyöstron.[35]

Ein paar Worte zu Abbauprodukten. Ich erwähnte schon, daß die Abbauwege für viele Umweltchemikalien nicht bekannt sind. Das ist besonders deshalb bedenklich, weil bei vielen der gefährlichen Substanzen die Abbauprodukte noch schädlicher sind als die Ausgangssubstanzen. Das ist bei DDT der Fall, aber auch bei den Detergenzien in Waschmitteln. Zu ihnen gehören die schon genannten Alkylphenole. Bei den Detergenzien ist diese höhere Giftwirkung leicht zu erklären: Detergenzien werden als Waschmittel eingesetzt, weil sie Fett emulgieren können. Diese Fähigkeit verdanken sie dem Umstand, daß ihre Moleküle einen wasserlöslichen und einen fettlöslichen Anteil haben. Werden beim Abbau diese beiden Teile voneinander getrennt, so stellt der fettlösliche Teil eine stärker fettlösliche Substanz dar als das Ausgangsprodukt. Und da zunehmende Fettlöslichkeit mit zunehmender Giftwirkung verbunden ist, haben wir nun eine giftigere Substanz vor uns. Bei den herkömmlichen Seifen ist es ebenso. Hier ist der stärker fettlösliche Anteil aber unschädlich, weil er aus natürlichen Fettsäuren besteht, für die es im Körper Abbauwege gibt. Fettlösliche Substanzen werden auch von Bakterien nur langsam weiter abgebaut. Deshalb bleiben von den Alkylphenolen 50 Prozent ohne weiteren Abbau in den Kläranlagen zurück und befinden sich später im Klärschlamm.[36]

Sicherheitsforschung ist zu aufwendig

Wir haben hier einen unglaublich komplexen Bereich vor uns: Eine Riesenzahl in die Umwelt entlassener Chemikalien, von denen jede einzelne und zusätzlich jedes ihrer Abbauprodukte die verschiedensten Wirkungen auf vielfältige biologische Systeme haben kann.

Die van Venschen Versuche von 1988 führten damals zu einer Befragung der Regierung, in der sie zugeben mußte, daß es keine systematischen Untersuchungen über die Zusammenhänge zwischen Umweltchemikalien und Fruchtbarkeit gibt. Ja, daß dieses Feld derart unbearbeitet sei, daß man nun erst einmal beginnen müsse, Methoden für solche Untersuchungen zu erarbeiten.[37] Acht Jahre später, im März 1996, gab es wieder eine Befragung zu diesem Thema. Die Umweltministerin Angela Merkel mußte einräumen, daß durch die chemische Belastung des Trinkwassers eine Gefahr für die Fruchtbarkeit von Männern bestehen könne, Erkenntnisse für Einzelfälle lägen vor, flächendeckende Untersuchungen aber immer noch nicht. Sie seien auch nicht geplant. An ein generelles Produktions- und Anwendungsverbot für die verursachenden Stoffe sei ebenfalls nicht gedacht. Weiter heißt es in dem Artikel[38], die Wirkung von Waschmittelabbauprodukten (Alkylphenolen und Alkylphenolethoxylaten) gelte als erwiesen (und zwar, wie wir gesehen haben, seit 60 Jahren!), aber breit angelegte Untersuchungen darüber seien zu aufwendig (!). Darüber hinaus sei die hormonelle Wirkung bisher bei der Festlegung von Trinkwasser-Grenzwerten noch gar nicht berücksichtigt worden. Wie denn auch, muß man fragen, wenn grundlegende Untersuchungen fehlen?

1995 trafen sich 80 Experten auf Einladung des Umweltbundesamtes zu einem Fachgespräch. Einer von ihnen sagte in einem Interview zum Thema Xeno-Östrogene: »Was wir entdeckt haben, sind horrende Lücken des Wissens. (...) Die einzigen Zahlen, die aus Deutschland vorliegen, sind über ein Jahrzehnt alt.« Vor zehn Jahren hätte es geheißen, bei den gefundenen hormonaktiven Mengen im Wasser müsse eine Frau 20 000 Liter trinken, bis sich eine verhütende Wirkung einstelle (Ende des Interviews). Das klingt so, als sei jede Gefahrenmöglichkeit ausgeschlossen, denn wer trinkt schon 20 000 Liter Wasser? Aber was nützt eine fehlerfreie Logik, wenn die Voraussetzungen unvollständig sind? Man hatte die Möglichkeit anderer Gefahren ausgeblendet und zudem nicht bedacht, daß viel geringere Konzentrationen ausreichen, einen Fötus zu schädigen, und daß man das erst eine Generation später merkt, wenn Eigenschaften betroffen sind, die nur beim erwachsenen Menschen erkennbar sind.

Diese Argumentation zeigt ein generelles Problem bei Gefahrenabschätzungen und einen Hauptkonfliktpunkt zwischen Technikbetreibern und -kritikern. Es werden meist nur bekannte Gefahren berücksichtigt. Hinweise auf eventuelle, unbekannte Risiken werden beiseite geschoben. Rechenbeispiele wie das mit den 20 000 Litern gelten als der Gipfel an Logik. Damit werden alle Befürchtungen ins Reich des Absurden verwiesen und als irrationale Ängste abgetan. Und wenn dann wirklich etwas nicht mehr zu Übersehendes eintritt, heißt es: Das war unvorhergesehen, damit konnte nicht gerechnet werden.

Wo nicht geforscht wird, entsteht auch kein Handlungsbedarf. Ein Beispiel aus einem etwas anderen Bereich: Ein Chlorkohlenwasserstoff, Trichlorethylen, hat in Zellkulturen genschädigende Wirkung. Das ist ein starker Grund anzunehmen, daß er diese Wirkung auch in einem Organismus haben kann. Nach der Gefahrstoffverordnung hat er diese Wirkung dort aber nicht, da an Zellkulturen erhobene Befunde für diese Einstufung nicht ausreichen. Auch als potentiell schädlich wird ein Stoff nicht eingestuft, bevor nicht ein Ursache-Wirkungs-Zusammenhang nachgewiesen ist.[39] Ist es nicht absurd, einen »Nachweis« für eine Einstufung als »potentiell« schädlich zu verlangen? Ist das nicht eine falsche Auslegung des Begriffes »potentiell« und somit ein Sprachmißbrauch? Das zeigt, daß im Zweifelsfall die Industrie geschützt wird und nicht die Gesundheit der Menschen.

Außerdem ist es für die rechtliche Anerkennung eines Schadens nötig, nachzuweisen, daß er durch *eine* bestimmte Substanz erfolgt ist. Das aber ist bei der Vielzahl der stets anwesenden Schadstoffe kaum möglich.

Und wenn es wegen offensichtlicher großer Schäden zur gesetzlichen Einschränkung einer Substanz kommt, so erfolgt diese oft halbherzig, wie beim Tributyl-Zinn, das nur für kleine Schiffe verboten ist.

Das (auch xeno-östrogen wirksame) Pflanzengift Atrazin wurde 1991 in Deutschland und Italien verboten, aber nicht im übrigen Europa. Jetzt wird überlegt, im Rahmen der Europäischen Union eine Wiedererlaubnis durchzusetzen.

DDT wurde vor etlichen Jahren in den meisten Ländern verboten (1972 in den USA und der BRD), darf aber zur Malariabekämpfung weiterhin eingesetzt werden. Natürlich hat die Gesundheit der Menschen in diesen Ländern Vorrang, aber wird denn sonst alles zu Malariavermeidung getan? Moskitonetze für alle wären eine Hilfe. Außerdem wurden in diesen Ländern oft bei Straßenbauarbeiten oder Flußbegradigungen Wasserlachen geschaffen und achtlos zurückgelassen, die den krankheitsübertragenden Mücken zusätzliche Brutstätten bieten.

1989 wurde in der BRD die Produktion von Pentachlorphenol verboten, aber nicht der Import aus dem Ausland.[40]

Die BRD ist einer der größten Produzent dieser Gifte. Sie steht mit an der Weltspitze in bezug auf Fruchtbarkeitsprobleme.[41] Ärzte in den USA sagen, sie könnten deutsche Blutproben am Pentachlorphenolgehalt erkennen.[42]
Übrigens: Die Produktion von einem Kilogramm des Pestizids Atrazin kostet acht DM, aber diese Menge aus dem Wasser wieder herauszubekommen kostet 200 000 DM.[43]

Anmerkungen

1 Als Östrogene bezeichnet man die Gruppe weiblicher Geschlechtshormone, die hauptsächlich für die Vorgänge in der ersten Zyklushälfte zuständig sind. Ihr Hauptvertreter ist Östradiol. Körperfremde Substanzen mit östrogener Wirkung werden als Xeno-Östrogene bezeichnet. Xenos (griechisch) = fremd.

2 Odenwald, M.: Die unfruchtbare Generation. *Chancen Mensch und Gesundheit* 2/1989; S. 20–24.

3 Vgl. Gülden, M.: In-vivo- und In-vitro-Verfahren zur Bestimmung der östrogenen Potenz von Umweltchemikalien. In: Umweltbundesamt (UBA) Text Nr. 65/95 *Fachgespräch Umweltchemikalien mit endokriner Wirkung,* Berlin 9.–10. März 1995, S. 86–95. Dodds, E. C./Lawson, W. (1936): Synthetic estrogenic agents without the phenanthrene nucleus. *Nature* (London) Vol. 137, S. 996. Dodds E. C./Lawson, W. (1938): Molecular structure in relation to oestrogenic activity. Compounds without a phenanthrene nucleus. *Proc. Roy. Soc.* B Vol. 125, S. 222–232.

4 Als epidemiologisch werden flächendeckende Untersuchungen bezeichnet, die es erlauben, verschiedene Einflüsse zu erkennen, wie Wohnort, Beruf, Lebensweise, Alter, Krankheitsgeschichte und vieles andere.

5 Fent, K.: Endokrin wirksame Stoffe in der Umwelt: Erkenntnisstand und Probleme. In: UBA-Text Nr. 65/95 (Anm. 3), S. 45–56.

6 Ebda.

7 Testosteron ist der Hauptvertreter der männlichen Geschlechtshormone.
8 Wright, L.: Silent sperm, *The New Yorker* 15. 1. 1996, S. 42–55.
9 »Nur noch halbe Männer«, *Spiegel* 9/96, S. 226–239.
10 Fent, K.: a. a. O. (Anm. 5).
11 *Spiegel* 9/96, a. a. O. (Anm. 9).
12 Schäfer, W./Zahradnik, H. P.: Exposition und Wirkung von Umweltchemikalien in den Fortpflanzungsorganen der Frau. In: UBA-Text Nr. 65/95 (Anm. 3), S. 31–37.
13 Oehlmann, J./Schulte-Oehlmann, U./Stroben, E./Bauer, B./Bettin, C./Fioroni, P.: Androgene Effekte zinnorganischer Verbindungen bei Mollusken. In: UBA-Text Nr. 65/95 (Anm. 3), S. 77–85.
14 Pearce, F.: Dead dolphins contaminated by toxic paint. *New Scientist* 13. 1. 1996, S. 5. Kleemeyer, H.: Umweltchemikalien mit endokriner Wirkung. Probleme und Lösungsansätze aus der Sicht des World Wide Fond of Nature. In: UBA-Text Nr. 65/95 (Anm. 3), S. 96–102.
15 Fent, K.: a. a. O., (Anm. 5).
16 Motluk, A.: Deadlier than the harpoon? Mounting evidence suggests that the industrial chemicals which transformed the postwar world are disrupting the reproductive systems and immunity of marine animals. *New Scientist* 1. 7. 1995, S. 12–13.
17 Peters, L.: *Reprotopia. Die neuen Fortpflanzungstechnologien.* Neuer ISP-Verlag, Köln 1993; S. 31.
18 Bräutigam, H. H.: Durch Gifte unfruchtbar? *Die Zeit* 5. 10. 1990.
19 Brüser, E.: Spätschäden durch Holzschutzmittel. Pentachlorphenol wird verdächtigt, auch das Hormonsystem zu stören. *Süddeutsche Zeitung* 21. 2. 1991.
20 Vergiften wir unsere Kinder? ZDF 27. 4. 1994.
21 Zimmer, M.: *Reproduktionstechnologien beim Menschen.* Deutsches Institut für Fernstudien an der Universität Tübingen 1988, S. 33–34.
22 Carlsen, E./Giwercman, A./Keiding, N./Skakkebaek, N. E.: (1992) Evidence for decreasing quality of semen during past 50 years. *Brit. Med. J.* Vol. 305, S. 609–613.
23 *Spiegel* 9/96, a. a. O. (Anm. 9).
24 Seibert, H.: Umweltchemikalien mit östrogener Wirkung – Ein neues Problem? In: UBA-Text Nr. 65/95 (Anm. 3), S. 11–15.
25 Wright, L.: a. a. O. (Anm. 8).
26 *Spiegel* 9/96, a. a. O. (Anm. 9).
27 Wright, L.: a. a. O. (Anm. 8).

28 Krispin, S.: Endlich! Dioxin verweiblicht Männer. taz 15. 9. 1994.
29 Odenwald, M.: a. a. O. (Anm. 2); Bräutigam H. H.: a. a. O. (Anm. 18).
30 *Spiegel* 9/96: a. a. O. (Anm. 9).
31 Schäfer/Zahradnik: a. a. O. (Anm. 12)
32 Thomas, J. A. (1995): Falling sperm counts. *Lancet* Vol. 346, S. 635.
33 Male reproductive health and environmental oestrogens. Editoral (1995) *Lancet* Vol. 345, S. 933–935.
34 Davis, D. L./Bradlow, H. L. (1995): Verursachen Umwelt-Östrogene Brustkrebs? *Spektrum der Wissenschaften* Dez. 1995, S. 38–44.
35 Ebda.
36 Fent, K.: a. a. O. (Anm. 5).
37 Odenwald, M.: a. a. O. (Anm. 2).
38 Bundesregierung schließt Gefahr für Zeugungskraft nicht aus. dpa-Meldung. *Frankfurter Rundschau* 25. 3. 1996.
39 Steinbach, M. (1988): Die Auswirkungen von Schadstoffen und anderen Risiken am Erwerbsplatz: Vom Umgang mit der Gefahr auf Kosten von allen Frauen. *Clio* Nr. 28, S. 20–27.
40 *Report* Baden-Baden, ARD 5. 9. 1994.
41 Ebda.
42 Brüser, E.: a. a. O. (Anm. 19).
43 An der Spritze. Die Chemie-Industrie will die strengen europäischen Trinkwasservorschriften kippen. *Spiegel* 10/1994, S. 32–33.

Egmont R. Koch

8 Stärke für Afrika: Tödliche Geschäfte mit gefälschten Arzneimitteln

Krankenhaus Korle-Bu, Accra. Notaufnahmestation. Herzstillstand. Gerade ist ein Baby gestorben, an den Folgen einer schweren Lungenentzündung, einer in Ghana weitverbreiteten Infektionskrankheit. Mit Herzmassage versucht die Ärztin, das Kind wiederzubeleben. Vergeblich. Das Baby fällt einem gefälschten Medikament zum Opfer: Ein Antibiotikum, das der Arzt verschrieben hatte, enthielt keine Wirkstoffe, ist von einer internationalen Mafia ins Land geschmuggelt worden. Bis die Ärzte dies herausgefunden haben, ist das Kind bereits zu geschwächt.

Westafrika gilt als der größte Absatzmarkt für gefälschte Arzneimittel in der ganzen Welt. Und Kinder sind die häufigsten Opfer der Medikamentenmafia. Die meisten Eltern kommen aus Unwissenheit viel zu spät in die Klinik, wenn eine medikamentöse Behandlung nicht die gewünschte Besserung bringt, weil Tabletten oder Injektionen keine oder zu wenig Wirkstoffe, statt dessen Stärke, Zucker oder Wasser enthalten.

In Entwicklungsländern wie Ghana liegt die Lebenserwartung mit etwa 55 Jahren weit unter der in den Industrienationen. Die Ursachen: mangelnde Hygiene, schlechte medizinische Versorgung, womöglich auch unwirksame Arzneimittel.

Wir sind nach Ghana geflogen, um dem Treiben der Medikamentenmafia auf die Spur zu kommen, wollen in Accra dem Verdacht nachgehen, daß auch deutsche Firmen in das tödliche Geschäft mit gefälschten Präparaten verwickelt sind. »Die häufigsten Kinderkrankheiten hier in Ghana sind Malaria, Durchfall, Erbrechen, Lungenentzündung«, klagt der niedergelassene Arzt Dr. Felix Frempong, deshalb seien wirksame Medikamente, vor allem Antibiotika, überlebenswichtig. Frempong: »Gefälschte Produkte erkennen wir meist daran, daß unsere Patienten auf eine Therapie nicht reagieren, auch nach längerer Zeit nicht gesund werden. Und für ein krankes, geschwächtes Kind ist es dann in vielen Fällen zu spät.« Leid und Tod als Testverfahren für die Qualität der Arzneimittelversorgung.

Unter 100 Kindern in Ghana sterben 14 in den ersten fünf Lebensjahren. Zwar hat sich die Situation im letzten Jahrzehnt deutlich verbessert, Todesfälle infolge unwirksamer Arzneimittel werden jedoch immer häufiger registriert, weil »fakes«, Fälschungen, gerade Konjunktur haben und immer häufiger in den Regalen der Apotheken auftauchen. Nach Untersuchungen der Weltgesundheitsorganisation WHO in Genf aus dem Jahre 1995 ist die Zahl der nach Genf gemeldeten Fälle zwischen 1982 und 1994 von unter zehn auf fast 250 pro Jahr gestiegen; dabei steht Afrika mit rund 140 Fällen deutlich an der Spitze aller Kontinente. Und niemand bezweifelt, daß die Dunkelziffer erheblich ist. Denn die betroffenen Länder haben in der Regel kein Interesse daran, das Problem gegenüber der WHO zur Sprache zu bringen.

Ein weiterer Blick in die WHO-Statistik offenbart zudem, daß es sich bei 35 Prozent aller gefälschten Produk-

te um Antibiotika handelt und daß in mehr als der Hälfte der gemeldeten Fälle die Präparate keinerlei Wirkstoffe enthielten. In Ghana dürften nach internen Schätzungen der dortigen Arzneimittelbehörde bis zu zehn Prozent aller Medikamente auf dem Markt nachgemacht sein. Sie enthalten keine, falsche oder völlig unzureichend dosierte Wirkstoffe.
Und die globalen Wege der tödlichen Medizin sind verschlungen: »Ich habe einmal Tabletten in London bestellt, aber die Ware wurde mir dann aus Indien geliefert und erhielt fast nur Stärke«, erinnert sich Frempong. Es gebe also ganz offensichtlich internationale Verbindungen, eine regelrechte Mafia, die den weltweiten Handel kontrolliere. Zwei Länder tauchen nach seinen Beobachtungen immer wieder als Hersteller gefälschter Medikamente auf: »Zum einen unser Nachbarland Nigeria und dann Italien. Es gibt bei uns bereits einige Krankenhäuser, die sich weigern, Präparate aus diesen beiden Ländern zu verwenden.«
Dann kommt Frempong zu unserer Überraschung auch auf ein deutsches Unternehmen zu sprechen, das häufiger Probleme bereite, die Firma Helm in Hamburg. Für Helm sei es unmöglich, all jene Produkte selbst zu produzieren, die sie anbieten. »Ich denke, daß Helm in erster Linie eine Art Broker (Makler) ist«, kritisiert der Mediziner. Auf den Packungen stehe aber nur »Helm«. »Dabei sind sie gar nicht der wahre Produzent. Broker kaufen da, wo es am billigsten ist.«

Ein paar Tage später. Wir begleiten Alexander Adjei, Inspektor der ghanaischen Arzneimittelbehörde, bei der Kontrolle mehrerer kleiner Apotheken in einem der Vororte von Accra. Mit einer Handvoll Beamten versucht die Regierung, dem Problem der gefälschten Arzneimittel Herr zu werden – vornehmlich durch Überprüfung der Verpackungen. Regelmäßige chemische Analysen der importierten Medikamente sind nicht möglich – es fehlt an Geld, Labors und Wissenschaftlern. Die internationalen Organisationen, die ihre Fälschungen in Westafrika auf den Markt bringen, wissen das genau. Ihr Risiko ist gering.

»Manchmal gibt es ein oder zwei Schreibfehler auf den Packungen. Darauf achten wir natürlich«, sagt Adjei. Auch stimme das Etikett häufig nicht mit dem Original überein, zum Beispiel fehle die Herstelleradresse, das Verfallsdatum, die Chargennummer. All das seien Hinweise auf Fälschungen. Adjei: »Wir nehmen dann Proben, die wir analysieren, um unseren Verdacht zu erhärten.«

Der Arznei-Inspektor hält den Kampf gegen die Medikamentenmafia eigentlich für verloren, bevor er richtig begonnen habe. »Wir können allenfalls verhindern, daß der Markt mit Fälschungen überschwemmt wird«, klagt er. Einer der Gründe: Es gebe zu viele Apotheker, denen die Qualität ihrer Produkte gleichgültig sei, die keine Skrupel hätten, billig auf dem Schwarzmarkt einzukaufen.

Wir haben uns mit Adjeis Chef Theophilus C. Corquaye verabredet, dem Leiter des Ghana Pharmacy Boards, der Arzneimittelbehörde des Landes. Er zeigt uns anhand konkreter Beispiele, daß viele Verpackungen vor allem auch der großen deutschen Hersteller professionell imitiert werden. Dazu gehören zum Beispiel Präparate von Merck und Schering. Pharmafälschungen, sagt Corquaye, seien nur selten das Handwerk kleiner Ganoven. Dahinter stecke meist eine weltweit operierende Organisation.

»Nehmen Sie zum Beispiel das Asthmamittel *Ventolin*. Das Produkt fiel uns bei einer Inspektion auf«, berichtet Corquaye. »Der Hersteller Glaxo hatte nämlich aufgrund der vielen Fälschungen zwischenzeitlich das Etikett verändert. Statt des Schriftzugs *Ventolin* trug das originale Asthmamittel längst das Glaxo-Logo. Wir haben das offensichtlich gefälschte Muster an den Glaxo-Vertreter hier in Ghana geschickt. Der hat es dann analysieren lassen. Dabei stellte sich heraus, daß das Asthmamittel überhaupt keinen Wirkstoff enthielt.«

Wir fahren nach Kumasi, einer Großstadt im Landesinnern. Die mehrstündige Fahrt führt durch den tropischen Regenwald, vorbei an kleinen Dörfern. Die Handelsmetropole Kumasi soll eine Drehscheibe für den Medikamentenschmuggel vor allem aus Nigeria sein. Ghanas Nachbarstaat, in dem Korruption und Kriminalität herrschen, ist ein wichtiger Brückenkopf für die internationale Pharmamafia. Rohstoffe und Verpackungen werden in Europa oder Asien produziert, Tabletten dann in Nigeria gepreßt und verpackt. Solche Operationen über Kontinente hinweg erschweren naturgemäß die Strafverfolgung, zumal sich die internationale Polizeibehörde Interpol nur selten mit solchen Fällen befaßt. Die Chancen, Fahndungserfolge zu erzielen, gelten als äußerst gering, zumal in vielen betroffenen Ländern wie zum Beispiel Nigeria korrupte Ermittlungsbeamte mit den Drahtziehern unter einer Decke stecken.
Wir treffen uns in Kumasi mit Michael A. Addo, einem Pharmagroßhändler, der seine Kollegen regelmäßig informiert, woran sie gefälschte Medikamente erkennen können. Das werde allerdings zunehmend schwieriger, räumt Addo ein, denn »die Fälscher imitieren teilweise

sogar die Stempel auf den Tabletten. In solchen Fällen können wir nicht viel machen.«
Wie kommen die Fälschungen ins Land? »Der Großteil der Ware wird ins Land geschmuggelt«, weiß Addo. Für normal importierte Medikamente brauche man die entsprechenden Zolldokumente, bevor man sie an der Grenzstelle abholen könne. Addo: »Die kriminellen Schieber passieren die Grenze meist auf Schleichwegen.« Die Schleuser seien »gefährliche Typen«, erzählt der Pharmagroßhändler hinter vorgehaltener Hand. »Sie kommen zu den Apotheken und bieten ihre Ware an. Oft wird dann gekauft, weil die Produkte natürlich sehr viel preiswerter sind.«
Hat er jemals einen solchen Händler ausfindig gemacht und dann vor Gericht gebracht? Das sei in Ghana sehr, sehr gefährlich, versichert Addo und legt dabei sein Gesicht in Falten. 1990 habe er einmal einen Fall in die Zeitungen gebracht. »Die Folge war: Ich wurde ernsthaft bedroht, mußte um mein Leben fürchten. Man muß also sehr vorsichtig vorgehen, wenn man den Fälschern das Handwerk legen will.«

Die Pharmazeutische Fakultät der Universität Kumasi hat sich auf die Überprüfung verdächtiger Produkte spezialisiert. Dort erhalten wir unerwartet neue Informationen über die Hamburger Firma Helm: »Im vergangenen Jahr bekamen wir einige Helm-Antibiotika aus lokalen Apotheken, in denen die Wirkstoffe deutlich unterdosiert waren«, erläutert Professor John S. K. Ayim. Es habe sich zum einen um das Produkt *Chloramphenicol* gehandelt, dessen Kapseln lediglich 90 Milligramm anstatt der vorgeschriebenen 250 Milligramm Wirkstoff enthielten, zum anderen angeblich um *Ampicillin,* das aber überhaupt kein *Ampicillin* war. Wenige Wochen später stieß Ayim noch auf das Helm-Schmerzmittel *Indomethacin.* »Die Tabletten enthielten ebenfalls deutlich weniger als die angegebenen 25 Milligramm Wirkstoff.«

Ayim setzte umgehend die Arzneimittelbehörde in Accra über die Befunde in Kenntnis, die ihrerseits alle Apotheken per Rundbrief alarmierte. Doch der Frage, wer hinter den womöglich tödlichen Fälschungen steckt – eine nigerianische Bande, die Helm-Verpackungen recycelt und mit billigen Nachahmungen abfüllt oder womöglich das Hamburger Unternehmen selbst –, ging die verantwortliche Arzneimittelbehörde in Accra nicht weiter nach.

Die Firma Helm Pharmaceuticals ist für deutsche Verbraucher ein weitgehend unbekannter Name. Kein Wunder: Das Hamburger Unternehmen liefert seine Medikamente und Tabletten ausschließlich in die Dritte Welt, wo – glaubt man dem Firmenprospekt – »Gesundheitsministerien, internationale Hilfsorganisationen, Krankenhäuser und Großhändler Helm-Produkte schätzen«.

Hamburg. Wir sind mit den Verantwortlichen der Helm Pharmaceuticals GmbH verabredet. Im Foyer des Firmensitzes teures Interieur, italienischer Stil, etwas übertrieben für hanseatische Kaufleute, denen eher Understatement nachgesagt wird. Das Ambiente steht ebenso wie die Hochglanzbroschüre, die die Manager von Helm im Studio eines Industriefotografen vorführt, in eklatantem Widerspruch zu dem Dossier einer ehemaligen Mitarbeiterin des Kinderhilfswerkes UNICEF, das der Firma Helm schwerste Vorwürfe macht:

Es seien, so heißt es da, immer wieder Helm-Medikamente mit zu geringem Wirkstoffanteil und falscher Zusammensetzung aufgefallen. Unter anderem habe es wegen leerer Antibiotikakapseln größte Probleme gegeben. Die afrikanischen Länder Botswana und Benin hätten Helm deshalb von weiteren Arzneimittelimporten ausgeschlossen.
Das sind schwere Vorwürfe, denen die Verantwortlichen von Helm zunächst durch völlige Offenheit zu begegnen versuchen. In unserem Beisein sucht eine Mitarbeiterin das Rückstellmuster eines jener Medikamente heraus, auf das wir in Ghana gestoßen waren. Später werden Analysen ergeben, daß die Probe einwandfreie Werte zeigt. Die Leute von Helm wollen uns damit beweisen, daß sie Opfer der internationalen Medikamentenmafia sind, die Verpackungen – wie zum Beispiel des Helm-Schmerzmittels Indomethacin – mißbraucht, um ihre gefälschten Arzneimittel darin zu verscherbeln.
Doch uns bleiben bei dem erkennbaren Bemühen der Helm-Leute, Klarheit zu schaffen, Zweifel. Rückstellmuster besagen nichts über die tatsächlich ausgelieferte Qualität der Ware. Wenn jemand manipulieren wolle, so bestätigt uns später die Hamburger Gesundheitsbehörde, könne er dies natürlich auch an Rückstellmustern tun. Einen entsprechenden Verdacht gegen die Firma Helm gebe es allerdings nicht.
Unsere Zweifel werden durch den Verlauf des Gesprächs mit den Helm-Managern nicht eben geringer. Knut Krause, Geschäftsführer von Helm Pharmaceuticals, macht sich die Sache ziemlich einfach: Sein Unternehmen sei Opfer einer neuen Form organisierter Kriminalität. »Mit unseren Verpackungen wird Schindluder getrieben.« Seine Firma sei immerhin Tochter des renom-

mierten hanseatischen Handelskonzerns Helm, lege deshalb auf Reputation größten Wert. Die »vorgeschriebenen Zusammensetzungen« würden genauestens eingehalten, alle Erzeugnisse »systematisch kontrolliert«, so daß eine »exzellente Qualität« der Produkte zu garantieren sei.

Krauses Argumentation klänge überzeugend, gäbe es nicht dieses UNICEF-Papier, in dem erhebliche Zweifel an der Seriosität des Hamburger Medikamentenexporteurs geäußert werden. Nach jahrelangen, frustrierenden Erfahrungen mit der Firma Helm richtete Kirsten Myhr, ehemalige norwegische Mitarbeiterin des UN-Kinderhilfswerks, im Juni 1993 eine Beschwerde an die Weltgesundheitsorganisation in Genf.

»Helm machte uns mehr Probleme, als wir bewältigen konnten«, schrieb Myhr in ihrem Bericht, immer wieder seien Präparate aufgefallen, die unterdosiert waren oder falsche Bestandteile aufwiesen. Verantwortliche der Hamburger Firma hätten überdies versucht, sie einzuschüchtern. »Als wir die Helm-Leute mit unseren Beschuldigungen konfrontierten, kamen sie angereist, nur um uns davon abzuhalten, unsere Kritik anderen Ländern mitzuteilen«, empörte sich Myhr.

Ähnliche Erfahrungen machte später auch Michael Addo. Als wieder einmal schlechte Ware unter dem Helm-Etikett aufgetaucht war, boten die Verantwortlichen dem Pharmagroßhändler aus Kumasi an, die Produkte kostenlos auszutauschen. Unter der Bedingung, daß er über den Fall schweige.

Schon 1987 hatte sich die Regierung von Botswana bei Helm Pharmaceuticals beklagt, daß viele Kapseln in importierten Tablettenbehältern mit dem Antibiotikum *Rifampicin*, einem Mittel gegen Tuberkulose, leer waren,

weshalb ernsthafte Folgen für die Gesundheit der Patienten zu befürchten seien.
Helm-Geschäftsführer Krause, den wir mit den Beschuldigungen konfrontieren, behauptet zunächst, über den Fall »keine Unterlagen« zu haben, räumt dann aber ein, daß er von »dem *Rifampicin*-Problem in Botswana« gehört habe. Dagegen sei im Hause über eine unbrauchbare Lieferung von *Vitamin-B*-Injektionen nach Botswana »nichts bekannt, zumindestens nichts berichtet worden«, was ausweislich der uns vorliegenden Dokumente nicht stimmen kann.
Wie unsere Gesprächspartner in Ghana kritisiert auch Kirsten Myhr, daß für die Empfänger in der Regel nicht erkennbar sei, ob Helm die Arzneimittel selbst herstelle oder von anderen Chemiefirmen produzieren lasse. »Sie betrachten das als Betriebsgeheimnis«, moniert die ehemalige UNICEF-Mitarbeiterin. Tatsächlich bezieht Helm-Pharm Rohstoffe auch von anderen Firmen, aus Norditalien zum Beispiel, wo viele Chemiefabriken in Verdacht stehen, mit der Fälschermafia zu kooperieren.
Auf weitgehendes Unverständnis muß vor allem die Tatsache stoßen, daß dem Hamburger Unternehmen die Falsifikate seiner Produkte offenbar gleichgültig sind. Wenn sich die Firma als Opfer fühle, müsse sie darauf bedacht sein, über Interpol oder private Ermittler den Vorwürfen nachzugehen, heißt es in der Hamburger Gesundheitsbehörde. Bislang habe man aber keinen Anlaß gehabt, an der Seriosität des Unternehmens und der Qualität seiner Produkte zu zweifeln.
Ein Grund dafür könnte sein, daß alle Arzneimittelexporteure mit den Behörden beispielsweise in den afrikanischen Ländern Lieferverträge abschließen, daß sich die einzelnen Produkte also weit weniger über den Markt

verkaufen müssen als in den Industrieländern. Dementsprechend kratzen Fälschungen nicht am Image der Herstellerfirma, weil es Alternativprodukte ohnehin nicht gibt.
Die Einstellung des Helm-Geschäftsführers Krause paßt in dieses Bild: Er hält Ermittlungen in Ghana oder Nigeria für zwecklos. »Die Erfolgschancen sind aus unserer Sicht gleich null«, die Medikamentenmafia sei »eine Tatsache, mit der wir leben müssen«.
Dr. med. Felix Frempong in Accra, der sich inzwischen kategorisch weigert, Medikamente in den blau-gelben Helm-Packungen zu verschreiben, hält dagegen: Wer nicht nach den Tätern suche, leiste dem Verdacht Vorschub, »an den Taten beteiligt zu sein«.

Doch es führen noch andere Spuren nach Deutschland. In einer Apotheke von Accra sind wir mit einem Informanten verabredet. Es gehe um einen unwirksamen Arzneirohstoff, der aus Hamburg eingeführt worden sei, hat er am Telefon angedeutet. Er kann, wie sich herausstellt, seine Vorwürfe mit Dokumenten untermauern.
Das Antibiotikum *Tetracyclin* sollte in Ghana zu Tabletten gepreßt werden, entsprach aber nicht dem internationalen Standard. Die Analyse zeigte, daß die Qualität weit unter den verabredeten Normen lag. »In jeder Form unbrauchbar für die medizinische Anwendung«, heißt es in den Papieren, die uns der Informant übergibt, der Wirkstoffgehalt »falle unter das akzeptable Minimum«. Untersucht hatte den Rohstoff der Ghana Standard Board, das zentrale Untersuchungsamt des Landes.
Zwischen den ghanesischen Chemikern und den Kontrolleuren des deutschen Lieferanten Elbe Pharma gab es heftigen Streit, ob das Pharmapulver für die Weiterver-

arbeitung geeignet war oder nicht. Doch mehrere Analysen in Ghana bestätigten immer wieder die miserable Qualität der aus Hamburg importierten Pharmasubstanz: Der Wirkstoffgehalt des Antibiotikums lag deutlich unter 50 Prozent. Die Arzneimittelbehörde entschied schließlich, den Rohstoff zu vernichten. Der Lieferant, die Elbe Pharma Warenhandels GmbH verlangte jedoch, den Rohstoff nach Hamburg zurückzuschicken. So lassen es die Papiere erkennen. Deshalb wurde die Sache am Obersten Gerichtshof in Accra verhandelt.

Die Firma Elbe Pharma, ein kleines Handelsunternehmen auf dem Gebiet Arzneimittel- und Pharmarohstoffe, hat ihren Sitz im Hamburger Stadtteil Stellingen. Wir sind mit dem Geschäftsführer Jochen Winkler verabredet. Er weist alle Vorwürfe kategorisch zurück, kann sich nur vorstellen, daß »die Ware von irgend jemand gestreckt«, also von einem Zwischenhändler oder den Vertragspartnern in Ghana manipuliert wurde. Die Firma Elbe Pharma treffe auf jeden Fall keine Schuld.

Nach unseren Unterlagen klagte Elbe Pharma vor dem Gerichtshof in Accra auf die Rückführung der drei Tonnen – und gewann. Aber wo blieb die Lieferung des unwirksamen Rohstoffs? Wurde sie in ein ahnungsloses anderes Land verschachert? Zu unserer Überraschung behauptet Winkler, von der ganzen Klage nichts zu wissen. Er habe auch »niemals den Auftrag gegeben, einen Prozeß in Accra zu führen«, schiebt der alerte Geschäftsführer den Schwarzen Peter achselzuckend nach Ghana ab: »So ist nun einmal Afrika!«

Ein Hotel am Strand von Accra. Wir haben uns mit dem Pharmaberater James Binka getroffen. Er hält solche Streitigkeiten durchaus für typisch. Es entspreche der

Mentalität in den Industrieländern, erst einmal die Verantwortung abzuschieben. Sie liefern offensichtlich unzureichende Ware und dann seien entweder die nigerianische Mafia oder wenigstens die afrikanischen Verhältnisse Schuld, wenn die Sache ausnahmsweise auffliege.
Binka kritisiert vor allem die multinationalen Konzerne: »Ich denke, die Industrienationen haben doch auch eine moralische Verpflichtung. Es gibt handfeste Beweise dafür, daß nachgemachte Arzneimittel und unwirksame Rohstoffe aus Spanien, Italien, auch aus Deutschland und Großbritannien geliefert werden«, klagt Binka, »und was macht man dort? Nichts! Man muß die Drahtzieher aufspüren, festnehmen und bestrafen.«
James Binka appelliert an die Pharmamultis, mehr gegen die systematischen Fälschungen ihrer Produkte zu unternehmen. »Anfangs wurde das Problem von der Pharmabranche ignoriert, sie wollte von der Existenz gefälschter Medikamente nichts wissen und hielt Informationen zurück. Jetzt öffnet sie sich langsam. Schließlich geht es um ihre Produkte. Wir brauchen regelmäßige Inspektionen vor Ort und entsprechend ausgerüstete Institute hier in Afrika. Damit können sie auch ihre Markennamen besser schützen.«
Ähnlich sieht das auch Agathe Wehrli, die verantwortliche WHO-Expertin für Arzneimittelfälschungen. Die Weltgesundheitsorganisation kann zwar keine eigenen Ermittlungen gegen die Medikamentenmafia durchführen, sie berät aber die Entwicklungsländer beim Aufbau von Laboratorien, damit sie wenigstens bei den wichtigsten Präparaten feststellen können, ob sie Wirkstoffe in ausreichender Konzentration enthalten.
Mit Grausen erinnert sich Wehrli an das Frühjahr 1990, als in Nigeria mehr als 100 Kinder an einem *Paracetamol-*

Hustensaft starben, der statt mit Propylenglykol mit dem billigeren Äthylenglykol zubereitet worden war. Und 1993 kamen »nach offiziellen Angaben 300 Kinder in Bangladesch um wegen genau der selben Verfälschung«, berichtet die WHO-Abteilungsleiterin, »Und das, was wir zu sehen bekommen, ist sicherlich nur die Spitze des Eisberges.«

Schuldig sind sicherlich nicht nur organisierte Banden, die in Italien oder in Nigeria ohne jede Skrupel und aus purem Profitinteresse lebensnotwendige Medikamente systematisch fälschen und dann in die Abnehmerländer schmuggeln, schuldig sind auch jene Pharmakonzerne, die dem Treiben tatenlos zusehen, weil sie keinen ernsthaften Imageschaden für ihre Markenprodukte befürchten. Nur die multinationalen Hersteller wären fachlich und finanziell in der Lage, den Überwachungs- und Kontrollbehörden der afrikanischen Länder wirksame Testverfahren zur Verfügung zu stellen, mit denen die importierten Arzneimittel systematisch überprüft werden können.

Erschwerend kommt allerdings hinzu: Die meisten der betroffenen Regierungen lassen sich nicht gerne Ratschläge erteilen, und sie sprechen ungern über diese Fälle. Es gibt so etwas wie eine »Solidarität des Verschweigens«. Deshalb fällt es auch den Unternehmen leichter, die Augen zu verschließen und sogar selbst am verwerflichen, aber lukrativen Handel mit unwirksamen Medikamenten teilzuhaben. Agathe Wehrli von der WHO jedenfalls wundert sich, immer wieder auch auf »auf den ersten Blick seriöse Firmen« zu stoßen, »die zwei Qualitäten herstellen, eine für unsere Länder und eine für Dritte-Welt-Länder«.

Martin Hofmann

9 Grüne Gentechnik – Freilandversuche ohne Risiko

»Die Deutschen wollen vorher alles ganz genau wissen. Die Amerikaner probieren es einfach und schauen dann, was dabei herauskommt.« Ganz ohne zu werten, beschreibt Professor Dietmar Mieth, Leiter des Zentrums für Ethik in der Wissenschaft an der Universität Tübingen, den völlig unterschiedlichen Umgang mit modernen Forschungsgebieten in Deutschland und den USA. Und auf den ersten Blick trifft diese Erkenntnis speziell auf die sogenannte grüne Gentechnik zu. In kaum einem Landstrich der Bundesrepublik geht ein Freilandversuch mit genveränderten Pflanzen über die Bühne, ohne daß die Bürger sich widersetzen, Gemeinden klagen, Felder zerstört werden. Die Deutschen – ein Volk grundsatztreuer, aber risikoscheuer Verweigerer des Fortschritts? Oder sind sie nur schlecht informiert?

Fundamentale Opposition gegen neue wissenschaftliche Erkenntnisse und ihre Anwendung existiert weltweit. Und dem St.-Florians-Prinzip – wenn schon Veränderung, dann nicht vor meiner Haustür – huldigen Bürger in allen Ländern. Aber weshalb mißtrauen die Deutschen den »Segnungen« der Gen-Manipulation stärker als Kanadier, US-Amerikaner, Franzosen, Italiener? Viele orientieren sich an der schlichten Erkenntnis: »Neue Techniken müssen fehlerfreundlich sein« – wie der

Münchner Physiker und Alternativ-Nobelpreisträger Hans-Peter Dürr fordert. An dieser Vorgabe entzünden sich die Geister. Und je weniger sich etwa die Gen-Befürworter dieser Prämisse annehmen, desto rascher emotionalisiert sich die Debatte, entwickelt sie sich zum Glaubenskrieg: Die Gentechniker rühmen nur noch die Chancen, die Gegner warnen ausschließlich vor den Risiken. Doch zu wessen Gunsten senkt sich die Waage, wenn Vor- und Nachteile aufgezählt werden?
Nicht einmal im Grundsatz sind sich die beiden Lager einig. Gentechnische Züchtung von Pflanzen, also die Eingriffe in ihren Erbfaden, unterscheiden sich von klassischen Zuchtmethoden nicht, lautet das Credo der Biotechnologen. Gentechnik ist nicht vergleichbar mit Züchtung, denn sie ermöglicht die Übertragung einzelner, isolierter Erbinformationen über Artgrenzen hinweg (etwa Fischgene auf Tomatenpflanzen), entgegnen die Kritiker. Wortklauberei?
Mitnichten. Denn dieses gegensätzliche Urteil führt automatisch zu gänzlich anderen Bewertungen der neuen Technik und ihrer Auswirkungen auf Natur, Kulturlandschaft und die Menschen als Konsumenten neuer Lebensmittel. Was passiert tatsächlich?
Unstrittig bietet die Gentechnik prinzipiell neue Möglichkeiten: Sie erlaubt es, Erbinformationen unterschiedlicher Organismen zu vereinen. Träger dieser Informationen ist die Desoxyribonukleinsäure (DNA). Ihre Bausteine, Nukleotide, bestehen aus einem Zuckermolekül, einem Molekül der Phosphorsäure sowie einer der vier Basen Adenin, Cytosin, Guanin und Thymin. Auf deren Abfolge beruht die Speicherung der Information. Abschnitte, die eine besondere Erbanlage tragen, lassen sich erkennen und aus dem hochkomplexen Gebilde heraus-

schneiden. Mit einem dazu notwendigen Enzym wird das Gen eines anderen Organismus an dieser Stelle eingebaut, vermehrt (kloniert), in die DNA übertragen (transferiert) und angeregt (Expression). Um die Dimension solcher Vorgänge zu verdeutlichen, setzen Genetiker die Basenabfolge mit Buchstaben gleich. Die Erbinformation eines einfachen Virus paßt mit knapp tausend Lettern auf eine halbe Buchseite. Die Lebensschrift von Weizen umfaßt dagegen bereits mehr als 10 000 Bücher mit 500 vollgedruckten Seiten.

Geht diese neue Technik über die bisherigen Möglichkeiten hinaus? Professor Gerhard Wenzel vom Institut für Pflanzenbau und Pflanzenzüchtung der Technischen Universität München-Weihenstephan vergleicht die Entwicklung im Bereich der Landwirtschaft mit dem Entstehen der Eßinstrumente: »So wie wir zunächst mit den Fingern aßen, verlief die unbewußte Auslesezüchtung. Dann kamen genauere Beobachtungen hinzu, der Löffel war erfunden, mit der Gabel ließ sich leicht Festes von Flüssigem trennen, so wie die Selektion durch Umsetzen der Mendelschen Gesetze gezielter wurde. Heute macht die Gentechnik, dem Messer vergleichbar, das züchterische Besteck komplett.« Dabei verweist er, wenn auch vorsichtig, auf ein »wahrscheinliches Prinzip der Evolution, größere DNA-Stücke von einem Organismus auf einen anderen, mit dem er nicht kreuzbar ist, weiterzugeben«. Seine Schlußfolgerung für die Gentechnik: »Damit wird nichts wirklich Neues geschaffen, sondern es wird aus bekannten Teilen eine neue Synthese erzielt.«

Ein Forscherteam an der Universität Aachen um Detlef Bartsch nennt hingegen drei Argumente dafür, daß sich Genveränderungen von der traditionellen Züchtung unterscheiden:

1. Das Überspringen genetischer Ordnungen ist eine ökologische Neuheit. Neue Eigenschaften können in die Organismen eingeführt werden.
2. Gentechnologie ist in der Lage, radikale Verbesserungen hinzuzufügen.
3. Gentechnologie eröffnet den Zugang zu Teilen der Erbinformation jenseits der Mendelschen Gesetze.

Die entscheidende Frage für die Biologen: Stellt die genveränderte Eigenschaft einen zusätzlichen Vorteil dar, oder verschafft sie einem Organismus, der in ein Ökosystem freigesetzt wird, eine Überlegenheit gegenüber seinen Konkurrenten?
Doch solche Fragen haben die Gen-Protagonisten in Wissenschaft, Wirtschaft und Politik aufgrund ihres Denkgebäudes bereits ausgeklammert. Sie listen die Chancen auf, wenn Mais, Sojabohnen, Raps, Tabak, Kartoffeln oder Baumwolle Insekten, Viren oder chemischen Unkrautvernichtern widerstehen: Es können Herbizide mit breiterem Wirkungsspektrum eingesetzt werden, es kann im Gegensatz zu heute auch dann gespritzt werden, wenn die Unkräuter bereits herangewachsen sind, die neuen Pflanzenschutzchemikalien (wie Basta oder Round up) seien umweltverträglicher, Mulchsaat kann gegen die Erosion über Winter auf die Äcker gebracht werden, wahrscheinlich muß seltener und weniger Chemie gespritzt werden. Überdies sei mit der Resistenz der Nutzpflanzen gegenüber Spritzmitteln nur ein bescheidener, unbedeutender Anfang gemacht, versichern die Gen-Forscher weiter. Die zu erwartenden Segnungen: eine gesündere Ernährung durch ein Optimieren des Nährwerts in bezug auf Fett, Vitamine, Ballaststoffe. Verringern natürlich vorkommender Gifte

(Toxine) und pathogener Keime sowie längere Haltbarkeit und Lagerungsfähigkeit der Lebensmittel. Die Anti-Matsch-Tomate »Flavr-Savr«, die in den USA wie in Großbritannien (im Ketchup) verzehrt werden kann, bildet den Auftakt dazu.
Ein Kleinkrämer, wer bei dieser rosigen Zukunft, die jedem Verbraucher zugute kommt – der Vitaminhaushalt stimmt genauso wie die Verdauung –, noch über Gefahren schwadroniert? »Keine ›besonderen‹ Risiken der Gentechnik« lautet etwa eine Überschrift in den Mitteilungen des Wissenschaftszentrums Berlin für Sozialforschung (Juni 1996), das die Diskussion über herbizidresistente Pflanzen mit Umweltverbänden an einem »Runden Tisch« zusammenfaßt. Gerhard Waitz, wissenschaftlich-technischer Sprecher des Hoechst-Schering-Unternehmens AgrEvo, folgt diesen Überlegungen. Er unterteilt in drei Kategorien: reale, hypothetische und spekulative Risiken. Erstere existierten Waitz zufolge nicht, da sich genveränderte Pflanzen nicht von konventionell gezüchteten unterschieden. Die angenommenen Gefahren eines Übertrags der Genmanipulation auf Nachbarpflanzen stelle deshalb keine dar, weil keine neuartigen Organismen entstünden. Und Spekulationen über Folgewirkungen auf das Ökosystem oder die menschliche Gesundheit seien wissenschaftlich nicht belegbar.
Auch Wissenschaftlern wie Professor Wenzel geht es ausschließlich darum, die landwirtschaftliche Produktion effizienter, mehr Pflanzen als nachwachsende Rohstoffe für eine optimale Verarbeitung verfügbar zu machen. Als Ziele nennt er: Änderung der primären Inhaltsstoffe von Pflanzen wie Stärke (etwa bei Kartoffeln), Öle/Fette (Raps), Eiweiß; Änderung sekundärer Inhalts-

stoffe wie Aromen und Drogen; Produktion neuer Inhaltsstoffe wie technische Enzyme oder Pharmazeutika. Daneben soll die Widerstandsfähigkeit der Ackerfrüchte gegen Viren, Bakterien, Schadpilze, Schadinsekten sowie gegen Temperatur, Trockenheit, Salze und Schadgase verbessert werden. Die Erträge will er durch höhere Photosyntheseleistung, bessere Nährstoffaufnahme, geänderten Stofftransport in der Pflanze optimieren. Mit Gentechnik seien die Wünsche der Industrie leichter zu erfüllen als mit traditionellen Methoden. Einziges Problem: Der Stoffwechsel auf genetischer Ebene müsse nur noch exakt verstanden werden.

Beatrix Tappeser vom Öko-Institut Freiburg kennt nach zehn Jahren Debatte das Ausblenden von Gefahren: »Bewiesene Risiken sind natürlichen Ursprungs und bestehen deshalb nicht.« Noch vor wenigen Jahren hätte die Gen-Gemeinde im Brustton der Überzeugung behauptet, es sei zweifelsfrei ausgeschlossen, daß veränderte Mikroorganismen im Freiland überleben. Sie müßten absterben. Inzwischen seien sie im Darm von Bodenwürmern nachgewiesen. Was stellen sie dort an? Niemand weiß es: »Mindestens 95 Prozent der Bodenlebewesen samt ihrer Funktion kennen wir nicht.«

Entstanden ist die Idee, Lebensmittel wie aus einem Baukasten zusammenzusetzen, in der Weltraumfahrt. Für die Astronauten wurde Nahrung entwickelt, die ihr Körper ohne Verdauung aufnimmt. Die aus molekularen Bestandteilen synthetisierte Kost – sie kommt auch in Kliniken zum Einsatz – kann zwar ausgewogen sein und alle lebensnotwendigen Stoffe enthalten, stört aber innerhalb kurzer Zeit massiv die Bakterienflora des Darms. Die so Ernährten können diese Krisen nur überwinden, indem sie zusätzlich Medikamente schlucken. Trotz dieser

Schwierigkeiten drängen immer mehr »vollständig im Labor komponierte Nahrungsmittel auf den Markt«, schreibt die Expertin. Um Darmstörungen zu verhindern, müssen Dickungsmittel, Konservierungsstoffe, Antioxidantien, Farb- und Geruchsstoffe zugesetzt werden. Beliebig waren die Eigenschaften der Lebewesen aber nicht zu beeinflussen.
Mit der Gentechnik lassen sich Pflanzen und Tiere als »Rohprodukte« der Industrie nun so manipulieren, daß sie die Zusätze (Aroma, Vitamine, Enzyme) selbst bereitstellen. Laut Tappeser geraten dabei jedoch vier Umstände aus dem Blick, die mit Wissenslücken verbunden sind:

- Auch in dem nicht bekannten Zusammenspiel sämtlicher Inhaltsstoffe eines Organismus liegt die Qualität eines Lebensmittels, unzureichend geklärt ist die gesundheitliche Bedeutung vieler zweitrangiger Inhaltsstoffe,
- selbst wenn etwa ein Bakterium seit Jahrhunderten zur Verarbeitung von Nahrung beiträgt, sind seine Leistungen nicht vollständig einzuschätzen,
- bei Nahrungsaufnahme und Verdauung spielen der menschliche Organismus und das Lebensmittel zusammen, dabei wird etwa das Immunsystem beeinflußt.

Bekannt ist, daß Brokkoli krebsverhindernd wirkt, wobei die dafür verantwortlich gemachten Inhaltsstoffe selbst giftig sind. Milchsäurebakterien – sie besiedeln Darm und Schleimhäute – können den Cholesterinspiegel senken oder ungewünschte Keime neutralisieren. Die Beispiele ließen sich fortsetzen.
Die Gentechnik greift nun in dieses nicht ausreichend

geklärte Zusammenspiel ein. Nach Ansicht der Gen-Kritiker gehen mögliche Risiken auf folgende Veränderungen zurück:

- auf neu in die Pflanze eingeführte Eigenschaften,
- auf Erbmaterial, das aus technischen Gründen mit übertragen wurde.

Hinzu kommen unerwünschte oder nicht vorhersehbare Folgen, die durch gentechnische Eingriffe verursacht oder beschleunigt werden.
Bloße Theorie oder rein spekulativ sind diese Gefahren mittlerweile nicht mehr. Noch im Herbst 1995 hielt Professor Wolfgang van den Daele (Wissenschaftszentrum Berlin für Sozialforschung) den Gentech-Gegnern vor, toxische und allergieauslösende Inhaltsstoffe könnten nicht nur bei genmanipulierten Pflanzen gebildet werden, sondern auch bei konventionell gezüchteten. Und letztere wurden auch nur begrenzt überprüft. Ihr Argument sei daher unzutreffend.
Ernährungswissenschaftler der Universität von Nebraska in Lincoln fanden jetzt Gegenteiliges. Damit die Sojabohne die ihr selbst fehlenden Aminosäuren Methionin – sie zählt zu den lebenswichtigen – und Zystein produziert, schleuste der US-Saatgutkonzern Pioneer Hi-Bred ein Gen der Paranuß in die Agrarpflanze ein. Damit sollte der Nährwert der proteinreichen Bohne noch gesteigert werden. Mit diesem besonders methioninhaltigen Eiweiß 2S-Albumin übertrugen die Gen-Ingenieure aber auch das allergene Potential der Nuß. Ihnen war zwar bekannt, daß Paranüsse Allergien auslösen können. Sie gingen jedoch davon aus, daß diese Eigenschaft nicht übertragen wird. Zunächst blieb das

Problem auch unentdeckt. Im Tierversuch zeigten sich keine Reaktionen. Das Albumin-Gen ist zu Forschungszwecken auch schon in Raps, grüne Bohnen und Wicken transferiert worden.
Hauttests mit dem Extrakt der transgenen Sojabohne jedoch lösten auch noch in millionenfacher Verdünnung bei Nuß-Allergikern heftige Reaktionen aus. Konventionelle Sojabohnen vertrugen die Testpersonen hingegen. Die Schlußfolgerungen der US-Wissenschaftler: »Unsere Untersuchung zeigt den Übertrag eines Hauptnahrungsmittel-Allergens bei der Züchtung von Feldfrüchten durch Genveränderung. Tierversuche liefern nicht die exakten Resultate, ob allergische Reaktionen auftreten.«[1] Wäre die Sojabohne auf den Markt gelangt, hätten die Allergiker unabsichtlich davon konsumieren können und sich in eine lebensbedrohliche Lage manövriert. Schon zwei Jahre zuvor hatte eine US-Studie ergeben, daß Antikörper aus Seren von Patienten mit Paranuß-Allergie auf den Gen-Sojabohnen-Auszug ansprechen. Vermarktungspläne der Pflanze stellte Pioneer daraufhin zurück. Die US-Gesundheitsbehörde FDA (Food and Drug Administration) hält die Gentech-Unternehmen deshalb dazu an, jedes Gen, das aus einem allergieauslösenden Organismus stammt und anderen Pflanzen implantiert wird, auf diese Wirkung zu überprüfen. Tests an Tieren dürften dazu jetzt nicht mehr ausreichen. Auf den Einwand des AgrEvo-Sprechers Waitz, die US-Studie bestätige nur bereits Bekanntes, entgegnet die Mitarbeiterin des Öko-Instituts: »Das Protein 2S-Albumin war bisher mit Allergien nicht in Zusammenhang gebracht worden.«
Doch wie steht es mit Eiweißen, die in Lebensmittel eingeschleust werden, bisher aber nicht von Menschen

verzehrt wurden? Weder der FDA noch dem Umweltbundesamt ist bisher eine Methode bekannt, wie das allergene Potential dieser Stoffe ermittelt werden kann. Beatrix Tappeser erinnert in diesem Zusammenhang daran, daß eiweißproduzierende Gene, die eine Herbizidresistenz im Raps oder Mais vermitteln, aus Bodenbakterien stammen, die nicht auf der Speisekarte der Menschen standen. Ihr sehr geringer Anteil am Proteingehalt der Ackerfrüchte reiche aber aus, um Allergien auszulösen.

Wie kommt es zu dieser Widerstandsfähigkeit gegen sogenannte Unkrautvernichtungsmittel? In Basta (Handelsname) oder Glusofinat, das derzeit auf deutschen Äckern mit genmanipuliertem Mais oder Raps versprüht wird, wirkt die Substanz Phosphinotricin. Sie gleicht der Aminosäure Glutamat und unterdrückt den Aufbau dieses Eiweißbausteins. In den Pflanzen reichert sich dadurch Ammoniak an. Er tötet die Zellen. Um dies in der Erntefrucht zu verhindern, haben die Erbgut-Ingenieure dem Raps oder Mais einen Enzymbildner eingebaut. Er stammt aus einem im afrikanischen Kamerun gefundenen Bakterium (Streptomyces viridochromogenes). Der zellabtötende Stoff Phosphinotricin wird über das Enzym blockiert und kann seine zerstörende Wirkung nicht entfalten.

Daten darüber, wie sich das Zellgift – es bleibt in Spuren ja in der Pflanze und gelangt in den Boden – verhält, liegen kaum vor. Dennoch lassen die Chemie- und Pharmaunternehmen nicht locker. Der Schweizer Ciba-Geigy-Konzern, der bei der Europäischen Union einen Vermarktungsantrag für seinen insekten- wie pflanzenschutzmittel-(Basta)-resistenten Mais gestellt hat, begründet darin nur, warum er solche Untersuchungen nicht für notwendig hält. Es gibt aber Hinweise, daß dem Delta-Endotoxin aus dem Bacillus thuringiensis in der Pflanze Zuckerreste angeheftet werden, worauf zumindest empfindliche Menschen reagieren könnten. Die Mikrobe ist ein Krankheitserreger für Schadinsekten und wird etwa gegen den Maisbohrkäfer seit langem auf die Felder gesprüht. Sein Eiweiß Delta-Endotoxin durchlöchert die Darmwand der befallenen Tiere. Das Bakteriengift wirkt aber erst, wenn es von den Käferraupen verzehrt worden ist. Mit Hilfe eines eingebauten Gens kann die Maispflanze dieses Protein nun selbst produzieren. Wie es sich samt Abbauprodukten allerdings in der Wirtspflanze verhält, ist unklar. In einigen Labortests schädigte die aktive Substanz Blutzellen von Mäusen, Schafen, Pferden und Menschen. Die meisten Studien untersuchten jedoch nur das inaktivierte Gift.

Dem Ciba-Gen-Mais verweigerten Ende Juni 1996 die Experten der Europäischen Union – der sogenannte 21er-Ausschuß entscheidet über solche Anträge – die Zulassung. »Mit größter Sicherheit wird das Produkt trotzdem EU-weit vermarktet und ohne Kennzeichnung als Maisöl, Maismehl in die Regale wandern oder in Mastbetrieben an Tiere verfüttert«, befürchtet die grüne Europa-Abgeordnete Hiltrud Breyer. Ihr Pessimismus ist nicht unbegründet: Zwar lehnten neben Dänemark, Österreich und Schweden auch das sonst der Gentechnik wohlwollend zugewandte Großbritannien den Ciba-Vorstoß ab. Die EU-Kommission zog die Vorlage zurück. Doch hätte es einer einstimmigen Ablehnung bedurft, um das Ansinnen zu stoppen. Frankreich befürwortet den Antrag, den es für Ciba in Brüssel einbrachte. Deutschland, Griechenland, Italien und Luxemburg enthielten sich wie schon im Wissenschaftler-Ausschuß so

auch im Ministerrat der Stimme. Jetzt kann die EU-Kommission nach eigenem Ermessen über die Vermarktung entscheiden.
Die Briten votierten aber nicht gegen den Mais wegen des Delta-Endotoxins, das er selbständig produzieren kann. Sie nehmen Anstoß daran, daß das Schweizer Unternehmen mit einer Resistenz gegen das Antibiotikum Ampicillin markiert hat, ob die gentechnisch eingebaute Widerstandsfähigkeit gegen das Herbizid Basta funktioniert. Ampicillin wird in der gesamten EU als Arzneimittel gegen Infektionskrankheiten eingesetzt. Das Landwirtschaftsministerium in London hält es für möglich, daß dieses Gen im Magen- und Darmtrakt maisfressender Tiere auf Bakterien übergeht. Das Medikament könnte ihnen bei Erkrankungen dann ebensowenig anhaben wie andere Penicilline. Daß die Resistenz in Lebensmittel gelangen könnte, beunruhigt die britischen Behörden hingegen nicht so sehr. Das Marker-Gen werde wohl beim Produktionsprozeß zerstört.
Die Hoechst-Tochter AgrEvo hält ebenfalls nichts von dem Einbringen der Ampicillin-Resistenz. Das sei eine Technik aus der Frühzeit der Genforschung. Bei ihren Freilandversuchen verwendet sie als Markierung Teilsubstanzen des Antibiotikums Kanamycin. »Doch dieses Mittel hat zwar nicht in der Human-, dafür aber in der Tiermedizin große Bedeutung«, erklärt Beatrix Tappeser. Häufig wird es zur Vorbeugung gegen Krankheiten bereits ins Futter gemischt.
Nachdenklich stimmen solche Risikopotentiale aber weder die Wirtschaft noch die Behörden. Seit 1992 sind in der EU 518 Anträge auf Freisetzung gentechnisch veränderter Organismen gestellt worden, allein 199 im Jahr 1995. Genau 41 solcher Versuche fanden in der Bundes-

republik statt oder laufen noch. Fünf weitere Anträge liegen dem zuständigen Robert-Koch-Institut (Berlin) zur Genehmigung vor. Das Umweltbundesamt stellt zusammen mit der Gesellschaft für Ökologie dazu fest, daß eine Beurteilung über Langzeitwirkungen auf die Umwelt aufgrund erheblicher Wissenslücken kaum möglich ist. In den seltensten Fällen werden die Tests wissenschaftlich begleitet. Und selbst wenn, verfügt das Robert-Koch-Institut über keine Zusammenstellung der Ergebnisse.

Eine Zwischenbilanz der Versuche läßt sich daher kaum ziehen. Die Forschergruppe der TU Aachen um Detlef Bartsch hat jedoch ermittelt, daß die virusresistente Zuckerrübe unbegrenzt auskreuzt, der Gentransfer auf die wildwachsende Meer- oder Strandrübe, auf Mangold und Rote Beete über weite Entfernungen hinweg erfolgen kann.[2] »Vor allem im italienischen Po-Delta – hier ist die Meerrübe sehr verbreitet – kann dies zu Problemen führen«, sagt Bartsch.

Zu ähnlichen Ergebnissen kommen Forscher am Risø National Laboratory in Dänemark. »Nach zwei Generationen hat sich die Basta-Resistenz des Raps auf die verwandten Unkräuter übertragen.«[3] Steril seien die Kreuzungen dabei keineswegs geworden. Diese Erkenntnisse lassen erhebliche Zweifel aufkommen, ob auch die Rechnung für die Landwirte aufgeht, weniger Spritzmittel kaufen zu müssen, wenn sie Gen-Saaten ausbringen. Die EU-Parlamentarierin Hiltrud Breyer spricht schon jetzt von einem Eigentor, das die Landwirtschaft schießt.

Nach Studien aus USA wie Fernost könne der Bacillus thuringiensis Schädlingen nicht mehr zusetzen. Zunehmend seien sie gegen seine Angriffe immun. Auch der

Ciba-Gen-Mais könnte dann gegen den Maisbohrkäfer nichts mehr ausrichten.
Und immer wieder tauchen Hinweise dazu auf, daß die Natur sich gegen die künstlichen Manipulationen wehrt, die Genveränderungen abschaltet, unterdrückt, weil sie von den natürlichen Erbanlagen als Fremdkörper identifiziert werden. Beim ersten Freisetzungsversuch in der Bundesrepublik verlief das Experiment gerade umgekehrt: Statt, wie angenommen, jede tausendste rote Petunie zeigte plötzlich jede dritte weiße Blütenmuster. Im Treibhaus funktionierte der Gentransfer zuvor noch wie erwartet. Man darf gespannt sein, was das Bundessortenamt in Hannover dazu herausfindet. Deutsche Saatgut-Produzenten haben jedenfalls Anträge zur Zulassung ihrer Gen-Pflanzen für 1996 angekündigt. Zwei Jahre werden sie dann auf ihre Beständigkeit geprüft.
Ernähren sich die Menschen also mit genmanipulierten Lebensmitteln besser als mit herkömmlichen? Löst die neue Technik Umweltprobleme, weil weniger Chemikalien auf die Äcker gesprüht werden müssen als bisher? Werden durch sie alle Bewohner dieser Erde satt? Die Befürworter beantworten diese Fragen mit einem uneingeschränkten Ja. Die Lebensmittelindustrie erwartet überdies neue Milliardengewinne. Die Kritiker halten dagegen: Die Landwirtschaft wird noch stärker von der chemischen Industrie abhängig, die neben Herbiziden auch das passende Saatgut anbietet oder bedeutende Rohstoffe aus den Entwicklungsländern in den Industriestaaten produzieren will; freigesetzte Genveränderungen können unkontrolliert auf Wildpflanzen oder Bodenbakterien übergehen und Lebewesen mit unbekannten Eigenschaften entstehen lassen; aus genetisch harmlosen Organismen können sich im menschlichen Körper Gift-

stoffe oder Krankheitserreger bilden. Sie bestehen darauf, diese nicht mehr nur theoretischen Risiken abzuklären. Und solange dies nicht passiert, wird der Streit um die Genprodukte – viele werden nicht einmal gekennzeichnet – wohl die Gesellschaft spalten.

Anmerkungen

1 *The New England Journal of Medicine,* vol 334, 14. März 1996
2 »How will Transgenic sugar Beets behave in natural Plant Communities«, in: E. R. Schmidt/T. Hankeln (Eds.): *Transgenic Organismus and Biosafety,* Springer-Verlag, Berlin/Heidelberg 1996
3 *Nature,* vol. 380, 7. März 1996.

Roswitha Mikulla-Liegert

10 Aus der Praxis des Verbraucherschutzes: Rückrufe in der Automobilindustrie

Rückrufe wegen fehlerhafter und vor allem sicherheitsgefährdender Mängel werden seit vielen Jahren durchgeführt und betreffen alle Arten von Produkten, von Bekleidungsstücken, die sich zu entzünden drohen, über Elektrogeräte bis hin zu Arzneimitteln. Das Kraftfahrzeug jedoch, das als Produkt verhältnismäßig jung ist und sich trotzdem in geradezu beispielloser Weise zu einem allgemein verbreiteten, ja nahezu unverzichtbaren Gebrauchsgegenstand entwickelt hat, ist immer wieder von diesen Schutzmaßnahmen der Hersteller betroffen. Tatsächlich fanden bereits in den Jahren 1903, 1916 und 1924 die ersten Rückrufe in den USA statt.[1]

Obwohl das Thema Rückrufe also seit vielen Jahren bekannt ist und – zumindest in Fachkreisen – ausdauernd diskutiert wird, ist feststellbar, daß es seit Anfang 1995 vor allem in den Medien ein lebhaftes Interesse findet – mit zum Teil recht aggressiver Berichterstattung.

Auslöser waren zu Beginn 1995 kurz aufeinanderfolgende Rückrufe der Opel AG, wobei vor allem Fahrzeuge des Modells Astra betroffen waren. Diese Rückrufe wurden von den Medien im wesentlichen aus drei Gründen als spektakulär behandelt:

1. Ursache des ersten Rückrufs war eine mögliche Brandgefahr beim Tanken, weil ein dem Schutz dienendes Teil am Tankeinfüllstutzen beim Einbau weggelassen worden war. Opel wurde vorgeworfen, trotz monatelanger Kenntnis dieser möglichen Brandgefahr (zum Teil ist sogar von zwei Jahren die Rede[2]) viel zu spät und erst auf Drängen der Öffentlichkeit mit einem Rückruf reagiert zu haben.
2. Bereits wenige Tage nach diesem ersten Rückruf mußten die im wesentlichen gleichen Modelle wieder in die Fachwerkstätten, weil durch einen Fehler in der Steckverbindung des Steuergeräts es zu nicht erkennbaren Ausfällen der Airbagfunktion kommen konnte.
3. Wegen der hohen Verkaufszahl dieser Modelle waren jedesmal rund eine Million Fahrzeuge betroffen. Während sich das Interesse der Medien auf die Opel AG konzentrierte, die in einer bisher beispiellosen Aktion (zum Beispiel mit Entschuldigungen an die Opel-Kunden, die als ganzseitige Anzeigen in den Tageszeitungen erschienen) versuchte, diesem Druck zu begegnen und teilweise verlorenes Vertrauen wiederzugewinnen, ging der Rückruf eines anderen Herstellers, der nach den vorgehend aufgezählten Kriterien genauso spektakulär war, fast völlig unter: Der Rückruf der Volkswagen AG der Modelle Golf II und Jetta ab 1,6 l Hubraum wegen undichter Wärmetauscher. Auch hier waren immerhin Fahrzeuge der Baujahre 1984 bis 1990 und damit mit einer Stückzahl von weltweit 1,9 Millionen betroffen.

Die Bedeutung des Rückrufs

Obwohl es sich um einen geläufigen Begriff handelt, ist es wegen der Probleme in der Praxis erforderlich, eine genauere Beschreibung bzw. Typisierung des Begriffs »Rückruf« vorzunehmen.

Zunächst einmal ist ein Rückruf eine Maßnahme des Herstellers, Produkte, die seinen Herrschaftsbereich verlassen und sich als mangelhaft erwiesen haben, wieder »zurückzuholen« – sei es auf Dauer (Einziehung) oder nur zur Durchführung von Arbeiten, die den Mangel beseitigen sollen. In der Automobilindustrie, bei der es um mittlerweile technisch hoch komplizierte, langlebige und auch sehr teure Produkte geht, wird der Rückruf – wie in der Vergangenheit auch – in der Vornahme von Reparatur- bzw. Ausbesserungsarbeiten bestehen.

Im Zusammenhang mit einem rückruffähigen Sachverhalt wird es häufig auch zu Warnhinweisen kommen (manchmal ist dies sogar die einzig mögliche Form des Rückrufs) und, wenn das Produkt noch verkauft wird, zum Vertriebsstop.

Da es sich in der Regel für den Hersteller um logistisch und finanziell aufwendige, ja teilweise tatsächlich bis »an die Substanz« gehende Maßnahmen handelt, besteht nicht das Problem, daß – entgegen vereinzelter neuer Presseberichte – der Autofahrer mit zu vielen solcher Aktionen belastet und als Folge davon auch verunsichert wird, sondern daß im Gegenteil zu wenig und vielfach zu spät »zurückgerufen« wird.

Auch wenn es vereinzelt zu Rückrufen kommt, die mehr Werbezwecken dienen als der Sicherheit (bekanntestes Beispiel, wenn auch außerhalb der Automobilindustrie: die Firma Perrier, die vor einigen Jahren wegen einiger verunreinigter Lieferungen ihres Tafelwassers einen weltweiten Rückruf durchführte), wird heute von einem notwendigen Rückruf gesprochen, wenn es sich um einen Serienmangel handelt, der die Sicherheit insbesondere von Personen gefährdet. Zwischenzeitlich wird im ADAC angedacht, eine Rückrufverpflichtung auch dann als gegeben zu sehen, wenn ein Serienmangel oder eine »Schwachstelle« geeignet ist, einen erheblichen Sachschaden zu verursachen. Als Beispiel wäre hier das verstärkt auftretende Problem zu nennen, daß bei einer zunehmenden Zahl von Fahrzeugen bei einer Laufleistung zwischen 80 000 bis 100 000 Kilometern die Zahnriemen reißen, was häufig einen Motorschaden zur Folge hat. Die finanziellen Auswirkungen für den Autofahrer können, insbesondere bei teuren Motoren, enorm sein. Eine exakte Abgrenzung zwischen (teurem) Sachschaden und Personenschaden ist jedoch meist nicht möglich: Auch wenn unter Technikern die Frage durchaus kontrovers diskutiert wird, ob der plötzliche Stillstand des Motors nach einem Zahnriemenriß die Sicherheit von Personen zu gefährden geeignet ist, bringt es die besondere Nutzungsart eines Kraftfahrzeugs (Geschwindigkeit, die heutige Verkehrsdichte) mit sich, daß nahezu jeder Serienmangel – insbesondere im Bereich Motor, Bremsen und Lenkung, von wenigen Ausnahmen abgesehen – sich auch nachteilig auf die Sicherheit von Personen auswirkt.

Gerade bei Kraftfahrzeugen muß auch immer wieder darauf hingewiesen werden, daß es sich dabei per se um gefährliche Produkte handelt, was ja immerhin auch den Gesetzgeber dazu bewog, für den Fahrer, aber auch den Halter eines Kraftfahrzeugs nach dem Straßenverkehrsgesetz eine Gefährdungshaftung zu konstruieren.

Tatsächlich konnte insbesondere 1995 eine auffällige Steigerung der Rückrufe auf ca. achtzig – immerhin um das Vierfache im Vergleich zu den Zahlen der Vorjahre – festgestellt werden. Auch 1996 hält die Entwicklung an. Es ist zu befürchten, daß die Zahl des Vorjahres sogar noch übertroffen wird!

Hier stellt sich die Frage nach den Gründen: Werden die Produkte tatsächlich fehlerhafter, oder sind die Hersteller verantwortungsbewußter?

Tatsache ist, daß Kraftfahrzeuge, wie bereits erwähnt, insbesondere durch den in den letzten Jahren nahezu inflationären Einsatz der Elektronik immer komplizierter, aber auch störanfälliger werden.

Nicht wegzudiskutieren ist auch die Tatsache, daß vor dem Hintergrund der zunehmend härter werdenden Konkurrenz der verschiedenen Hersteller und der einander nicht nur äußerlich immer ähnlicher werdenden Fahrzeuge die Preiskalkulation gerade im unteren und mittleren Preissegment eine große Rolle spielt. Das führt dazu, daß bei der für den Käufer nicht sicht- und erkennbaren Ausstattung und leider auch bei der Sicherheit häufig soweit gespart wird, wie es dem Hersteller gerade noch vertretbar erscheint. Im nachhinein, häufig innerhalb relativ kurzer Zeit, stellen sich viele dieser vermeintlich kostengünstigen Entscheidungen als Sparen am falschen Ende heraus mit der Folge, daß die Nachbesserungsmaßnahmen und die Kosten dafür in keinem Verhältnis mehr stehen.

Analysiert man die Rückrufe der vergangenen Jahre, handelt es sich bei den Mängeln jedoch weniger um Folgen von Sparmaßnahmen als vielmehr um Herstellungs-, insbesondere jedoch auch Konstruktionsmängel, die sich erst im Laufe der Zeit als nicht nur nachteilig,

sondern vielmehr als gefährlich herausstellten. Als Beispiel seien hier genannt die korrodierenden Scharniere der Modelle Volvo 66 und DAF 33, 44, 55 und 66, die etwa ab Mitte der sechziger und während der siebziger Jahre hergestellt wurden und im Jahre 1991 zu dem tragischen Tod eines jungen Motorradfahrers führten, der von einer Motorhaube eines vor ihm fahrenden DAF 66, die sich vom Fahrzeug gelöst hatte, getroffen wurde. Immerhin stellte der von der Staatsanwaltschaft Heilbronn anläßlich des daraufhin eingeleiteten Ermittlungsverfahrens eingeschaltete Gutachter der TU Berlin, Professor Appel, fest, daß die Konstruktion solcher Scharniere bereits in den sechziger Jahren nicht mehr dem Stand der Technik entsprochen habe. Hier drängt sich die Frage auf, ob die Konstrukteure oder der Hersteller nicht zumindest mit der Verletzung oder sogar dem Tod von Menschen rechnen mußten. Offensichtlich war man aber der Meinung, eventuell auftretende Korrosionserscheinungen durch regelmäßiges Warten und Schmieren verhindern zu können. Dabei ist nicht erst seit heute bekannt, daß Autofahrer ihre Fahrzeuge mit zunehmendem Fahrzeugalter nicht mehr so oft und vor allem nicht in der spezialisierten Fachwerkstatt warten lassen. Zudem sind auch Fahrzeuge, die nach Angaben der betroffenen Halter regelmäßig in der Vertragswerkstatt waren, mit korrodierten Scharnieren aufgegriffen worden.
Ein anderes Beispiel ist der Citroën 2CV, landläufig insbesondere von den eigenen Fahrern liebevoll »Ente« genannt. Hier stellte sich erst 1989 heraus, daß unter anderem die Lenksäulen an- oder sogar abbrachen. Ursache waren Korrosionen (durch austretende Säuren der Batterie) oder Verspannungen, die durch vorangegangene Unfälle oder unsachgemäßen Einbau entstanden.

Hier erklärte sich der Hersteller erst auf massiven Druck des ADAC dazu bereit, die betroffenen Fahrzeuge zumindest zu einer – bisher erst einmaligen – Überprüfungsaktion in die Werkstätten zu holen.
Nicht übersehen werden darf jedoch auch die veränderte Einstellung vieler Hersteller zum Rückruf: Die Bereitschaft, für die eigenen fehlerhaften Produkte einzustehen und Verantwortung zu zeigen, ist größer geworden. Offensichtlich hat sich zudem die Ansicht – zumindest teilweise – durchgesetzt, daß ein solch verantwortungsbewußtes Verhalten eines Herstellers auch von den Verbrauchern durchaus positiv gesehen wird, vorausgesetzt, ein Hersteller muß nicht allzu häufig von diesem Instrument Gebrauch machen: Auch das großzügigste Rückrufverhalten ändert dann nichts mehr an der Einschätzung, daß dieser Hersteller nicht die notwendige Sorgfalt bei Konstruktion und Herstellung zeige, weshalb auf seine Produkte kein Verlaß sein könne, diese also qualitativ minderwertig seien.
Neben dem gestiegenen moralischen Verantwortungsbewußtsein der Hersteller ist jedoch vor allem ein Faktor von ausschlaggebender Bedeutung: die rechtliche Produktverantwortung.

Die rechtliche Seite des Rückrufs

Vielfach unbekannt ist, daß es in Deutschland bis zum heutigen Tage, von wenigen Spezialgesetzen wie etwa dem Arzneimittelgesetz abgesehen, keine ausdrückliche gesetzliche Regelung zur Rückrufverpflichtung eines Herstellers gibt. Noch viel weniger sind die Modalitäten eines Rückrufs, insbesondere die Frage, wer für die Kosten von Maßnahmen im Zusammenhang mit einem Rückruf aufzukommen hat, geklärt.

Für den Kraftfahrzeugbereich sieht zwar insbesondere § 20 Abs. 5 der Straßenverkehrszulassungsordnung (StVZO) vor, daß zum Beispiel das Kraftfahrtbundesamt die sogenannte Allgemeine Betriebserlaubnis widerrufen kann, wenn der genehmigte Fahrzeugtyp den Erfordernissen der Verkehrssicherheit nicht entspricht. Dieser Widerruf gilt jedoch nur für noch nicht veräußerte Fahrzeuge. Die bereits im Verkehr befindlichen Fahrzeuge können auf diese Weise nicht »zurückgerufen« und verkehrssicher gemacht werden. Nur der Vollständigkeit halber sei in diesem Zusammenhang die Möglichkeit der Einziehung der Zulassung bereits im Verkehr befindlicher und nicht verkehrssicherer Fahrzeuge nach § 17 StVZO genannt. Dabei handelt es sich aber nur um Maßnahmen gegen einzelne Fahrzeuge, nicht jedoch gegen eine etwa fehlerhafte Serie. Es wurden zwar immer wieder Versuche unternommen, zuletzt von Dr. Bodewig[3] anläßlich des 34. Deutschen Verkehrsgerichtstags 1996 in Goslar, auch nach geltendem Recht eine ausdrückliche Verpflichtung zum Rückruf zu konstruieren. Bisher konnten diese Konstruktionen jedoch nicht in die Praxis umgesetzt werden.

Die Frage taucht natürlich immer dann auf, wenn ein Hersteller einen Rückruf durchführen *müßte*, diese Maßnahme jedoch – unangemessen lange – hinauszögert oder sich sogar bewußt dagegen entscheidet und versucht, das Problem auszusitzen.

Die Verantwortung von Produzenten, ja teilweise auch von Importeuren oder sogar Verkäufern von Gegenständen, die gefährlich sind und – vor allem bei bestimmungsgemäßem Gebrauch – Schäden verursachen, ist in

Deutschland in den vergangenen fünfzehn bis zwanzig Jahren durch die Rechtsprechung wie auch durch den EU-Gesetzgeber immer weiter ausgedehnt worden. Die daraus resultierende Haftung ist jedoch nur sekundär, was bedeutet: Die Verantwortlichen haften erst dann, wenn bereits Schäden eingetreten sind. Für diese Schäden muß in der Regel finanzieller Ausgleich in Form von Ersatz der unmittelbaren finanziellen Nachteile bis hin zur Rentenzahlung, aber auch in Form von Schmerzensgeld geleistet werden.

Der Verstoß gegen die Rückrufverpflichtung ist vor allem für die Fälle entscheidend, in denen – unjuristisch ausgedrückt – der Hersteller bei der Konstruktion und Herstellung alle zu diesem Zeitpunkt bekannten Regeln und Kenntnisse wie auch die notwendige Sorgfalt beachtete. Damit endet jedoch die Verantwortung nicht: Gerade der Hersteller muß seine Produkte, solange sie sich im Markt befinden, auch beobachten, und zwar nicht nur danach, ob sich im nachhinein schadensträchtige Defekte herausstellen, sondern auch daraufhin, wie das Produkt »draußen« tatsächlich genutzt und mit welchem Zubehör – unter Umständen sogar eines anderen Herstellers – es ausgestattet wird.

So wurde etwa Honda im Jahre 1986 vom Bundesgerichtshof[4] in einer aufsehenerregenden Entscheidung verurteilt, für Schäden aufzukommen, die durch eine auf dem Zubehörmarkt auch für seine Motorräder angebotene Seitenverkleidung entstanden waren: Die Fahrzeuge wurden während der Fahrt instabil, es kam zu Stürzen und als Folge davon zu Verletzungen.

Die Verpflichtungen, die sich für den Hersteller daraus ergeben, reichen von Hinweis- und Instruktionspflichten über Warnpflichten bis hin zur Durchführung eines

»echten« Rückrufs. Welche Pflicht den Hersteller trifft, hängt vom jeweiligen Einzelfall ab und letztendlich davon, mit welcher Maßnahme ein potentieller Schaden zu verhindern ist. Verletzt ein Hersteller nun die – im nachhinein festzustellende – objektiv notwendige Handlungspflicht und entsteht dadurch einem anderen ein Schaden, dann muß er dafür haften.

Nun kann man sich durchaus den Hersteller vorstellen, der abseits jedes moralischen Aspekts die Kosten für Schadensverhütungsmaßnahmen gegen die Kosten für Schadensersatzansprüche und eingetretene Schäden abwägt und, ganz profan gesprochen, erst einmal abwartet nach dem Motto: Die Kosten für die Schadensverhütung stehen fest und sind verhältnismäßig hoch. Der Eintritt des Schadens ist jedoch gar nicht so gewiß. Hinzu kommt, daß der Geschädigte erst einmal auf die Idee kommen oder überhaupt noch in der Lage sein muß, Schadensersatzansprüche geltend zu machen und die notwendigen Beweise zu führen. Der regelmäßige Kontakt mit Geschädigten zeigt auch, daß häufig die Furcht vor der finanziellen, aber auch persönlichen Belastung eines Prozesses dazu führt, auf eine gerichtliche Geltendmachung der Schadensersatzansprüche zu verzichten.

Eine große Rolle spielt auch, daß ein Hersteller bereits eingetretene Schäden über seine Haftpflichtversicherung ausgleichen kann, Schadensverhütungsmaßnahmen jedoch nicht. Für die Kosten solcher Maßnahmen, insbesondere auch für den Rückruf, gibt es zwar bereits spezielle Versicherungen, diese sind jedoch recht kostspielig.

Seit Ende der achtziger Jahre aber ist ein weiterer Grund von großer Überzeugungskraft für einen Hersteller hinzugekommen, doch noch die ihm zumutbaren Schadensabwendungsmaßnahmen durchzuführen: Die strafrechtliche Verantwortung. Seit der sogenannten Lederspray-Entscheidung des Bundesgerichtshofs vom 6. 7. 1990[5] haften die in einem Unternehmen Verantwortlichen für Schäden, die durch ihre Produkte im Zusammenhang mit einem ihnen vorwerfbaren Verhalten entstehen. Vorwerfbares Verhalten war hier, daß die Verantwortlichen keinerlei Maßnahmen zur Gefahrenabwehr unternommen hatten, obwohl bekannt war, daß Stoffe, die beim Sprühen der in Dosen befindlichen Pflege- und Imprägnierungsmittel für Leder austraten, zu gesundheitlichen Schädigungen führten.

In Fällen wie diesem kann sich also der einzelne Verantwortungs- und Entscheidungsträger nicht darauf zurückziehen, daß schon das Unternehmen oder eine Versicherung für eingetretene Schäden – finanziell – aufkommen werde. Vielmehr muß er hier persönlich, und sei es bis zum Antritt einer Freiheitsstrafe, für Folgen seines vorwerfbaren Verhaltens, gleich welcher Art, einstehen.

Das bedeutet: Der Rückruf ist also rechtlich gesehen eine indirekte Verpflichtung eines Herstellers, wenn er der Haftung – zivilrechtlich oder strafrechtlich – entgehen will, sofern er nicht bereits für eine fehlerhafte Konstruktion oder Herstellung verantwortlich sein sollte.

Diese Haftung trifft natürlich in erster Linie den Hersteller des Endprodukts bzw. denjenigen, der sich als Hersteller ausgibt, aber auch die Hersteller der gerade im Automobilbereich vielen tausend Einzelteile, aus denen das Endprodukt erst zusammengebaut wird: die sogenannten Zulieferer.

Hier wird in der Zukunft noch ein Umdenkungsprozeß stattfinden müssen, da die Zulieferer bisher bei der Diskussion der Haftung für fehlerhafte Produkte gerade von

den Endherstellern völlig außen vor gehalten werden. Ein Teil der Zulieferer nimmt diesen Deckungsschutz auch gerne in Anspruch. Bedenkt man ferner, daß die Endhersteller mittlerweile fast sämtliche Überprüfungs- und Untersuchungspflichten, die ihnen beim Eingang und Verbauen fremder Produkte obliegen, über sogenannte Qualitätssicherungsvereinbarungen wieder auf den einzelnen Zulieferer zurückverlagert haben, ist auch ein eigenverantwortliches, selbstbewußtes und unabhängiges Auftreten dieser Zulieferer aus Sicht der Verbraucher zu wünschen und erforderlich.
Auch wenn es also nicht wenige Gründe für die Verantwortlichen gibt, ihre gefährlichen Produkte zurückzurufen, zeigt die Erfahrung, daß die gerade aufgezeigte lediglich sekundär wirkende rechtliche Verpflichtung bisher kein geeignetes Mittel ist: Das vordringlichste Ziel muß sein, Schäden zu vermeiden, und nicht bereits eingetretene Schäden (finanziell) auszugleichen – sofern dies überhaupt noch möglich sein sollte!
Auch wenn die Ausweitung der zivil- und strafrechtlichen Verantwortung zu Lasten der Hersteller bzw. der in einem Unternehmen Verantwortlichen wie auch die positivere Bewertung des Rückrufs bei vielen Herstellern zu einer größeren Bereitschaft geführt haben, einen Rückruf durchzuführen, gibt es doch immer wieder Hersteller, die diese Verantwortung für ihre Produkte und ihren Kunden gegenüber noch nicht haben. Leider fällt jedoch auch bei Herstellern, die in dieser Hinsicht sonst durchaus positiv in Erscheinung treten, die Entscheidung schwer, einen Rückruf durchzuführen – und zwar um so mehr, je mehr Fahrzeuge betroffen sind und je teurer also eine solche Aktion zu werden droht.
Die Erfahrung zeigt zwar, daß es entgegen landläufiger

Meinung häufig mit großen Schwierigkeiten verbunden sein kann, festzustellen, ob nun tatsächlich ein gefährlicher Serienfehler vorliegt oder nur ein (bedauerlicher) Einzelfall und was die Ursache dafür ist. Gerade die Feststellung der Ursache ist für erfolgversprechende und vor allem dauerhafte Abhilfemaßnahmen von großer Bedeutung. Immer wieder wird auch in Verhandlungen mit dem ADAC der Hinweis auf diese noch nicht bekannten Ursachenzusammenhänge jedoch lediglich vorgeschoben, um Zeit zu gewinnen. Die ADAC-Mitarbeiter müssen vielfach jedes Sachverhaltsdetail, jeden Beweis vollständig recherchieren und zumindest schriftlich vorlegen, bis diese Zusammenhänge von den Herstellern akzeptiert werden oder sogar eingeräumt wird, daß man davon bereits Kenntnis hat.

Droht allerdings ein zahlenmäßig großer und teurer Rückruf, ist die Versuchung für den einzelnen Verantwortlichen im Herstellerbereich groß, auch vor dem Hintergrund seiner betriebswirtschaftlichen »Verantwortung« diese Entscheidung so lange wie möglich aufzuschieben. Hier finden häufig gruppendynamische Prozesse statt, in denen das Wunschdenken der einzelnen Beteiligten eine nicht zu unterschätzende Rolle spielt – mit zum Teil fatalen Folgen. Der ADAC fordert daher gerade im Automobilbereich seit nun fast 20 Jahren vom Gesetzgeber die Einführung einer gesetzlich normierten Rückrufpflicht.

Von welcher Tragweite dieses Thema ist, zeigt auch, daß es immerhin bereits dreimal eines der Schwerpunktthemen des alljährlich stattfindenden Deutschen Verkehrsgerichtstags war, nämlich in den Jahren 1983, 1990 und 1996. Immer wieder diskutierten dabei vor allem Vertreter der Industrie und von Verbraucherseite, hier vor allem des ADAC, über die Notwendigkeit einer expliziten gesetzlichen Regelung. Die Argumente der Industrie, die sich unter Verweis auf die bereits zitierte zunehmende zivil- und strafrechtliche Verantwortlichkeit zum Teil vehement gegen die Einführung einer gesetzlichen Rückrufpflicht aussprach, wurden und werden durch die Realität widerlegt.

Es mag ja sein, daß viele Hersteller heute vor dem Hintergrund drohender rechtlicher Sanktionen eher bereit sind, überhaupt Maßnahmen zur Gefahr- und Schadensabwendung zu ergreifen.

Es stellt sich aber vielfach die Frage, ob die getroffenen Maßnahmen wirklich die geeigneten sind. So versuchen viele Hersteller immer wieder, gebotene Rückrufe durch Werkstatt- und Kundendienstinformationen zu umgehen: Es werden also die Vertragswerkstätten – und nur diese! – vom Hersteller angewiesen, die betroffenen Fahrzeuge auf die befürchteten Defekte zu untersuchen und notfalls zu reparieren, wenn das Fahrzeug zufällig mal wieder in die Werkstatt kommen sollte oder – schlimmer noch – erst wenn der Kunde bereits Ungereimtheiten feststellen und eine Reparatur verlangen sollte. Dabei wird völlig übersehen oder bewußt in Kauf genommen, daß nach Ablauf der Garantie und einer bestimmten Fahrleistung die Autofahrer die Fahrzeuge häufig nicht mehr in die (in der Regel teureren) Vertragswerkstätten bringen, sondern sogenannte freie Werkstätten aufsuchen oder sogar bestimmte Wartungsarbeiten selbst durchführen. Viele Defekte werden daher vom (nicht speziell ausgebildeten) Autofahrer nicht erkannt und können daher auch nicht gemeldet oder reklamiert werden.

Eine andere Variante ist die Verharmlosung bzw. Verkleidung eines Rückrufs: So werden Kunden angeschrieben, doch mal wieder in die Werkstatt zu kommen oder ein bestimmtes Teil nachkontrollieren zu lassen. Der angesprochene Autofahrer verkennt eine solche Kontaktaufnahme des Herstellers als bloße Marketingmaßnahme und wird ihr, wenn er deren ernsten Hintergrund nicht erkennt und vor allem wenn sie mit nicht unerheblichen Kosten verbunden sein sollte, nicht folgen. Dies ist nämlich ein weiterer Nachteil der bisher fehlenden Regelung: Die Hersteller sind in ihrer Entscheidung, ob und in welcher Höhe sie die Kosten einer Rückrufmaßnahme tragen, völlig frei. Auch wenn die meisten Hersteller die Kostenübernahme als selbstverständlich ansehen, gibt es immer wieder auch gegenteilige Entscheidungen. In diesem Fall gefährden solche Hersteller den Erfolg ihrer Maßnahme, zu der sie sich schon vorher nur schwer durchringen konnten. Es kommt auch vor, daß dadurch nicht nur die Kosten für einen Rückruf so gering wie möglich gehalten werden sollen, sondern es erhebt sich vielmehr sogar der Verdacht, daß damit noch ein gutes Geschäft (für Werkstatt und Hersteller) gemacht werden soll. Erst kürzlich war ich mit einem Rückruf befaßt, in dem die not- und auch aufwendigen Reparaturarbeiten auf einmal wesentlich einfacher und billiger durchführbar waren, nachdem der Hersteller sich auf Druck des ADAC bereitgefunden hatte, sie für die betroffenen Autofahrer kostenlos durchzuführen.

Die Rolle der Medien

Verfolgt man die Berichterstattung gerade seit Anfang 1995 hier in Deutschland, werden von den Medien – und das ist sicherlich berechtigt – solche Hersteller »an den Pranger gestellt«, die nicht oder erst nach langer, teilweise jahrelanger Überlegung einen Rückruf durchführen. Gleichzeitig wird jedoch auch bereits ein erster Rückruf zum Anlaß genommen, die Verläßlichkeit bzw. die Qualität von Produkten dieses Herstellers in Zweifel zu ziehen, zumal wenn eine größere Stückzahl betroffen ist. Teilweise wird, weil es offenbar effektheischender ist, ein Hersteller wochenlang in der Öffentlichkeit kritisiert, während andere, in gleicher Weise betroffene Hersteller wegen des gleichen Verhaltens nicht einmal oder nur am Rande erwähnt werden.

Als Beispiel hierzu soll noch einmal die »Rückrufwelle« von Opel im Frühjahr 1995 erwähnt werden: Die größte Aufregung verursachte der – wahrscheinlich wirklich zu lange hinausgezögerte – Rückruf wegen möglicher Brandgefahr am Tankeinfüllstutzen. Davon betroffen waren jedoch auch andere Hersteller. Von den Medien ausgiebig kritisiert wurde jedoch letztendlich derjenige Hersteller, der, wenn auch erst auf Druck hin, tatsächlich einen Rückruf durchführte. Nach dieser Erfahrung ist die Haltung vieler Hersteller, in dieser Richtung bloß nicht aufzufallen und daher mögliche sicherheitsgefährdende Mängel so lange wie nur möglich verborgen zu halten, nur allzu gut nachvollziehbar.

Ausblick

Eine gesetzliche Regelung der Rückrufverpflichtung ist also mehr denn je ein Gebot der Stunde. Der deutsche Gesetzgeber konnte sich aber bisher zu einer solchen Maßnahme nicht durchringen. Gerade im Rahmen der Berichterstattung in der ersten Hälfte des Jahres 1995 wurden auch Politiker zitiert, die die Forderung erhoben, alle Hersteller, die einen Rückruf durchführen, öffentlich zu nennen. Dabei geht es doch gar nicht darum: Nicht diejenigen Hersteller sollen an den Pranger gestellt werden, die tatsächlich einen notwendigen Rückruf durchführen, sondern diejenigen, die es gerade nicht tun. Ganz »vergessen« zu erwähnen wurde dabei auch, daß seit 1992 eine EU-Richtlinie[6] vorliegt, die zum ersten Mal die Einführung einer gesetzlichen Rückrufpflicht vorsieht. Obwohl diese Richtlinie bereits spätestens bis 29. 6. 1994 in deutsches Recht hätte umgesetzt werden müssen, liegt bisher nur ein Gesetzesentwurf vor.[7]

Trotz einiger Irrungen und Wirrungen, die das Umsetzungsverfahren bisher begleiteten und wohl noch begleiten werden, ist dadurch die Einführung einer gesetzlichen Rückrufpflicht auch in Deutschland in greifbare Nähe gerückt: Nach dem neuen § 9 des Produktsicherheitsgesetzes kann etwa die zuständige Behörde (für den Automobilbereich das Kraftfahrtbundesamt) auch gegen den Willen des Herstellers einen Rückruf anordnen.

Auch wenn einige, gerade für die Praxis und Wirksamkeit von Rückrufen wichtige Punkte (so etwa die Kostentragungspflicht und die Mitwirkungsbefugnis anerkannter Verbraucherverbände) im vorliegenden Entwurf (noch) nicht geregelt sind, ist damit auf jeden Fall ein längst überfälliger Schritt in Richtung wirkungsvoller Verbraucherschutz getan.

Anmerkungen

1 siehe Nachweise bei Dr. Theo Bodewig in den Veröffentlichungen zum 34. Deutschen Verkehrsgerichtstag 1996
2 siehe *Süddeutsche Zeitung* vom 17. 3. 1995
3 Theo Bodewig, a. a. O.
4 BGH vom 9. 12. 1986 (Az. VI ZR65/86) veröffentlicht im Deutschen Autorecht (DAR) 1987, S. 78
5 BGH vom 6. 7. 1990 (Az. 2 StR 549/89) veröffentlicht in der *Neuen Juristischen Wochenschrift* (NJW) 1990, S. 2560 ff.
6 Richtlinie 92/59/EWG des Rates vom 29. 6. 1992 über die allgemeine Produktsicherheit
7 Entwurf eines Gesetzes zur Regelung der Sicherheitsanforderungen an Produkte und zum Schutz CE-Kennzeichnung (Produktsicherheitsgesetz – Ds. 13/3130 vom 29. 11. 1995)

Claus Biegert

11 Strahlendes Geheimnis: Das Südseeatoll Moruroa – Opfer des französischen Nuklearkolonialismus

Zuerst gingen sie in die Wüste. Unter dem Decknamen »Gerboise Bleue« zündeten die französischen Militärs am 13. Februar 1960 in der Sahara ihre erste Atombombe. Ein Arsenal militärischer Instrumente und Apparate wurde der Explosion ausgesetzt, ebenso eine kleine Auswahl aus der Arche Noah, Haustiere zumeist, und 150 Männer – Insassen aus algerischen Gefängnissen. Die Kolonialherren in Europa hatten sich vorgenommen, unter den Atomstreitmächten der Welt einen guten Platz zu belegen. »Force de Frappe« nannte sich die französische Bombentruppe. Noch drei weitere Pilze der »Force de Frappe« gingen über der Sahara hoch, bevor in Paris beschlossen wurde, die künftigen Tests unter die Erde zu verlegen.

Am 1. Mai 1962 wurde die erste unterirdische AN-11-Bombe getestet, konzipiert für den Jagdbomber Mirage-IVA. Zwar hatte die Kommission für nukleare Sicherheit wegen ungünstiger Wetterverhältnisse geraten, mit der Zündung zu warten, bis der Wind drehte. Doch da Vertreter des Verteidigungsministeriums extra eingeflogen waren, zündete man den Sprengsatz trotz aller Warnungen. Als durch eine Felsspalte radioaktive Dämpfe entwichen, wurden zwölf Soldaten verseucht. Das Hag-

gar Massif im südlichen Algerien erlebte zwischen 1961 und 1966 dreizehn unterirdische Atomtests.
Das Abkommen von Évian-les-Bains 1962 zur algerischen Unabhängigkeit – nach einem höchst grausamen, aber offiziell nie erklärten Krieg – bedeutete das Ende französischen Waltens auf dem afrikanischen Kontinent. Fünf Jahre blieben Frankreich, dann mußte die Sahara geräumt sein. Das Beispiel der USA und Großbritanniens vor Augen, inspizierten die Waffenbauer der Grande Nation ihre Kolonien im Pazifik. Die Wahl fiel schließlich auf zwei unbewohnte Atolle Französisch-Polynesiens: Moruroa und Fangataufa.

Moruroa und Fangataufa liegen im Stillen Ozean, auch Pazifik genannt. Diesen Namen gab ihm 1513 der spanische Konquistador Vasco Nuñez de Balboa. Ersten Besuch erhielten die Ureinwohner von Tahiti im Jahr 1776: 4000 Maohi standen bewaffnet am Ufer, als der Engländer Samuel Wallis mit seinen Soldaten landete. Bald war der Strand rot vom Blut der Insulaner, und im Südseewind wehte der Union Jack. Tahiti hieß auf englischen Seekarten jetzt »King George III. Island«.
Großbritannien verfuhr nach dem Prinzip »teile und herrsche«: TU, ein Maohi-Häuptling, wurde als Pomare I. zum König von Tahiti gekrönt; sein Nachfolger Pomare II. ließ sich bereits taufen und führte seine Untertanen 1815 zu einer Massenkonvertierung. Die britische Präsenz dauerte 66 Jahre: 1842 übernahm Frankreich die Region und lag zwei Jahre lang mit den Maohi im Krieg, bevor sich Recht und Ordnung des Stärkeren durchsetzten. 1880 wurde das Protektorat in eine Kolonie verwandelt.
Die Maohi kannten keinen Landbesitz. Die Erde galt

ihnen als heilig; man konnte Teile von ihr nutzen, aber nie besitzen. Jede Familie hütete das ihr anvertraute Land für die nächste Generation. Nach der Geburt eines Kindes nahmen die Eltern die Plazenta, wickelten sie in das Blatt einer heiligen Pflanze und begruben sie im Boden. Damit ging die Verantwortung für die Unversehrtheit des Landes auf die neue Generation über.

Die Kolonisierung bedeutete einen Angriff auf sämtliche Traditionen. Dies diktierte ein Maohi einem Anthropologen in die Feder: »Die Franzosen erklärten uns, daß unsere leiblichen Kinder mehr Rechte hätten als adoptierte Kinder. Wir verstehen das nicht. Seit Jahrhunderten hatten wir die Kinder untereinander getauscht und adoptiert.«

Nach 1945 setzte weltweit ein Prozeß der Entkolonialisierung ein, die Maohi wurden jedoch davon nicht berührt – sie wurden 1957 ungefragt zu französischen Staatsbürgern gemacht, 118 Inseln ihrer Heimat wurden zu Französisch-Polynesien.

Als Frankreich begann, seine »Force de Frappe« aufzubauen, und nach Plätzen für sein Atomprogramm suchte, rief der Führer der polynesischen Unabhängigkeitspartei und Vizepräsident der Territorialversammlung, Pouvanaa a Opaa, seine Wähler auf, für ein unabhängiges Polynesien zu stimmen. Präsident de Gaulle ließ den Mann nachts vom Militär abholen und nach Frankreich schaffen. Dort wurde ihm der Prozeß gemacht: 15 Jahre Verbannung von Tahiti, davon acht Jahre Isolationshaft. Mitte der sechziger Jahre wurde Pouvanaas Partei, hinter der die Mehrheit der Polynesier stand, wegen ihres Unabhängigkeitskurses von de Gaulle aufgelöst. Und nicht nur das: »Um Französisch-Polynesien für seine Anhänglichkeit zu danken, habe ich beschlossen, dort das Kern-

waffen-Versuchszentrum (CEP) einzurichten«, sprach der Präsident.
Moruroa heißt in Paumotu, einer Maohi-Sprache: Insel des Geheimnisses. Die Franzosen veränderten den Namen in Mururoa, was keinen Sinn mehr ergibt.

Am 2. Juli 1966 begann auf Moruroa eine acht Jahre dauernde Testreihe; insgesamt wurden 44 Bomben gezündet, 39 auf Moruroa und fünf auf Fangataufa. Der Wind trieb den Fallout auf die Menschen von Tahiti zu. »Nicht ein einziges radioaktiv verseuchtes Staubkorn wird jemals eine bewohnte Insel erreichen.« So tönte die Verlautbarung aus Europa. Die Macht der Sprache sollte die Übernahme der Inseln durch das Militär kaschieren.
Am 11. September 1966 reiste Charles de Gaulle in die Südsee. An Bord des Kreuzers »De Grasse« wollte er einen Test auf Moruroa beobachten, und zwar den bislang größten in der Atmosphäre. Die Sicherheitsexperten rieten zur Verschiebung, da die Gefahr bestünde, daß der Fallout durch ungünstige Winde auf bewohnte Inseln getragen wurde. Der Präsident, mit seinem engen Terminplan bereits in Verzug, befahl den Test protokollgerecht durchzuführen.
Die Verseuchung durch die 150-Kilotonnen-Bombe reichte 3000 Kilometer weit. Der Fallout traf die Fidschi-Inseln, die Cook-Inseln und Westsamoa. Die polynesische Territorialversammlung forderte auf ihrer ersten Sitzung im Juni 1967 in Tahiti die französische Regierung auf, den Grad der Verseuchung von drei unabhängigen ausländischen Spezialisten und drei französischen Wissenschaftlern vor Ort untersuchen zu lassen. Diese Forderung beantwortete Paris mit Schweigen. Die Weltgesundheitsorganisation WHO wartete in diesem Jahr

vergeblich auf Sterbe- und Todesursachenstatistiken über Französisch-Polynesien. (Bis heute hat die WHO keine Daten mehr erhalten.)
In den sechs Wochen danach explodierten drei nukleare Sprengsätze. Zwei französische Meteorologen wurden anschließend von der Insel Tureira, 126 Kilometer nördlich von Moruroa, evakuiert und für eine Woche zur Entseuchung und Untersuchung nach Frankreich geflogen. Die 60 Einwohner von Tureira mußten bleiben, wo sie waren; zu ihrer Sicherheit wurden keinerlei Maßnahmen ergriffen.
1970 waren es acht Detonationen, bis 1972 folgten weitere acht; der Befehlshaber hieß inzwischen Georges Pompidou. Die »Grande Nation«, genötigt durch weltweite Proteste, behauptete in einer Erklärung am 10. Juni 1972 gegenüber der UNO, die Tests seien harmlos: »Unsere Versuche haben in keiner Weise die Umwelt geschädigt ... Die wirklichen Gründe für die an Frankreich geübte Kritik sind politischer Natur ... Die gegen die französische Regierung gerichteten Anklagen entbehren jeglichen wissenschaftlichen Beweises.« Auf der 1. UN-Umweltkonferenz in Stockholm 1972 kam es zu einer offiziellen Verurteilung. Die Resolution wurde durch die Völkergemeinschaft am 29. November desselben Jahres bestätigt: 106 Mitgliedsstaaten stimmten gegen eine Fortsetzung der Tests. Einzige Reaktion Frankreichs: Pompidou wies die Armee an, einen geeigneten Ort für unterirdische Versuche im Pazifik zu suchen.
Mit acht Bomben ging 1973 das Atomprogramm in der Südsee weiter, begleitet von Massendemonstrationen in Europa und Friedensflottillen, die in das Testareal eindrangen. Die Regierungen von Australien und Neuseeland erhoben vor dem Internationalen Gerichtshof in

Den Haag gemeinsam Klage gegen Frankreich und beantragten einen Teststop. Im November desselben Jahres begannen auf Moruroa und Fangataufa die ersten Bohrungen – ungeachtet der Warnungen von Experten des Centre d'Experimentation du Pacifique, die beiden Atolle wegen ihrer Basaltsockel nicht für Testzwecke zu verwenden.
Giscard d'Estaing, seit April 1974 Nachfolger Pompidous, erklärte auf einer Pressekonferenz, es sei noch eine letzte Serie von acht atmosphärischen Tests notwendig, bevor man die Atomversuche unter die Erde verlegen könne. Am 24. September 1974 bestätigte Frankreich vor der UNO-Vollversammlung die Einstellung der oberirdischen Versuche.
Im Juni 1975 sollte es dann unterirdisch weitergehen. Einen Monat zuvor wurde Haroun Tazieff, einer der renommiertesten Vulkanologen Frankreichs, im Auftrag des Commissariat à l'Energie Atomique (CEA) und des Centre d'Experimentation du Pazifique (CEP) nach Fangataufa geschickt. Sein Gutachten entsprach nicht den Erwartungen seiner Auftraggeber: »Einige der Felsen sind porös und wenig widerstandsfähig ... Es besteht bei Erschütterungen eine hohe Wahrscheinlichkeit, daß Radioaktivität aus ihnen austritt ... Da die Versuche auf jeden Fall stattfinden sollen, wird es am besten sein, wenn man eine Organisation von unabhängigen Wissenschaftlern mit der Kontrolle beauftragt.«
Am 5. Juni meldete die australische Regierung in Canberra, ihre seismologischen Observatorien hätten eine unterirdische Explosion registriert. Paris bestätigte daraufhin, im Sockel von Fangataufa in 623 Meter Tiefe eine 8-Kilotonnen-Bombe zur Explosion gebracht zu haben. Dann folgte eine Geste, die einer Realsatire

gleichkam: Unter dem Titel »Offenes Atoll« lud die französische Regierung 60 internationale Journalisten nach Fangataufa ein. Der Leiter des Strahlenschutzdienstes, ein Militärarzt. erzählte den Reportern, daß es 1500 Jahre dauern werde, bis die eingeschlossene Radioaktivität in den Ozean gelange, aber nach dieser Zeit sei sie so gut wie harmlos. Das Jahr 1975 schloß mit einer zweiten Sprengung im Bauch von Fangataufa am 26. November; bis 1988 sollte dieses Atoll Ruhe haben.
Moruroa wurde 1976 von vier unterirdischen Versuchen erschüttert: am 3. April, am 11. Juli, am 23. Juli und am 8. Dezember. Nach Weihnachten meldete die Tageszeitung *Le Journal de Tahiti,* bei dieser Serie sei »radioaktives Gas auf einem anderen als dem vorgesehenen Weg entwichen«. Dieses Eingeständnis überraschte die 60 000 Maohi, denn die Inselpresse, fest in französischer Hand, hatte in den vergangenen Jahrzehnten die Bombe als Geschenk und wirtschaftliche Bereicherung gefeiert, von der andere Südseeinseln nur träumen könnten. Zweifler wurden als Feinde Frankreichs abgestempelt. »Die Kolonialpresse betrieb die perfekte Gehirnwäsche«, erinnert sich Claude Marere, damals der einzige einheimische Journalist.»Das Muster war einfach: Wenn Gefahr bestünde, würde die Presse auch darüber berichten, da sie aber nichts berichtete, bestand auch keine Gefahr.« Dieses Muster gilt nach wie vor; mittlerweile ist der konservative Pariser Pressezar Robert Hersant im Besitz aller in Französisch-Polynesien erscheinenden Zeitungen.

Unter strengster Geheimhaltung lief das Atomtestprogramm weiter. Gleichzeitig wuchs auf Tahiti die Unabhängigkeitsbewegung. Aus ihrer Mitte trat Mitte der siebziger Jahre ein Mann hervor, der bald Galionsfigur des Widerstands der Maohi wurde: Oscar Temarou. Im April 1978 war in der in Auckland erscheinenden *8 O'Clock* zu lesen, daß Ureinwohner aus Französisch-Polynesien nach Neuseeland gekommen seien, um sich wegen Krebs und Leukämie behandeln zu lassen. Oscar Temarou fand heraus, daß 15 Tahitier, die an Strahlenkrankheiten litten, auf Moruroa von den Franzosen in Quarantäne gehalten wurden.

Der Juli 1979 wurde zu einem Katastrophenmonat: Am 6. Juli explodierte der Bunker für Schockwellenexperimente; dabei wurde ein Wissenschaftler getötet und fünf weitere verletzt und das Atoll mit Plutonium verseucht. Am 25. Juli blieb ein nuklearer Sprengsatz auf halbem Weg in einem 800 Meter tiefen Bohrloch stecken. Er wurde trotz Einwänden der Geologen gezündet. Bei der 120-Kilotonnen-Explosion (etwa zehnfache Hiroshima-Stärke) brach ein riesiges Riffstück vom Atoll ab und stürzte ins Meer. Der eine Million Kubikmeter große Korallenbrocken löste eine fast drei Meter hohe Flutwelle aus, die auf ihrem Weg sieben Menschen schwer verletzte. Das CEA bestritt jeden Zusammenhang zwischen Atomtest und Flutwelle. (Erst sechs Jahre später, 1985, gab die Behörde den Zusammenhang zwischen Explosion und Flutwelle zu.) Als die polynesische Territorialregierung eine Untersuchung verlangte, reagierte Paris mit einer Einladung: Eine handverlesene Gruppe französischer Wissenschaftler und Politiker wurde über das Atoll geflogen und anschließend bei einer Fragestunde am Boden verköstigt. Es durften weder Messungen vorgenommen noch das Testgelände betreten werden. Der Besuch dauerte 24 Stunden.

23. März 1980. Pressekonferenz in Tahiti: Der französische Verteidigungsminister Yvon Bourges beschwichtigte die Reporterrunde. »Im Moment der Explosion findet ein Schmelzprozeß statt, ungefähr wie bei der Herstellung von Glas, und die Explosionsrückstände schmelzen im Explosionskeller, also im Gestein ... Wir haben Sicherheitsvorkehrungen getroffen, die schon fast ins Lächerliche gehen.« Die Worte des Politikers sollten die Erschütterung dämpfen, die noch zu spüren war: die Zündung eines 50-Kilotonnen-Sprengsatzes auf Moruroa. In der Woche darauf schrieb die *Washington Post*, das Atoll sehe jetzt wahrscheinlich aus »wie ein Schweizer Käse«. Paris war beleidigt und nannte den Vergleich »grotesk«.

Im Juli 1981 – der Präsident hieß seit zwei Monaten François Mitterand – berichtete die in Frankreich erscheinende Zeitschrift *Actuelle*, an Krebs erkrankte Polynesier würden mit Militärflugzeugen heimlich nach Frankreich geflogen und in Militärkrankenhäusern behandelt. Die meisten erlagen in Frankreich ihrem Leiden und entgingen so der Sterbestatistik von Tahiti. 1976 wurden 50 Fälle bekannt, 1980 waren es 70, 1981 waren es in den ersten sechs Monaten bereits 72. Polynesier, die ausgeflogen werden, müssen auf der Krankenbahre unterschreiben, nie und zu niemandem über Art oder Ursache ihrer Erkrankung zu sprechen.

Internationaler Druck setzte wieder ein. Die französische Regierung entsandte Ende Juni 1982 ein achtköpfiges Wissenschaftlerteam nach Moruroa. Drei Tage verweilten die Herren auf dem Atoll und verfolgten mit eigenen Augen einen Atomwaffentest – mit einer Kilotonne Sprengkraft der wahrscheinlich kleinste Test, der je durchgeführt wurde. Frohgemut kehrten die Akademiker von ihrer Expedition zurück und erzählten in die Mikrophone der Reporter, sie hätten keinerlei Hinweise auf die Freisetzung von Radioaktivität gefunden. Doch binnen weniger Tage sickerte durch, daß die Wissenschaftler das kritische Nordufer nicht hatten betreten dürfen; dort lagerte nämlich der strahlende Müll.

Atomkraft – militärisch und zivil – war längst zum Tabu geworden, im ursprünglichen Sinn dieses polynesischen Wortes: etwas »Heiliges«, das nicht berührt werden darf. Die sozialistische Regierung erließ 1983 sogar ein Dekret, das seitdem alle mit Schutz und Kontrolle von Nuklearmaterialien Beschäftigten unter Eid verpflichtet, in Ausübung ihrer Tätigkeit erworbenes Wissen weder direkt noch indirekt mitzuteilen oder zu benutzen. Der Beschluß wurde unterzeichnet vom Premierminister, vom Forschungsminister, vom Justizminister und vom Verteidigungsminister.

Im gleichen Jahr war plötzlich eine Landkarte in Umlauf, die vier Risse in dem 60 Kilometer langen Ring des Atolls zeigte, ebenso eine Reihe von Sperrzonen. Französische Gewerkschafter waren für die Graphik verantwortlich. Von seiten des CEA wurde – zitiert in einem Bericht des *New Zealand Herald* – zugegeben, daß »auf Moruroa Risse und Zeichen von Abnutzung durch die Tests der letzten zehn Jahre erkennbar sind«. Trotz allem ging am 19. April wieder eine 50-Kilotonnen-Bombe hoch – während ein Hurrikan die Region durchquerte.

Der Druck der Pazifikanrainer veranlaßte Paris, im Oktober 1983 einer Gruppe von fünf Wissenschaftlern einen viertägigen Besuch auf dem Atoll zu gewähren. Die Forscher kamen aus Australien, Neuseeland und Papua-Neuguinea. Die Atkinson-Kommission – ihr Leiter war Hugh Atkinson, der Direktor des neuseeländi-

schen National Radiation Laboratory – stand unter strengster Überwachung: Sie durfte weder Testgelände noch Atommüllager betreten, auch Gesteinsproben durften nicht mitgenommen werden. Der Antrag, einen Test beobachten zu dürfen, war als erstes abgelehnt worden.
Die Restriktionen führten zum gewünschten Resultat: Dem Bericht der Atkinson-Kommission vom 8. Juli 1984 fehlte jede Art alarmierender Fakten. Die Anzahl der typischen, durch Radioaktivität verursachten Krebsarten wie Leukämie, Schilddrüsen- und Gehirntumoren, so hieß es, hätte sich seit Beginn der Tests in Polynesien nicht erhöht. Warum sich die Kommission zu dieser Farce hergab, ist nicht bekannt, jedenfalls galt damit die Ungefährlichkeit des Testprogramms erneut als bewiesen. Paris kündigte die Fortsetzung des Atomprogramms für weitere 15 Jahre an.

Der Reaktor-Unfall von Tschernobyl am 26. April 1986 änderte an Frankreichs Atomhaltung nichts. Die Nation reagierte mit einer Nicht-Reaktion. Die Regierung ließ ihre Bürger wissen, die radioaktive Wolke habe den Rhein nicht überquert. Schrieb der Kommentator von *Le Monde:* »Wenn es sich ums Atom dreht, sind die französischen Verantwortlichen wie vom Starrkrampf befallen.« Die Informationszensur hatte begreifliche Gründe: Wenn der russische Fallout den Rhein ignorierte, dann waren die Proteste der Polynesier womöglich doch ernst zu nehmen. Eine solche Schlußfolgerung war in den Augen der Verantwortlichen eine größere Gefahr als die Wolke aus der Ukraine.
Im Juni 1987 verbrachten Jacques Cousteau und die Besatzung der »Calypso« fünf Tage auf Moruroa. Doch

auch dem Medien- und Meeresstar, einem der wenigen ökologischen Aushängeschilder Frankreichs, wurde der Zugang zu den militärischen Zonen verwehrt. Als die Cousteau-Stiftung am 10. November 1988 ihren vorläufigen wissenschaftlichen Expeditionsbefund vorlegte, erntete sie scharfe Kritik von seiten der internationalen Atomgegner, insbesondere der Ärzte gegen den Atomkrieg (IPPNW). Cousteaus Leute hatten in Sedimentproben und Plankton Jod 131 gefunden, was auf durchlässige Stellen im Atoll schließen ließ. Die örtlichen Testoffiziere schlossen ein »Leck« jedoch kategorisch aus und führten das Vorhandensein des Jods auf eine defekte Ventilklappe im Testbohrloch zurück – eine Erklärung, die sich in Cousteaus Analyse des Atolls wiederfand. Resümee der Regierung: Die Tests stellten kein Gesundheitsrisiko für die Südseebevölkerung dar. IPPNW wies darauf hin, daß die höchsten Jod-131-Konzentrationen weit entfernt vom Bohrloch gemessen wurden, was Zweifel an der Ventilklappen-Erklärung begründete.

Cousteau hatte auch unter Wasser gedreht: Dieser Film zeigte bis zu vier Meter breite Risse und Brüche, Erdrutsche unter Wasser und Zeichen für ein Absinken des Atolls. Als das Verteidigungsministerium den letzten der acht Tests des Jahres 1988 nach Fangataufa verlegte, vermutete Cousteau den Beweggrund für diese Entscheidung in seinem Film. Doch der Wechsel des Schauplatzes verminderte nicht die Probleme: Fangataufa ist ein noch kleineres Atoll als Moruroa mit einer Fläche von nur sechzig Quadratkilometern. Auf der Insel konnten keine Schächte gebohrt werden, da sie zu stark von früheren atmosphärischen Tests verseucht war. Man errichtete daher eine Bohrplattform über dem Wasser-

spiegel der Lagune und trieb von ihr aus die Schächte in den Sockel des Atolls.
Im Oktober 1988 beauftragte die Kommunalverwaltung von Tahiti in Paris die Untersuchung der gesundheitlichen Folgen der Atomtests. Vier Monate später lehnte das Europaparlament mit knapper Mehrheit eine Resolution der Polynesier ab, deren Ziel es war, ein unabhängiges internationales Gremium von Wissenschaftlern zu bilden, das die Wirkung der Testserien auf Menschen und Umwelt untersuchen sollte. Später sickerte durch, daß die sozialistische Regierung Mitterand die spanischen und griechischen Sozialisten unter Druck gesetzt hatte, gegen die Resolution zu stimmen.
Im Winter 1988 veröffentlichte das National Ressources Defense Council (NRDC) in den USA seinen Bericht »French Nuclear Testing 1960–1988«. Darin heißt es: »Seit 1960 hat Frankreich 172 Kernwaffentests durchgeführt. Das sind fast zehn Prozent der seit 1945 weltweit durchgeführten rund 1800 Tests. Frankreich hat jedoch weniger als ein Prozent der annähernd 100 000 im selben Zeitraum weltweit produzierten Sprengköpfe hergestellt. Für jeden französischen Sprengkopf wurden etwa 20 Atomtests durchgeführt. Seit 1963 hat Frankreich ungefähr 800 Sprengköpfe in acht großen Serien produziert.«
Greenpeace entnahm 1990 Planktonproben und fand außerhalb der Zwölf-Meilen-Sperrzone Cäsium 134 im Meeresplankton. Dieses Isotop kommt im atmosphärischen Fallout nicht vor und muß deshalb von unterirdischen Tests stammen.

Ciguatera

Seit den sechziger Jahren kann man bei den Insulanern im Pazifikraum ein starkes Ansteigen der *ciguatera* feststellen, der in der Region häufigsten Form der Lebensmittelvergiftung. Nach einer 1989 von Tilman A. Ruff von der Monash Medical School im australischen Victoria veröffentlichten Untersuchung *(The Lancet,* Bd. 1, 1989) ist die Hauptursache für das Ansteigen dieser Krankheit die zerstörerische Wirkung der Atomtests und der diese begleitenden Operationen auf die Ökologie der Atolle.

Beschädigte Atolle weisen eine ungewöhnlich hohe Population der Planktonart *Gambierdiscus toxicus* auf. Fische, die dieses Plankton fressen, absorbieren dessen giftiges Toxin, ohne Schaden zu erleiden. Dagegen führt der Verzehr der Fische beim Menschen zu Erbrechen, Durchfall, Gleichgewichts- und Koordinationsstörungen. Sogar Todesfälle sind schon bekannt geworden. Der Krankheitserreger wurde nach den Gambier-Inseln in Französisch-Polynesien benannt, wo er 1968 nach der Einrichtung einer Militärbasis zum erstenmal festgestellt worden war. Zwischen 1960 und 1984 erkrankte jeder Insulaner im Durchschnitt 5,7 mal an *ciguatera.*

Auf Hao war *ciguatera* bis 1965 unbekannt. Dann begannen die Franzosen dort eine Nachschubbasis für ihr Atomtestprogramm einzurichten. Bis Mitte 1968 hatten 43 Prozent der 650 Bewohner der Insel die Krankheit gehabt.

Auf dem Höhepunkt der Verbreitung Anfang der siebziger Jahre waren zwölf von tausend Einwohnern Französisch-Polynesiens von der Krankheit betroffen. Die Anzahl der Fälle pro Jahr hat sich von 1960 bis 1984 verzehnfacht. Ähnliches wird auch von den Marshall-Inseln berichtet.

Aus: John May: *Das Greenpeace-Handbuch des Atomzeitalters,* München 1989

Ein neuer Präsident verlangt nach neuen Bomben, neue Bomben verlangen getestet zu werden. Also sprach Jacques Chirac im Mai 1995: »Wir können auf Atomversuche nicht verzichten, weil wir die Abschreckung modernisieren müssen, um im Klub der Großmächte zu bleiben.« Das Milliardenprogramm M-5 – neue Interkontinentalraketen, neue Atom-U-Boote – verlangte die Erprobung der neuen Thermonuklearen Sprengköpfe TN-75 und TN-100.
Den 205. Test der »Grande Nation« (der 188. im Pazifik) leitete Chirac mit einer Geste ein, die den Menschen von Französisch-Polynesien zur Genüge bekannt war: Er lud loyale Journalisten zu einer Südseereise auf Regierungskosten ein. Was sie von seinen Plänen zu halten hatten, sagte er ihnen vorab: Die nächste Testserie sei »ökologisch völlig ungefährlich«.
Während die meisten Industrienationen dem französischen Präsidenten nur sanften Tadel zukommen ließen, initiierten die Bürger, unterstützt von IPPNW, quer durch Europa ein Boykott französischer Waren. Zu massiveren Maßnahmen griffen die Pazifik-Anrainer: Chile und Neuseeland beorderten ihre Botschafter nach Hause, und Australiens Premier geißelte die Wiederaufnahme der Atomtests als »Akt der Dummheit«. Vor Ort nahmen die Menschen keine Rücksicht mehr. Die Aggression der Polynesier wandte sich gegen jede Uniform, das Symbol einer Macht, die 18 000 Kilometer entfernt ihr Leben und das ihrer Kinder aufs Spiel setzte. Schließlich brannte der Flughafen von Papeete.
Zu Wasser hatte sich die Friedensbewegung in Kanus, Jachten und Frachtern eingefunden. Angeführt wurde die Internationale der Atomwaffengegner von dem Greenpeaceschiff »Rainbow Warrior II« (Rainbow War-

rior I war Mitte der achtziger Jahre vom französischen Geheimdienst versenkt worden; ein Photograph kam dabei ums Leben). Die neuseeländische Marine kreuzte in der Gegend, bereit, Aktivisten in Seenot aufzunehmen. Präsident Chirac tat die Proteste als »Einmischung in eine innere Angelegenheit Frankreichs« ab, obgleich die Bomben nicht innerhalb Frankreichs getestet werden sollten. Außerdem sei es ihm egal, fügte er an, wenn er eine Weile unpopulär sei.

Am 5. September 1995 wurde, den weltweiten Protesten zum Trotz, die erste Bombe der neuen Generation gezündet. Die Welt blickte auf Moruroa. Die Medien befaßten sich mit der Geologie des Atolls. Den oberen Teil Moruroas, so war zu erfahren, bildete eine Schicht von 300 bis 500 Metern aus hauptsächlich Kalkstein, deren erste Lage wiederum aus einer ungefähr 125 Meter dicken Schicht poröser Korallentrümmer besteht. Unterhalb davon trennt verwitterte Tonerde den tiefer gelegenen leichten Basalt, der erst in zunehmender Tiefe in den homogeneren Unterwassersockel übergeht. Der Basalt ist sowohl mit natürlichen Bruchlinien als auch mit Explosionsrissen von mehreren Kilometern Länge durchzogen. Gleichzeitig ist er wassergesättigt, was den horizontalen und vertikalen Transport strahlender Isotope in die oberen porösen Schichten begünstigt.

Auch bei der sechsten Bombe der neuen Serie am 27. Januar 1996 meldete das Verteidigungsministerium, der Test stelle keine Gefahr für Menschen und Umwelt dar. »Das ist falsch«, sagte der Geologe Jacques Fourné gegenüber Reportern der Illustrierten *Stern*, »die radioaktive Gefahr, die von den Tests ausgeht, ist weitaus größer als bisher bekannt. (...) Eine großräumige Verseuchung ist nicht mehr zu verhindern. (...) Kein einziges Bohr-

loch war je völlig trocken. Bei allen Bohrungen gab es kleine und größere Meerwasserzuflüsse aus dem Basalt.« Fourné muß es wissen, denn er gehört zu dem Team der Atomtestbehörde CEP (Centre d'Expérimentation du Pacifique), das die Löcher für die Bomben bohrte. Fournés Identität ist nicht bekannt; der *Stern* änderte seinen Namen, um ihn nicht in Gefahr zu bringen. Fourné hat Angst: »Ich mußte mich verpflichten zu schweigen. Wenn rauskommt, daß die Informationen von mir sind, werden sie mich ins Gefängnis sperren.« Wie der Geologe mitteilte, sind bei den jüngsten Tests radioaktive Spaltprodukte aus den Explosionskavernen ausgetreten und in die Risse im Inselboden gelangt, die mit dem Pazifik in Verbindung stehen.
Präsident Chirac ließ sich feiern: Er hatte nur sechs der angekündigten acht Versuchsbomben zünden lassen. Der amerikanische Präsident Bill Clinton gratulierte dem Kollegen.

Nicht nur die radioaktive Strahlung zersetzt die Kultur der Maohi. Wie allen Südseevölkern hatten die Kolonialherren auch ihnen den Stempel von Frohsinn, Erotik und Exotik aufgedrückt, der ihnen bis heute anhaftet, obwohl ihr Alltag längst von Trauer und Krankheit geprägt ist. Zwar machen die Maohi 70 Prozent der insgesamt über 210 000 Französisch-Polynesier aus, doch nur zwölf Prozent leben noch als Fischer. Mit Ankunft der Bombe hatten die meisten ihre traditionelle Subsistenzwirtschaft – Kokosfett, Vanille, Meeresfrüchte, Fisch, Maniok, Taro – zugunsten attraktiv erscheinender Jobs in der Stadt aufgegeben. Die einst autarke Maohi-Kultur ist zu einer Dienstleistungsgesellschaft verkommen; seit den sechziger Jahren wächst der Ring von Slums, der Papeete umgibt. Während 75 Prozent der Ernährung durch Import gedeckt wird und so den Insulanern wenigstens unverstrahlte Lebensmittel beschert, trifft der Fluch der Verseuchung am meisten jene, die am traditionellen Fischfang festhalten: Schalentiere, Tintenfische und Meeresschildkröten sind voll von Cäsium 134.

Die Souveränitätsbewegung der Ureinwohner wird unnachgiebig von Paris bekämpft, was ihren Kern stärkt. Charlie Ching, der Anführer von »Te Taata Tahiti Tianua« (der Partei der freien Tahitianer), und Oscar Temarou, Gründer von »Tavini Huivaativa No Te Ao Maohi« (der polynesischen Befreiungsfront), sind ständig im Visier des französischen Geheimdienstes. Übertritt ein Separatist die von Frankreich gezogene Toleranzgrenze, dann kann er nicht mit Gnade rechnen. Als Charlie Ching 1985 zusammen mit Greenpeace eine Demonstration gegen den Nuklearkolonialismus organisierte, entzog ihm Paris die Bürgerrechte, während er im Gefängnis saß.

»Das hier ist Frankreich. In Tahiti gibt es überhaupt nur eine Unabhängigkeitsbewegung, weil die Franzosen den Fehler begangen haben, bei ihrer Ankunft nicht gleich alle Ureinwohner auszurotten.«
Ein Bewohner von Tahiti gegenüber dem Reporter Alan Rusbridger »Palms in French Hands«, *The Guardian* 14. Oktober 1985

Der Abzug der Bombe hinterläßt eine Kolonie mit strahlendem Erbe. Die geologische Struktur Moruroas ist ungeeignet, radioaktive »Endlager«, wie sie durch unterirdische Atomexplosionen entstehen, dauerhaft gegen die Umwelt abzuschirmen. Die Ärzte von IPPNW vermuten, daß die Radionuklide Cäsium 137 und Strontium 90 mit nahezu einer halben Million Curie (eine Curie entspricht 37 Milliarden Atomzerfällen pro Sekunde) im Boden strahlen – ein kleiner Super-GAU unter der Meeresoberfläche. Die Radioaktivität im Boden der Lagune ist ungefähr so hoch wie die Strahlenmenge, die in den ersten Stunden nach der Havarie des Tschernobyl-Reaktors frei wurde. Hinzu kommen die Plutonium-Isotope 239 und 240; schätzungsweise zwischen zehn und 20 Kilogramm Plutonium lagern heute auf dem Lagunenboden.

Solange Frankreichs Regierung die Gesundheitsdaten und Sterberegister seiner Südseekolonien nur ihren Armeeärzten zugänglich macht und ein Krebsregister nach den Kriterien der Weltgesundheitsorganisation WHO verweigert, lassen sich atomtypische Krankheitsfolgen für Franzosen und Polynesier kaum abschätzen. Damit wird Paris dem Namen seines geopferten Atolls weiterhin gerecht: Moruroa bleibt ein strahlendes Geheimnis. Die Ruhe vor neuen Bomben wird dem Stillen Ozean keinen Frieden bringen. Zu lange hing die Kolonie finanziell am Tropf des Mutterlandes. Eine der wirtschaftlich am stärksten subventionierten Regionen der Welt ist plötzlich auf sich selbst gestellt. »La Bombe« hatte Papeete wirtschaftliche Blüte beschert, von nun an ist mit sozialem Sprengstoff zu rechnen. Ihr Leben, so folgern die Sprecher der Maohi, spielte keine Rolle, als es um die Bombe ging, warum sollte es jetzt nach Abzug der Bombe eine Rolle spielen? Ob der Weg in ein unabhängiges (und weiter verstrahltes) Polynesien ein Weg der Gewalt sein wird, entscheidet letztlich die französische Regierung, 18 000 Kilometer entfernt in Paris. Die nicht-polynesische Bevölkerung Französisch-

Polynesiens gibt sich strahlenimmun: Als es 1992 zu einem ersten Abbruch der Bombenversuche kam, sprach Gaston Flosse, der Präsident des Territoriums, von einer »Katastrophe«. Drei Jahre später pries er Präsident Chirac für dessen »Mut«, das Atomprogramm wiederaufzunehmen.

Keine Ruhe im Pazifik? Nein! In den Chefetagen der Nuklearindustrie wird die Südsee bereits wieder verplant. Im neuen atomaren Zeitalter, so meldeten die Medien im Juni 1996 wollen Russen und Amerikaner gemeinsam Brennstäbe für die zivile Nutzung produzieren, die dann wiederum von einer amerikanischen Firma – zum Beispiel »US Fuel and Security Services« – gekauft und an Stromkonzerne weltweit verleast werden. Sobald dann die ausgelaugten Atomstäbe wieder bei der Herstellerfirma gelandet sind, sollen sie in den Südpazifik verschifft werden. Dort wartet dann ein Atoll, dem natürlich längst die Eigenschaften für ein Endlager attestiert wurden und das sich idealerweise bereits im Privatbesitz einer US-Firma befindet. Stellt sich die Frage, wie lange Frankreich, ein derart lockendes Konzept vor Augen, wohl stillhalten wird …

Ute Bernhardt/Ingo Ruhmann

12 Tödliche Bits: Vom Multimedium zum Hyperrisiko

Computer halten Einzug in immer mehr Bereiche unseres alltäglichen Lebens. Bei Arbeit und Freizeit spielen sie eine immer größere Rolle. Die Entwicklung zu vernetzten multimedialen Computern soll Computer zum universalen Arbeitsmittel machen. Ihr unerwarteter Ausfall gehört zu den neuen unliebsamen Erfahrungen, die in Büros und Arbeitsstätten allerorten gesammelt werden. Computer stehen nicht nur für sich allein, sie werden auch zur Kontrolle und Steuerung anderer Technologien eingesetzt. Die Probleme mit mehr oder minder zuverlässig funktionierenden Computern gewinnen dadurch in all jenen Bereichen an Bedeutung, in denen der Ausfall dieser Computersteuerung gravierende Folgen haben kann. Wenn wir eine erhebliche Abhängigkeit von Computern konstatieren, so gilt dies daher nicht allein in solchen Bereichen, in denen wir mit Computern direkt arbeiten, sondern auch in solchen, die durch die mittelbare Nutzung von Computern bestimmt sind.
Wenn es um Computerfehler geht, ist meist von Hakkern oder bösartigen Computerviren die Rede. Solche Fehlerursachen haben den Vorteil, daß sie sich sehr gut für die Medienlandschaft und eine dramaturgisch ansprechende Aufbereitung eignen. Ihr Nachteil ist, daß

deren Anteil an der Gesamtzahl von Schäden von keiner ernsthaften Studie als nennenswert bezeichnet wird. Zudem sind Ausfälle von Computern – als Mangel an Verfügbarkeit bezeichnet – nur ein Problem, aber nicht das alleinige. Falsche Aktionen eines Computers – der Mangel an Zuverlässigkeit – führen in weit mehr Fällen zu Schäden. Wie zu sehen sein wird, kann die Ursache für solche Fehlaktionen ein Fehler im Computerprogramm, der sogenannten Software, sein. Das Computerprogramm kann jedoch auch fehlerlos sein, aber im falschen Moment das falsche tun. In beiden Fällen können die Konsequenzen gravierend sein. Wie diese Folgen aussehen können, wollen wir im folgenden anhand von Beispielen darstellen.

Computer erhöhen heute die Leistungsfähigkeit von Autos. Manchmal führen sie zu neuen Gefahren. Für eine Geschäftsreise durch New Mexico hatte sich Paul Wallich einen neuen Buick Century gemietet. Unterwegs geriet er unerwartet in einen Blizzard. Der Sturm fegte den Schnee quer über die Straße und bildete an den Straßenrändern immer höhere Verwehungen. In einer Kurve war kein Weiterkommen mehr, Paul rutschte in eine Schneewehe. Er stieg aus, um nachzusehen, ob er den Wagen freischaufeln könne. Der Sturm hatte inzwischen die Autotür wieder zugedrückt. Entsetzt stellte Paul fest, daß sich die Tür von außen nicht mehr öffnen ließ! Was er noch nicht wußte, war, daß die computergesteuerte Türschloßanlage so programmiert war, daß sie ein Öffnen der Tür bei laufendem Motor nicht erlaubte. Das war gut als Schutz vor Carjacking, aber schlecht bei zehn Grad unter Null, Sturm, einem vollen Tank und viel zu dünner Kleidung. Nur weil rechtzeitig ein weiterer

Wagen vorbeikam und ihn mitnahm, konnte er später andere Besitzer dieses Autotyps über das Internet vor den Eigenarten ihres Bordcomputers warnen.[1]

Im Internet gibt es eine ganze Newsgruppe, eine Art elektronischer Zeitung, die ausschließlich über Computerrisiken und Fehler berichtet und in der über Lösungen debattiert wird. Fachleute und Interessierte haben allen Grund, ihre Erfahrungen mit fehlerhaften Computersystemen auszutauschen. Viele Fehler und mögliche Gefahrenquellen tauchen erst auf, wenn ein Computersystem intensiv genutzt wird. Dann ist aber auch schnell die Höhe des Schadens um so größer.

Manchmal ist das eher skurril. Alle Computer, die von einem in den sechziger Jahren entwickelten Betriebssystem gesteuert wurden, versagten urplötzlich ihren Dienst. Der Entwickler des Systems hatte als Test auf die Plausibilität der Daten der Systemuhr seinen 40. Geburtstag einprogrammiert. Als der erreicht war, hielt das System an. Niemand hatte gedacht, daß diese Systeme so lange in Betrieb sein würden. Nach einigen Tagen Suche ließ sich das Problem mit einer kleinen Änderung beheben. Ob irgend jemand zu Schaden kam, ist unbekannt.

Das Beispiel weist erst einmal auf ein in der schnellebigen Computerzunft kaum diskutiertes Problem hin: Was passiert mit Software, die ihr Verfallsdatum überschritten hat? Und wer sucht und erkennt »verdorbene« Software? Diese Frage ist keineswegs trivial, da besonders Großunternehmen mit Programmen arbeiten, die teilweise schon Jahrzehnte laufen.

Weit größer wäre der Schaden gewesen, wenn dies bei dem weltweit von über 70 Prozent aller Computer genutzten Betriebssystem aus dem Haus Microsoft passiert wäre. Die Abhängigkeit von einem einzigen Hersteller ist

nicht nur ein marktwirtschaftliches Problem, sondern auch unter Sicherheitsgesichtspunkten ein erhebliches Risiko.
Mitunter kostet ein Fehler Leben. Im April 1992 setzte das Notrufsystem von British Telecom aus. Anrufer landeten nicht bei der Ambulanzzentrale, sondern wurden mit einem »Bitte warten« vertröstet. Einige Notfälle überlebten diese Warteschleife nicht. Dabei hätten die Verantwortlichen gewarnt sein können. Beim ersten Einsatz des Systems brach es völlig zusammen.[2]
Beide Beispiele zeigen schon typische Muster, durch die wir uns um neue und selbsterzeugte Risiken bereichern. Der Telefoncomputer von British Telecom ist ein Beispiel für den leider viel zu häufigen Mangel an Sorgfalt und Verantwortungsbewußtsein bei Konstruktion, Test und Auslieferung von Software. Auch wenn heute mit Qualitätsprüfungen geworben wird, so überwiegt die Zahl schlampiger Softwaresysteme weiterhin. Die immer schnelleren Versionswechsel zeugen zudem davon, daß mit dem Beheben von Fehlern in der nächsten Version sogar Geld zu machen ist. Ein Bewußtsein der Kundinnen und Kunden für Qualitätssoftware hat sich leider noch nicht entwickelt.
Mangelndes Qualitätsbewußtsein gibt es nicht nur bei privaten Nutzern. Auch in der Bundesverwaltung – vom Verteidigungsministerium bis zum nächsten Finanzamt – werden 65 000 Computersysteme mit dem Microsoft-Betriebssystem MS-DOS bzw. der Benutzeroberfläche MS-Windows eingesetzt. Trotz aller Bekenntnisse der Bundesregierung zur Sicherheit in der Informationstechnik wurde keines dieser Systeme jemals auf Sicherheit und Funktionsfähigkeit überprüft.[3] Computersysteme sind schwer zu analysieren. Auch im Prinzip auf Sicherheit

achtende Benutzer wie die Bundesbehörden können ein Computerprogramm nur sehr grob auf zufällig bemerkbare Fehler testen. Ohne die ursprünglichen Programmdaten – den Quellcode – jedoch ist eine systematische Analyse unmöglich. Während sicherheitskritische Anlagen vorab geprüft werden und Unterlagen und Pläne vorgelegt werden müssen, sind Computerprogramme keiner solchen Kontrolle unterworfen. Ohne die freiwillige Kooperation der Hersteller kann die Bundesregierung keine Einsicht in den Quellcode nehmen und damit auch die Zuverlässigkeit eines Programms nicht untersuchen. Ein Wille des Gesetzgebers, dies zu ändern, ist auch nicht in Ansätzen erkennbar.

Computerfehler bei Großunternehmen, Behörden und ihren Verwaltungssystemen lassen sich oftmals noch ausbügeln. Sie haben in den seltensten Fällen lebensbedrohliche Konsequenzen. Moderne Produktionsunternehmen, Banken und Versicherungen leben allerdings mit dem Risiko, daß sie bei einem längeren Computerausfall in wenigen Tagen zahlungsunfähig sind.[4] Strukturell kann dies sich zu einem Risiko für ein stark auf Computer gestütztes Wirtschaftssystem und dessen politisches System ausweiten. Studien gehen davon aus, daß ein großflächiger Computerausfall binnen weniger Tage eine gesamte Volkswirtschaft in den Ruin treiben kann und in der Folge auch die politische Ordnung bedroht.[5] Die Abhängigkeit von der Computertechnologie beschert uns damit ein bislang nur von der Atomtechnik bekanntes Hyperrisiko.

Unmittelbar lebensbedrohlich wird der Einsatz von Computern dort, wo Menschen in besonderer Weise mit Computern in Berührung kommen: in der Medizin. Dort sind Computer nicht nur zur Steuerung von Bestrahlungsgeräten und Herzschrittmachern im Einsatz, sondern auch zur Überwachung von Patientinnen und Patienten auf der Intensivstation und der Prognose ihrer Überlebenschancen sowie bei »Robodocs«, computergesteuerten Robotern für diverse Operationen.

Vorteile und Nachteile liegen hier ganz eng beieinander. Der erst in vier chirurgischen Abteilungen – darunter auch in der Berufsgenossenschaftlichen Unfallklinik in Frankfurt – eingesetzte »Robodoc« fräst in ungekannter Präzision die Verankerung einer Gelenkprothese in den Hüftknochen. Jede kleinste Bewegung eines Patienten führt automatisch zu einem Abbruch der Fräsarbeit.[6] Bisher verhinderte dies einen Fehler. Andere Einsatzfelder der Roboter-Chirurgie sind wesentlich diffiziler. Roboter werden ebenso zu Operationen im Hirn erprobt wie bei minimal invasiven Eingriffen insgesamt. Bei dieser Art von Eingriffen gibt es zudem Vorhaben, eine robotergestützte Operation fernzusteuern. Besonders das Militär arbeitet daran, Operationen in Frontnähe von Ärzten irgendwo auf der Welt teleoperativ mit Roboterhilfe durchzuführen. Aber auch zivile Mediziner sehen Vorteile darin, Ärzte nicht vor Ort zu haben. Teleoperationen können für sie zu einem wirksamen Rationalisierungsinstrument werden. Offen ist, ob die notwendige Sicherheit und Präzision hier erreicht werden kann.

Weniger exakt ist die Prognose der Überlebensfähigkeit eines Patienten auf der Intensivstation. Auf dem Markt sind verschiedene wissensbasierte Programme, die anhand der Vitaldaten von Intensivpatienten deren Überlebenschancen berechnen. Begründet wird die Nutzung solcher Systeme mit den Kosten, die eine Weiterbehandlung von Intensivpatienten verursacht. Die Systeme haben Fehlerraten bis zu 15 Prozent, jedes Medikament mit ähnlicher Mortalitätsrate würde sofort vom Markt genommen.[7] Immerhin sind die Computer nicht direkt mit den lebenserhaltenden Systemen verbunden und können diese nicht abschalten. Sie geben den behandelnden Ärzten lediglich Entscheidungshilfen. Das Risiko besteht im Glauben an den Computer und die Korrektheit seiner Berechnung. Die auf komplizierten statistischen Modellen beruhende Berechnung selbst kann der Arzt zwar kaum nachvollziehen, er soll sie jedoch bei der Begründung für ein Abschalten der lebenserhaltenden Systeme einbeziehen. Eine Erfahrung mit dem System ist, daß Mediziner seine Angaben als »moralische Stütze« ansehen, die ihnen hilft, sich für ein Abschalten der lebenserhaltenden Systeme zu entscheiden. Dabei wird die Verantwortung über Leben und Tod mit der scheinbar »objektiven« Technik geteilt.

Noch größer wird das Problem, wenn der Arzt sich rechtfertigen muß, warum die kostensparenden Vorschläge des Computersystems nicht befolgt werden. In den USA verlangen Versicherungen bereits die Daten des dort in 400 Kliniken eingesetzten Überwachungssystem APACHE III, um daraus Regeln und Schwellenwerte für die Erbringung von Leistungen abzuleiten. Damit verlieren die individuellen Lebensdaten eines Patienten für die Bewertung seiner Überlebensaussichten an Bedeutung gegenüber Durchschnittswerten, die auf wenige Parameter standardisiert sind.

Weit problematischer sind Computer in medizinischen Geräten, die deren Leistungsparameter steuern. Fehler bei solchen Geräten können unmittelbar zum Tode führen. Der Computer eines Bestrahlungsgerätes beispielsweise setzte die Eingaben des Bedienungspersonals falsch

um. Dadurch wurden wesentlich höhere Bestrahlungsdosen appliziert als verordnet und eingestellt. Erst Todesfälle und die Erkrankung einer Reihe von Patienten führten zu genaueren Untersuchungen und zum Aufdecken des Computerfehlers.
Aus Kenntnis der Schwächen seiner Zunft wollte sich der bekannte Informatikprofessor David L. Parnas beim Hersteller von der Zuverlässigkeit des Steuerungscomputers seines Herzschrittmachers überzeugen. Beim Besuch der Firma wurde ihm jede mechanische Gerätekomponente und ihre Sicherheit bis ins Detail erläutert. Auf seine Frage nach dem Steuerungscomputer und vor allem nach der diesen Computer kontrollierenden Software mußten die Firmenvertreter jedoch passen. Von der Software existierte keine Dokumentation, und der einzige Programmierer war nicht aufzutreiben. Die Software war niemals nach irgendeinem anerkannten Verfahren getestet und auf ihre Zuverlässigkeit überprüft worden.[8] Ein Softwarefehler in diesem Programm hat tödliche Konsequenzen.
Dieser Fall zeigt, daß der Umgang mit dieser Technik selbst in der Medizin immer noch nicht denselben Sicherheitsstandard erreicht hat wie herkömmliche Technik. Und er ist beileibe kein Einzelfall. Eine simple Steckdose wird rigideren Sicherheitsüberprüfungen unterzogen als die Software für sicherheitsrelevante Bereiche. Ein Herzschrittmacher ist dabei nur die Spitze eines Eisbergs. Obwohl die EU schon 1990 eine Richtlinie zur Angleichung der Rechtsvorschriften über implantierbare medizinische Geräte erlassen und diese der CE-Kennzeichnung[9] unterworfen hat, sehen die Bestimmungen dazu auch heute noch keine Kontrollen der Steuerungssoftware vor. Nach Auskunft des Bundesgesundheits-

ministeriums sind dafür erst noch Prüfkriterien zu entwickeln und in der EU abzustimmen.
Daran zeigt sich, daß der Gesetzgeber mit der technischen Entwicklung schon lange nicht mehr Schritt hält. Zugleich wird hier auch ein bemerkenswertes Beispiel selektiver Wahrnehmung deutlich. Hier wird eine Kostensenkung nicht nur in Kauf genommen, sie ist das wesentliche Argument zur Einführung von Computern im Gesundheitswesen. Sicherheitsaspekte werden dagegen kaum thematisiert. In der Medizin sind bei neuen Geräten und vor allem bei neuen Medikamenten umfangreiche Erprobungen vorgeschrieben. Versuche am Menschen sind nur auf freiwilliger Basis gestattet. Die Toleranz der Öffentlichkeit gegenüber unausgereiften pharmakologischen Produkten geht gegen Null. Kaum aber wird danach gefragt, ob das Computersystem eines neuen medizinischen Geräts auch fehlerfrei funktioniert. Ohne öffentlichen Druck wird sich jedoch nur wenig an den bisherigen Testverfahren und der kaum beachteten Sicherheit dieser Produkte ändern.
Mangelnde Sorgfalt ist jedoch nur eine Seite der Risiken von Computern. Auch sorgfältig entwickelte Computersysteme haben ihre Risiken, sogar dann, wenn sie so funktionieren, wie sie programmiert wurden. Darin liegt eine Besonderheit der Computertechnik. Da sie zur Kontrolle und Steuerung besonders komplexer Prozesse eingesetzt wird, haben sich zwei völlig neue Klassen von Risiken entwickelt. Die erste Klasse dieser Risiken enthält Probleme von Computereinsätzen in Bereichen, die wegen ihrer besonderen Komplexität nur von geschulten Experten zu bewältigen sind. Computer sollen hier die Arbeit erleichtern, führen dabei selbst jedoch zu neuen Problemen. Die zweite Klasse dieser Risiken enthält

Probleme aus solchen Bereichen, die ohne Computer, nur allein von Menschen, gar nicht bearbeitet werden könnten und in denen allein Computer für das reibungslose Funktionieren sorgen können. Die Luftfahrt hat für beide Bereiche einiges an Anschauungsmaterial zu bieten. Diese Fülle rührt nicht nur daher, daß sie eine der mittlerweile am stärksten auf Computer angewiesene Technologien ist. Im Vergleich zu anderen Bereichen ist die Materiallage hier auch besser, da Flugunfälle von den unabhängigen Luftfahrt-Kontrollbehörden überaus gründlich untersucht werden.
Die Umstellung der Flugzeuge von mechanischen auf computerbasierte Steuerungssysteme ist weit fortgeschritten und gilt als qualitatives Leistungsmerkmal. Schon jetzt nutzen Millionen von Bundesbürgern das Flugzeug als Verkehrsmittel, in den nächsten Jahren soll sich der zivile Luftverkehr vervielfachen. In keinem anderen Einsatzbereich haben Probleme mit Computern heute eine vergleichbar fatale Wirkung.
Mit Navigationshilfen und Autopiloten hielten rudimentäre Rechner früh Einzug in die Cockpits ziviler Flugzeugmuster, nachdem sie sich schon in den fünfziger Jahren in Militärmaschinen bewährt hatten. Der eigentliche Schub der Computerausstattung kam jedoch mit den in den siebziger Jahren geplanten Flugzeugtypen, deren Steuerungssystem weitgehend computergestützt funktioniert. Bei den sogenannten fly-by-wire-Systemen steuert ein Pilot das Flugzeug zwar immer noch mit dem Steuerknüppel. Dieser aber wirkt nicht länger auf die Hydraulik, sondern versorgt den Bordcomputer per Kabel (by wire) mit Steuerdaten. Der Computer erst setzt diese Steuerdaten in Befehle für Steuerklappen und Motorschub um. Zur Vorsorge gegen Ausfall und Com-

puterfehler arbeiten in der Regel drei unterschiedlich programmierte Computer parallel und tauschen ihre Ergebnisse aus. Ein Mehrheitsentscheid trägt zur Vermeidung von Fehlern bei.[10]

In derart vollautomatisierten Flugzeugen hat der Pilot keinen ungefilterten Einfluß mehr auf das Antriebs- und Steuerungssystem seines Flugzeugs. Begründet wurde dies mit der Vermeidung typischer Pilotenfehler, weil der Computer zu enge Kurven oder zum Strömungsabriß führende Fluglagen erkennen und vermeiden könne. Der Computer steuert aber weit mehr als nur die Fluglage.

Aufgabe der Computer im Cockpit ist zunächst nicht, höhere Sicherheit, sondern weniger Personalkosten zu ermöglichen. Von den vier Personen – Pilot und Kopilot, Bordingenieur und Navigator –, die bis in die sechziger Jahre hinein im Cockpit arbeiteten, wurden erst der Navigator und dann der Bordingenieur wegrationalisiert. Die Aufgaben bei der Überwachung von Instrumenten und der Messung der Flugdaten übernahm der Computer. Dessen korrekte Arbeit wiederum müssen nun Pilot und Kopilot kontrollieren. Ihre Arbeitsbelastung ist dadurch gewachsen. Zwei-Personen-Cockpits gibt es mittlerweile sogar in Extrem-Langstreckenflugzeugen wie bei der neuen Version des Boeing-Jumbos 747-400.

Computer sollen in Zukunft auch die Ausnutzung des wegen zunehmenden Verkehrs knapper werdenden Luftraums optimieren. Die heutigen Luftraumüberwachungssysteme sollen abgelöst werden durch satellitengestützte Navigationssysteme, die jedem Flugzeug die Position bis auf wenige Meter genau angeben. Die Abstände zwischen den Flugzeugen können damit reduziert werden, was besonders auf der Transatlantikroute Platz für weit mehr Flüge schafft. Auch die Auslastung der Flughäfen läßt sich steigern. Die Abweichung der Flüge beim Anflug ließe sich auf fast ein Viertel verringern. Weil Piloten und Fluglotsen recht ungenau arbeiten, sind die Sicherheitsabstände vergleichsweise groß. Computergesteuerte Flüge können sehr viel exakter die vorgegebene Position halten, die Abstände können damit kleiner sein. Das schafft ebenfalls Platz für entsprechend mehr Landungen und Starts.[11] Die Ausweitung des Flugverkehrs ist damit abhängig von einer computergestützten Luftraumüberwachung. Die dann erreichte Dichte im Luftraum läßt ein Zurück zu manuellen Kontrollverfahren nicht mehr zu. Computer allein können dann noch die Sicherheit im eng gewordenen Luftraum gewährleisten.

Trotz aller Sicherheitsvorkehrungen kam es auch in der zivilen Luftfahrt immer wieder zu schweren Unfällen, die auf Computerprobleme zurückzuführen sind. Dabei läßt die zeitliche Entwicklung eine deutliche Änderung bei den Ursachen erkennen.

Zu Beginn der Unfälle von fly-by-wire-Flugzeugen lag der Grund oftmals noch darin, daß Piloten die Versprechungen von der Leistungsfähigkeit der Bordcomputer unkritisch übernommen hatten. So setzte ausgerechnet der Ausbildungskapitän der Air France einen nagelneuen Airbus 320 bei einer Flugschau 1988 in den Wald hinter der Landebahn. Er wollte demonstrieren, wie der Bordcomputer automatisch ein Absinken der Flughöhe abfängt und Gas gibt. Dazu ließ er das Flugzeug in geringer Höhe über der Landebahn im Leerlauf schweben und wartete darauf, daß der Computer mehr Schub gab. Der Computer schaltet diese Automatik bei einer Höhe unter 100 m jedoch ab und ist dann auf Landung programmiert. Der leichtfertige Versuch des Piloten, die Reaktion des Bordcomputers zu testen, kostete drei Menschen das Leben. Eine bessere Ausbildung der Piloten an ihren mit Computern vollgestopften Flugzeugen war eine Forderung aus diesem Unfall.[12]

Ein Jahr später sah es bei einem anderen Absturz zunächst wieder nach einem Pilotenfehler aus. Wie sich zeigte, war den Piloten jedoch nicht genügend über die Programmierung ihres Bordcomputers mitgeteilt worden. Eine Boeing 737 mit moderner Computertechnik stürzte nach einem Triebwerksschaden ab, weil der Pilot nicht das beschädigte, sondern das noch funktionierende Triebwerk abschaltete. Die Untersuchung ergab, daß dies jedoch nicht als Pilotenfehler gewertet werden konnte. Die Piloten bemerkten den Triebwerksschaden, die dadurch ausgelösten Vibrationen machten ihre Anzeigen unlesbar. Um zu prüfen, welches der beiden Triebwerke beschädigt war, fuhren sie nacheinander jedes einzeln auf Leerlauf herunter. Gleichzeitig begann der Bordcomputer mit den einprogrammierten Notfallmaßnahmen. Zuerst testeten die Piloten das funktionierende Triebwerk. Im selben Moment hatte der Computer die Drehzahl des gestörten anderen Triebwerks soweit gedrosselt, daß dessen Vibrationen aufhörten. Dieser Eingriff des Computers ist eine in keinem Handbuch beschriebene, undokumentierte Funktion und war daher auch den Piloten unbekannt. Der logische Schluß der Piloten daraus war, das getestete funktionstüchtige Triebwerk abzuschalten. Mit dem gestörten, vom Computer gedrosselten Triebwerk gelang noch der Landeanflug. Bis kurz vor der Landebahn arbeitete das beschädigte Triebwerk, durch die Belastung beim Anflug ging es in Flammen auf. Das Flugzeug stürzte ab, 47 Menschen starben, 79 wurden schwer verletzt.[13]

Dieses Beispiel zeigt, wie stark der Einfluß der Piloten auf das Flugzeug vermindert ist und wie sich dies in den Krisensituationen auswirkt, für die einige dieser Computerfunktionen vorgesehen sind. Gerade in Notfällen, in denen der Computer in die Arbeit von Piloten eingreift, vervielfachen sich die Fehlermöglichkeiten. Hier kehrt sich die Sicherheitsphilosophie von computergesteuerten Flugzeugen in ihr Gegenteil um. Der Computer soll den Piloten von Routine entlasten, der Pilot die Notfallsituationen meistern, für die ein Computer nicht programmiert ist. Das Problem liegt in diesem Fall darin, daß die Piloten nicht nur die eigentliche Fehlfunktion, sondern auch noch die Computerreaktion darauf analysieren müssen. Der Computer ist dabei also eine Potenzierung der Risiken der Fliegerei.

Wohin es führt, wenn der Computer und nicht mehr die Piloten ein Flugzeug kontrollieren, zeigte schließlich ein Unglück in Warschau 1993. Der Computer ließ nach der Landung eines Lufthansa-Airbus A320 die Bremsen nicht einschalten. Auf der nassen Piste rutschten die Räder, woraus der Computer schloß, das Flugzeug sei noch in der Luft. Hilflos mußten die Piloten zusehen, wie das Flugzeug über die Landebahn hinausschoß. Zwei Tote und 45 Verletzte waren die Folge.[14]

Ein Computerfehler ist also nicht allein im Ausfall eines Computersystems zu sehen. Oftmals ist der Fehler gerade, daß der Computer etwas ausführt, was ihm zwar einprogrammiert wurde, aber der Situation nicht angemessen ist. In solchen Fällen wird gern festgestellt, daß die Programmierer nicht alle möglichen Situationen vorgesehen haben. Dabei wird vergessen, daß dies gar nicht möglich ist.

Die Komplexität der menschlichen Umwelt läßt sich

nicht vollständig in Regeln fassen und damit auch nicht in Computerprogramme gießen. Dies gehört zu den wichtigsten mathematischen Erkenntnissen dieses Jahrhunderts. Um ein Problem durch einen Computer bearbeiten zu lassen, ist deshalb erst eine Einschränkung der Aufgabe nötig. Programmierer schaffen im Computerprogramm daher ein reduziertes *Modell* der Wirklichkeit. Das in ein Computerprogramm gegossene Realitätsmodell kommt in Schwierigkeiten, wenn es in einen Zustand gerät, der außerhalb des modellierten Ausschnitts liegt.

Wie zutreffend das Modell ist, hängt davon ab, wie groß es ist und wie gut es aus der Wirklichkeit abgeleitet wurde. In zweifacher Hinsicht kommt es hier auf sorgfältige Arbeit an: Erstens bei der Modellierung und zweitens bei der Definition der Grenzen des Modells. Die Bedingungen, unter denen Software produziert wird, laufen dem häufig zuwider. Schon vom Arbeitsauftrag her führen die hohen Kosten von Programmierarbeit oft zu einer Einschränkung dessen, was zur Problemlösung erarbeitet wird. Oft wird nicht das beste Modell gesucht, sondern jenes, das sich am einfachsten umsetzen läßt. Erst später wird offenbar, welche Probleme die Entscheidung für oder gegen eine bestimmte Vorgehensweise hervorgerufen hat.

Der fast überall hohe Zeitdruck verhindert sorgfältige Modellierung. Schneller auf dem Markt zu sein als die Konkurrenz ist oftmals wichtiger, als ein gründlich entwickeltes und ausgetestetes Produkt anzubieten. Die Fehler der ersten Version werden in den Folgeversionen behoben. Mit den Änderungen werden dem System neue Fehler eingebaut. Auch die Dokumentation der Arbeit kostet Zeit und Geld, weshalb an ihr als erstes gespart wird. Ohne Dokumente aber werden Fehlersuche und Programmpflege erheblich erschwert. Dies wiegt um so schwerer, als die Fluktuation in Programmierteams besonders hoch ist. Es ist in Softwarefirmen normal, daß alle verfügbaren Programmierer in das Projekt versetzt werden, das gerade unter Zeitdruck geraten ist und kurz vor der Einführung steht, aber noch nicht fertig ist. Statt genügend Fachkräfte einzusetzen, gehört Management by Chaos auch in größeren Firmen zum Alltag. Computerfachleute arbeiten schließlich nicht 60 Stunden in der Woche, weil sie arbeitswütig sind, sondern wegen des hohen Arbeitsdrucks in Softwarefirmen. Die Computerindustrie gehört zu den am stärksten durchrationalisierten Industriezweigen überhaupt.

Wer dies als Fachmann kritisiert, für den ist in seiner Zunft schnell kein Platz mehr. David L. Parnas trat 1985 von seinem Posten im Organisationsausschuß der Strategischen Verteidigungsinitiative (SDI) zurück, wo er das gigantische Softwareprojekt zur Steuerung von SDI koordinieren sollte. Ihm war klar geworden, daß das vorgesehene Computersystem viel zu komplex war, um jemals funktionieren zu können, und zu einer enormen Gefahr für die Sicherheit würde.[15]

Auf ein unlösbares Problem und damit auf die Grenzen eines Modells aufmerksam zu machen ist zumindest in der kommerziellen Informatik verpönt. Dort wird unbeirrt etwas fertiggestellt, das als Problemlösung verkauft wird. An dieser Praxis stören sich bestenfalls Informatiker aus der Wissenschaft, die zu den wenigen gehören, die auf die Risiken aufmerksam machen und der Goldgräberstimmung in der Industrie handwerkliche Sauberkeit gegenüberstellen. Nach seiner Kritik arbeitet Parnas heute an einer kanadischen Universität.

Trotz der Warnungen von Fachleuten vor Projekten, die nicht funktionieren können, verschwimmt die Grenze dessen, was Computer machen sollten und was Menschen vorbehalten bleibt, zusehends. Die Komplexität der Technik wächst und mit ihr die Risiken. Die Frage nach der Verantwortbarkeit wird viel zu selten gestellt. Trotz der Ansicht, für eine Kodifizierung berufsethischer Positionen der Informatik sei es noch zu früh, hat sich der bundesdeutsche Informatik-Berufsverband, die Gesellschaft für Informatik, immerhin 25 Jahre nach ihrer Gründung zur Verabschiedung Ethischer Leitlinien durchgerungen. Dennoch gilt: »Anders als Ärzte, Biologen, Chemiker oder Physiker stehen Informatiker nicht in der öffentlichen Kritik, obgleich von ihrem Handeln möglicherweise mehr Menschen betroffen sind als von dem anderer Berufsstände.«[16] Kaum ein Programmierer macht sich den Gesamtzusammenhang klar, in dem das Teilprogramm funktionieren soll, das er entwickelt. Wenn er überhaupt längere Zeit an einem Projekt arbeitet, wird er mit Problemen, die im späteren Einsatz aufgetreten sind, oft nicht konfrontiert.
Computerfehler zu erkennen ist ohnehin eine spezielle Kunstform. Wenn beim Auto ein Teil defekt ist, so ist die Ursache einer Funktionsstörung rasch klar. Ein Computerfehler entsteht dagegen aus der dynamischen Kombination der Abläufe in Hardware, Systemprogramm und Anwendungssoftware, deren Reproduktion sehr schwierig ist. Ein Systemzusammenbruch löscht alle Spuren: Computerfehler sind leicht flüchtig. Das Orten eines Fehlers bedarf oft eines geschulten Experten und bereitet hohen Aufwand. Die Lösung besteht nicht selten darin, die Kombination bestimmter Computerfunktionen zu unterlassen. So werden Fehler nicht ursächlich behoben, sondern eine Wie-

derholung erschwert. In anderen Disziplinen gilt eine solchen Vorgehensweise als Flickschusterei.
Was für den einzelnen gilt, gilt auch für das Gesamte. Woran es fehlt, ist eine den Risiken angemessene Kosten-Nutzen-Rechnung. Die Industrie rechnet in Absatzgrößen, die Wirtschaftswachstum versprechen. Bei der Telematik im Verkehr – der Nutzung von Computern zur Steuerung von Autos und optimierten Nutzung von Verkehrswegen – geht es nicht zuerst um Sicherheit, sondern um einen Markt von 40 Millionen Autos. In der Luftfahrt geht es darum, mehr Personen im begrenzten Luftraum zu transportieren. Bei Fly-by-wire-Flugzeugen geht es darum, ihre Leistung zu optimieren und die Kosten für die Crew zu vermindern. Bei medizinischen Systemen geht es nicht zuerst um bessere Versorgung, sondern um die optimierte Zuteilung knapper werdender Ressourcen, wobei die Kosten der einzuführenden Computersysteme eine zusätzliche Belastung darstellen. Was fehlt, ist die Berücksichtigung des Nutzens für die Allgemeinheit wie für den einzelnen und des Risikos, das neu in die jeweiligen Bereiche eingeführt wird.
In der Luftfahrt, aber auch in anderen Bereichen, wurde versucht, menschliche Fehler mit Hilfe von Computern zu vermeiden. Übersehen wurde, daß damit die Fehlerquelle Mensch durch die Fehlerquelle Computer ersetzt wurde. Und die Einschränkung menschlichen Entscheidungshandelns durch Computer führt keineswegs zu weniger, sondern zu anderen Fehlern. Unverantwortlich ist es zudem, den Menschen im Ernstfall von der Kontrolle der Technik auszuschließen, oder wie Joseph Weizenbaum formulierte: Man darf nicht mit Hilfe von Computern Dinge tun, die man ohne Computer nicht verantworten könnte.

Als ein Hinderungsgrund, solche neuen Fehlerquellen zu erkennen, wirkt immer noch der Glaube an die Unfehlbarkeit des Computers. Es ist nicht zu sehen, daß die Notwendigkeit, bei dieser Technik aus Fehlern zu lernen und sorgfältigere Entwicklungsmethoden und -verfahren einzusetzen, erkannt und ernsthaft umgesetzt wird. Absolut unverantwortlich ist es aber, in Kenntnis der selbstgeschaffenen Risiken Computer in immer mehr sensiblen Bereichen einzusetzen, um Kosten zu sparen. Wenn die computergestützten Verfahren den Weg in die Nutzung nicht-automatisierter Abläufe nicht mehr zulassen, sind Katastrophen vorprogrammiert.
Die Medizin erlebt gerade die umfangreiche Ausweitung der Computernutzung, im Straßenverkehr sollen Computer künftig ebenso wie schon in der Luftfahrt eine größere Rolle spielen. Alle Systeme dienen jedoch zuerst einmal der Senkung von Kosten. Computerexperten warnen ebenso eindringlich wie vergebens vor vielen dieser Entwicklungen. Sie wissen, in welchem Maß mangelnde Sorgfalt und das Versäumnis einer Risikoabwägung bei der Herstellung von Computersystemen eine Rolle spielen. Dies führt letztendlich dazu, den Verlust menschlichen Lebens billigend in Kauf zu nehmen.

Anmerkungen

1 Paul Wallich: »Risks of electronic door locks for automobiles«, in: *The Risks Digest*, Volume 16, Nr. 3, 5. 5. 1994; http://catless.ncl.ac.uk/Risks/16.03.html
2 *Die Zeit*, Nr. 19, 1. 5. 92
3 Antwort der Bundesregierung auf eine kleine Anfrage von Bündnis 90/Die Grünen, *BT-Drucksache* 13/3421

4 Nach einer IBM-Untersuchung lag die durchschnittliche Zeitspanne vom Computerausfall bis zum Firmenkollaps 1992 noch bei 4,8 Tagen. Heute gibt Prof. Brunnstein eine Spanne von etwa eineinhalb Tagen an, so: »Prof. Brunnstein und seine gesammelten Pannen«, in: *Die Datenschleuder*, Ausgabe 54, 1996, S. 32–36

5 Alexander Roßnagel, Peter Wedde, Volker Hammer, Ulrich Pordesch: *Die Verletzlichkeit der Informationsgesellschaft*, Opladen, 1989. Es wird bereits von der strukturellen Verteidigungsunfähigkeit der Informationsgesellschaft gesprochen, so: Ralf Klischewski, Arno Rolf: »Informationstechnische Vernetzung und Kriegsunfähigkeit in hochentwickelten Industriegesellschaften«, in: Ute Bernhardt, Ingo Ruhmann: *Ein sauberer Tod. Informatik und Militär*, Marburg, 1991, S. 268–283

6 Silvia von der Weiden: »Hüftprothese von Dr. Robot«, in: *VDI-Nachrichten*, 22. 9. 95, S. 22

7 Martin Cheek: »Eine Software entscheidet mit über Leben oder Tod«, in: *Computer Zeitung*, 13. 10. 1994, S. 22; »Noten in 20 Fächern«, in: *Der Spiegel*, Nr. 2, 1994, S. 158–159

8 Till Mundzeck: »Weil es den Ethik-Chip niemals geben wird«, in: *Frankfurter Rundschau*, 3. 9. 1994, S. 6

9 Das CE-Kennzeichen basiert auf einer EU-Richtlinie und wird als EG-Konformitätszeichen bezeichnet. Es gibt die Konformität des Geräts mit Normen an, die vom Europäischen Komitee für Normung (CEN) oder dem Europäischen Komitee für elektrotechnische Normung (CENELEC) erarbeitet werden.

10 ausführlich bei: Ingo Ruhmann: »Supercomputer mit Flügeln: Avionik«, in: Ute Bernhardt, Ingo Ruhmann: *Ein sauberer Tod. Informatik und Militär*, a. a. O., S. 127–154

11 Bruce D. Nordwall: »Digital Data Links Key to ATC Modernization«, in: *Aviation Week & Space Technology*, 10. 1. 1994, S. 53–55

12 »Oh, zu spät«, in: *Der Spiegel*, Nr. 27, 1988, S. 176–178

13 Willem Diederichs: »Willkommen an Bord«, in: *Magazin der Süddeutschen Zeitung*, Nr. 10, 8. 3. 1996, S. 10–15

14 »Änderung bei Airbus-Landung«, in: *Frankfurter Rundschau*, 10. 11. 1993

15 David Parnas: »Warum herkömmliche Software-Entwicklung keine zuverlässigen Programme liefert«, in: *FIfF-Rundbrief* 4/1985, S. 5–21

16 Karl-Heinz Rödiger, Rudolf Wilhelm: »Zu den Ethischen Leitlinien der Gesellschaft für Informatik«, in: *Informatik Spektrum*, Nr. 2., 1996, S. 79–86, S. 80

III

Lebenswerte Zukunft: Perspektiven

Sigrid Hopf/Antje Bultmann

13 Motive und Strukturen: Wie können wir uns ändern?

Wer die vorangegangenen Kapitel liest, könnte verzweifeln an der Menschheit. Wer könnte da nicht zornig werden oder das Gefühl bekommen, irgendwie mitschuldig zu sein. Haben wir die Fähigkeit verloren, für uns und unsere Kinder zu sorgen?
Auf der anderen Seite erfahren wir täglich, daß Menschen freundlich, großzügig und hilfreich sein können, und wir bemerken, daß wir uns selbst offen verhalten können. Doch es läßt sich nicht leugnen: Die Grundlagen des Lebens sind trotz wachsenden Umweltbewußtseins gefährdet. »Befinden wir uns vielleicht im Zustand einer kollektiven Suizidalität?« fragt die Münchner Psychotherapeutin Thea Bauriedl resigniert.[1]
Es ist dringend geboten, Erkenntnisse aus den Verhaltens- und Sozialwissenschaften zu Rate zu holen. Voraussetzung ist, daß wir uns um eine realistischere Sicht sowohl der Bedrohung und ihrer Agenten wie der Geschädigten bemühen.
Was geschieht nun, wenn wir uns bedroht fühlen? Wie gehen wir damit um? Wenn eine Katastrophe passiert – sei es weil wir inmitten vergifteter Vegetation leben oder weil aus einem Atomreaktor Strahlung austritt –, löst das natürlicherweise Panik, Schrecken und Sorgen aus. Es entsteht Angst um die eigene Existenz. Was sind die

Folgen? Steht am Ende vielleicht Krankheit oder sogar der Tod? Die alltäglichen Lebensabläufe werden gestört. In solchen Situationen hilft es zunächst, wenn wir uns unter Mitbetroffenen oder Vertrauenspersonen aussprechen können. Dann geht es darum, was zu tun ist: Es gilt, sich kundig zu machen und zusätzlich noch die veränderte Situation in Beziehung zu setzen zum eigenen Leben. Das Neue verwirrt und verunsichert. Lennart Parknäs[2] betont, daß Lernen und Einordnen eine Voraussetzung ist, um an den notwendigen Änderungen wirksam arbeiten zu können. Das alles zusammen ist eine große Anstrengung, weil wir nicht auf alltägliche Routine zurückgreifen können und über kein neues Verhalten verfügen, das man in solch einer Situation benötigt.

Bauriedl vergleicht die Routine, mit der man sich Sicherheit und Befriedigung verschafft hat, mit einer individuellen Sucht, »die aus der jeweiligen persönlichen Lebensgeschichte und gleichzeitig im Kontext der allgemeinen Suchtstruktur unserer Gesellschaft zu verstehen ist. Anstatt sich bei Verunsicherung darum zu bemühen, vorsorglich die Realität möglichst genau zu sehen und Gefahren wie auch mögliche Wege aus der Gefahr ›wahr‹-zunehmen, reagiert der ›Süchtige‹ auf das Signal der Angst mit dem Griff nach dem Suchtmittel.«[3] Wir können uns unter Umständen so sehr an Behelfslösungen gewöhnen, daß wir den wirklich befriedigenden Wert nicht mehr suchen.

So gewöhnen wir uns oft an Verhaltensweisen oder an Dinge, die für uns gar nicht optimal sind oder ihre Funktion verloren haben. Die Geldwirtschaft und der Wunsch nach Besitz haben uns heute den Zugang zur wirklichen Zufriedenheit versperrt. Der ehemalige pakistanische Finanzminister Mahbub ul Haq fand in einer von den Vereinten Nationen in Auftrag gegebenen Studie heraus, daß das Wohlergehen der Menschen in einem Land nicht so stark mit dem nationalen Bruttosozialprodukt korreliert, wie von vielen vermutet. Nicht das Geld ist das Wichtigste. Zum Wohlergehen zählen so elementare Dinge wie Zugang zu sauberem Wasser, ausreichender Nahrung, Zugang zu medizinischer Versorgung, Erziehung und Bildung und Mitsprache in öffentlichen Angelegenheiten.[4] Es gibt viele Völker, die wir als arm bezeichnen, deren Menschen dennoch glücklicher sind als Menschen aus den westlichen Industrienationen.

Wir wissen, wie schwer es sein kann, Gewohnheiten zu ändern, vor allem auch Denkgewohnheiten. Gewohnheiten können wertvoll sein, wir brauchen sie, um unser Wachbewußtsein zu entlasten und es für die Auseinandersetzung mit jeweils Neuem freizuhalten.

An Gewohnheiten machen wir allerdings oft zuviel von unserem Selbstwertgefühl und unserer sozialen Geltung fest. Die Identifikation mit der vorherrschenden Meinung in der Gesellschaft kann eine große persönliche Stütze sein. Wer dann die Nachteile des Konsenses am eigenen Leib zu spüren bekommt, wird in der Regel zum Außenseiter.

Wie entsteht dann aber verantwortliches Verhalten? Die Betroffenen selbst stehen der Problematik am nächsten, sind aber nicht stark genug, etwas zu ändern, solange sie in der Minderzahl sind und abgelehnt werden. So wird es schwierig, vernünftig an Alternativen zu arbeiten, denn Veränderungen bringen oft starke Ängste mit sich. Wenn diese Ängste dazu noch diffamiert werden, ist es oft nicht möglich, darüber zu sprechen, geschweige denn, sie öffentlich zu machen. Aus Selbstschutz werden bedrohliche Erkenntnisse dann oft verdrängt, und die Warner und Mahner statt dessen als Störer gebrandmarkt.

Durch unsere Gesellschaft ziehen sich tiefe Risse, nicht nur zwischen arm und reich. Da sind die auf der einen Seite die Betroffenen und eine kleine, glücklicherweise wachsende Minderheit von Initiativgruppen, die Grundlagen für eine zukunftsverträglichere Wirtschaftsweise erarbeiten und in ihrem Alltagsleben erproben, beispielsweise indem sie ökologischen Landbau betreiben, Solarenergie oder andere rohstoffeinsparende Technologien nutzen. Auf der anderen Seite gibt es viele, die eigentlich bereits Wesentliches über Umweltgefahren und ihre Hintergründe wissen, aber im eingespielten System von beruflichen und familiären Verpflichtungen und Konsumgewohnheiten nur wenig davon umsetzen können oder wollen. Leider werden hier oft in ganz legaler Weise Geld- und Machtinteressen zu Lasten der Lebensgrundlagen mißbraucht. Dabei werden eigene vordergründige Interessen als rational hingestellt. Der Wunsch nach kurzfristiger Bedürfnisbefriedigung scheint stärker zu sein als der Überlebenswille.

Daß es im Kleinen auch anders geht, zeigen die vielen Modelle und Projekte, spätestens seit dem Bericht an den Club of Rome[5] und Ernst Friedrich Schumachers *Rückkehr zum menschlichen Maß.*[6] Stellvertretend für viele sei hier auch Vandana Shivas Buch *Das Geschlecht des Lebens*[7] genannt. Sie hat darin die Zusammenhänge dargestellt zwischen dem früheren, natürlichen Reichtum und der Vielfalt in Indien und der nachfolgenden Verarmung durch die Kolonialisierung. Sie arbeitet mit aller Kraft am Erhalt und Wiederaufbau einer menschen- und naturgemäßen Lebensweise. In ihrem Buch zitiert sie

unter anderem das Beispiel von Bäuerinnen, die sich erbittert gegen das Abholzen des Baumbestandes in ihrer Region gewehrt haben. Der Wald bot ihnen nicht nur Nahrung für das Vieh, sondern hielt auch den Boden feucht. Damit konnte die bäuerliche Bevölkerung ihre Lebensgrundlage sichern. In anderen Gegenden ist das nicht gelungen. Die Kolonialherren kauften den Menschen ihren Wald ab. Der Landstrich verödete. Das von Geld gesteuerte Denken hatte zur Folge, daß viele Bauern in die Slums der Städte abwanderten.
Ein wunderbares Lesebuch über dieses und ähnliche Projekte in aller Welt ist auch *Mit Wissen, Widerstand und Witz,* herausgegeben von Christine von Weizsäcker und Elisabeth Bücker.[8] In diesem Buch finden sich viele positive Beispiele dazu, daß sich manches wirklich ändern läßt, daß etwas gelingen kann, wobei niemand verliert und viele gewinnen.
Wie können wir nun die zahlreichen Aktivitäten weiterbringen? Was haben die Humanwissenschaften zu diesen Fragen anzubieten? Nach Rose Stoll und Richard Wipfler vom Umweltforschungsinstitut Tübingen[9] ist folgendes für eine wirkungsvolle Umweltberatung hilfreich: Erstens sollen Informationen möglichst anschaulich dargestellt werden. Bescheidwissen ist unverzichtbar, aber nicht allein ausreichend für Verhaltensänderungen. Wir benötigen den persönlichen Bezug, um für Änderungen motiviert zu werden. Wenn zum Beispiel im Park gegenüber Unkrautvertilgungsmittel gespritzt werden und man sieht, was die anrichten, wird man sich keinen englischen Rasen mehr wünschen, sondern froh sein, wenn dort die verschiedensten Blumen und Kräuter wieder gedeihen. Um etwas in Gang zu setzen, müssen wir weiter wissen, wohin wir uns mit unserem Anliegen wenden können.

Wir müssen herausfinden, wo und wie wir uns mit unseren Erfahrungen einbringen können. Im genannten Beispiel hat ein Brief an den Stadtgartendirektor bewirkt, daß keine Pflanzengifte mehr verwandt wurden.
Es hilft weiter, wenn ich Rückmeldung über Veränderungen bekomme. Wenn ich beispielsweise weiß, daß das Gemüse aus naturgemäßem Anbau weniger Wasser und kaum Fremdstoffe, dafür mehr Eiweiß, Vitamine und Mineralstoffe enthält und besser schmeckt, bin ich eher bereit, dafür etwas mehr zu zahlen. Wenn ich ablesen kann, wie viele Kilowattstunden ich im Haushalt eingespart habe, kann ich stolz sein und nehme die nächste Verbesserung in Angriff.
Sich zu ändern ist schwer. Andere gegebenenfalls gegen ihren Widerstand zu überzeugen, daß sich etwas verändern muß, ist schwerer. In unserer Gesellschaft prallen die betroffenen Minderheiten und die Verursacher und Profiteure – die schweigende Mehrheit im Rücken – aufeinander. Um die Fronten aufzubrechen, sind neue Methoden der Konfliktbewältigung gefragt.
Eine solche Möglichkeit bietet die Mediation, eine Gesprächsform der Vermittlung, die zwischen unterschiedlichen Interessen konstruktive machbare Möglichkeiten auszuhandeln versucht.[10] Wesentlich daran ist, daß schon zu Beginn einer Planung die Bürger einbezogen werden. Die Beteiligten müssen zu Wort kommen, alles offen auf den Tisch legen, ihre Interessen, Erkenntnisse, Vorbehalte, Ängste etc. gleichrangig darlegen können. Ihnen muß in fairer Weise zugehört werden. Auf diese Weise können menschliche Belange früher und besser zur Geltung gebracht werden. Die Person, die einen Mediationsprozeß leitet, muß vertrauenswürdig sein. Sie hält sich aus der Vertretung einzelner Interessen heraus

und sorgt beständig für einen fairen Gesprächsverlauf. Nur so können die Beteiligten – selbst wenn sie keine privilegierte Stellung haben – den nötigen Mut gewinnen, die Konflikte gemeinsam zu bearbeiten. Ziel sollte sein, Schäden von Anfang an weitgehend vermeiden zu können. Das kostet anfangs Zeit, erspart aber Leiden vieler Art und kommt dazu ungleich billiger, als nachträglich zu reparieren oder mit irreparablen Schäden leben zu müssen.

Üblicherweise bestehen die Gremien, die über neue Technologien und ihre Risiken entscheiden, aus Wissenschaftlern sowie Industriellen, die am Geschäft beteiligt sind, und Politikern. Um die tiefen Gegensätze in der Gesellschaft auszugleichen, ist es aber geboten, ein unabhängiges Team zu bilden von Wissenschaftlern/Wissenschaftlerinnen, Pfarrern oder Ethikern, von Anwohnern, Vertretern von Betroffenen und Nichtregierungsorganisationen, praktizierenden Müttern und Vätern, Experten für alternative Technologien etc. – je nach Problemstellung. Auch diese Gremien müßten von einem gut geschulten Mediator geleitet werden. Das wäre unsere Vision für die Zukunft.

Anmerkungen

1 Thea Bauriedl: »Wann ändern Menschen ihr Verhalten?«, in: *Jahrbuch Ökologie,* Beck, München 1996
2 Lennart Parknäs: *Planning of Peace Activities,* Congress of European Psychologists for Peace, Helsinki 1986
3 Thea Bauriedl: a. a. O., S. 12
4 Mahbub ul Haq: *Human Development Report, 1992/3,* Oxford University Press, New York 1993

5 Donella Meadows et al.: *Grenzen des Wachstums*, Rowohlt, Reinbek 1994
6 Ernst Friedrich Schumacher: *Rückkehr zum menschlichen Maß*, C. F. Müller, Karlsruhe 1993
7 Vandana Shiva: *Das Geschlecht des Lebens*, Rotbuch, Berlin 1989
8 Christine von Weizsäcker und Elisabeth Bücker (Hrsg.): *Mit Wissen, Widerstand und Witz – Frauen für die Umwelt*, Herder, Freiburg 1992
9 Rose Stoll und Richard Wipfler: »Umweltpsychologische Öffentlichkeitsarbeit im kommunalen Bereich«, in: Joachim Schahn, Thomas Giesinger: *Psychologie für den Umweltschutz*, Beltz, Weinheim 1993
10 Claus Frank und Peter M. Wiedemann: *Umweltkonflikte – Vermittlungsverfahren zu ihrer Lösung*, Blottner, Taunusstein 1994

Ernst Ulrich von Weizsäcker

14 Gibt es einen Grund zum Technikoptimismus?

Gibt es einen Grund zum Technikoptimismus? Blöde Frage! Wer sein Gegenüber fragt »Sind Sie Pessimist oder Optimist?«, der will eigentlich gar nichts wissen. Auch die Frage nach Optimismus oder Pessimismus bezüglich der Technik ist nicht viel besser. Nach 20 Jahren der kritischen Beleuchtung von Technikfolgen gibt es heute, von Amerika kommend, eine Art von gesellschaftlichem Pflichtoptimismus gegenüber der Technik. Wer sich skeptisch äußert, schadet dem Standort Deutschland, (und das ist die moderne Form der Majestätsbeleidigung). Dabei ist die Technologie heute nicht prinzipiell besser oder schlechter als vor zwanzig Jahren.

Die große Technikdiskussion begann in den sechziger Jahren mit der Atomenergie. Auch Mikroelektronik, der Überschallflug, die Gentechnik, die Organtransplantationen und viele weniger sichtbare Technologien kamen ins Gerede. Immer wieder waren es spektakuläre Technologien, die viel versprachen und manchmal wenig hielten, manchmal, wie im Fall der Mikroelektronik, Altes zum Einsturz brachten, auf welche sich die Aufmerksamkeit der Öffentlichkeit und damit der Technikdiskussion richtete. Eigentlich ist es überhaupt kein Wunder, daß sich an solchen »Schlagzeilentechnologien« immer von neuem Kontroversen entzündeten, welche dann, journalistisch verallgemeinert, den Eindruck erwecken konnten, als gäbe es im Volk eine generelle Technik-Skepsis, welcher man nunmehr mit Akzeptanzstrategien begegnen müsse, um den Rückfall ins Mittelalter zu verhindern.

Mir scheint all dies eine im wesentlichen falsche Konfrontation. Weder verdient es die Technologie, die uns so viele zivilisatorische Segnungen gebracht hat, mit kontroversen Schlagzeilentechnologien identifiziert zu werden, noch verdienen jene Schlagzeilentechnologien die vehemente Befürwortung durch einen aufgesetzten Technikoptimismus. Was wir eigentlich brauchen, ist eine Konzentration unserer technologischen Anstrengungen auf Technologien und eine sie einbettende Zivilisation, welche gute Antworten auf wirklich vorhandene Fragen zu geben versprechen. Wer aber maßt sich an, die Fragen, die Herausforderungen zu formulieren? Eine Zeitlang konnte man sich noch abspeisen lassen mit »die Hungrigen satt machen, die Kranken gesund machen, den Energiebedarf oder die Kommunikationsbedürfnisse befriedigen«. Hier möchte ich, und dies ohne alle Anmaßung, davon ausgehen, daß diese Herausforderungen weithin gültig sind, daß aber daraus nur wenig über die Technologie gelernt werden kann. An einer ganz anderen Stelle hingegen können wir trennschärfer werden. Doch um diese zu beschreiben, muß ich etwas weiter ausholen.

Als vor gut 150 Jahren die industrielle Revolution und mit ihr die Technologie ihren Aufschwung begann, war die Richtung des Fortschritts klar definiert: Es ging um Produktion von mehr Nahrung, Kleidung, Straßen, Energie, Medikamenten usw., und dies mit immer weniger Arbeitskraft. Die Erhöhung der Arbeitsproduktivität war denn auch das völlig uneingeschränkte Leitmotiv der gesamten Technologieentwicklung. (Lediglich im militärischen und medizinischen Bereich, wo nicht ganz so klar ist, was eigentlich »produziert« wird, spielte die Arbeitsproduktivität terminologisch und strategisch keine größere Rolle.) Diese monopolartige Betonung der Arbeitsproduktivität beim technischen Fortschritt entstand in einer Zeit, als dieselbe noch kläglich niedrig (also erhöhungswürdig) war, und als der Faktor Natur, wie es schien, unbegrenzt zur Verfügung stand. Reichten die heimischen Ressourcen nicht, so konnte man sie sich in Kolonien besorgen.

Heute sieht die Welt völlig anders aus. Kolonien gibt es nicht mehr, völlig unentdeckte größere Rohstoffvorkommen wohl auch kaum; Treibhauseffekt, Artenverlust und lokale Verschmutzungen zeigen neue Grenzen für die Nutzung von Rohstoffen auf. Gleichzeitig ist die Bevölkerung und damit zugleich die Zahl der arbeitsfähigen Personen auf ein Fünffaches angewachsen, die Arbeitsproduktivität hat um eine oder zwei Größenordnungen zugenommen, und weltweit hat sich die Arbeitslosigkeit verbreitet. Jeremy Rifkin schätzt, daß heute achthundert Millionen (!) Menschen arbeitslos oder völlig unterbeschäftigt sind. Was liegt da näher als eine Neuausrichtung des technischen Fortschritts?

Wie kann die Neuausrichtung des technischen Fortschritts aussehen? Im Zentrum steht eine Erweiterung des Produktivitätsbegriffes. Zur Arbeitsproduktivität kommt mindestens gleich wichtig die Ressourcenproduktivität hinzu, die Menge meßbaren Wohlstands, die aus einem Faß Öl, einer Kilowattstunde, einem Kubikmeter Wasser, einer Tonne Erz gewonnen werden kann.

Technologien, um die Ressourcenproduktivität systematisch zu verbessern, sind vorhanden. *Faktor Vier*[1] gibt fünfzig Beispiele für eine mögliche Vervierfachung der Ressourcenproduktivität oder mehr. Drei davon sollen hier erwähnt werden:

Am Land Institut Salina, im Bundesstaat Kansas, hat Dr. Wes Jackson, ein Pflanzengenetiker, gemeinsam mit seinem Forscherteam in der amerikanischen Prärie mehrjährige Getreidesorten gezüchtet. Was ihn an der herkömmlichen Landwirtschaft störte, war das Pflügen des Bodens, das die Zusammensetzung des Bodens seiner Meinung nach massiv stört. An vielen Stellen werde der Mutterboden weggeschwemmt, erklärte er. Getreideanbau in Mischkulturen dagegen fördere die Vielfalt der Bodenflora und -fauna.
Mit Kreuzungsversuchen züchtete das Team erstaunlich widerstandsfähige Hochtleistungsgetreide. Die Samen lassen sich zu köstlichem Brot verarbeiten. Mischkulturen sind viel widerstandsfähiger als Monokulturen. Beim Anbau liegt der Witz in der Mischung der Getreidesorten: Eine Sorte holt den Stickstoff aus dem Boden. Die andere produziert Herbizide gegen unerwünschte pflanzliche Konkurrenten, und die dritte wehrt Insekten ab. Überraschte »sachverständige« Besucher fragen zuerst: »Wann spritzt ihr Pflanzenschutzmittel?« – »Gar nicht«, heißt es. »Und wie hoch ist der Düngemittelbedarf?« – »Null.« – »Nun, was macht der Landwirt, damit etwas wächst?« – »Nichts. Er sitzt einfach rum und schaut beim Wachsen zu«, sagt Wes Jackson.
In einem anderen Beispiel geht es um ein Haus, das fast keine Energie verbraucht: Wir sind in Colorado. Es ist

Januar 1995. Draußen tobt der Schneesturm. Drinnen ist es tropisch warm: Bananen reifen und Orangen, Goldfische spielen in einem Teich, irgendwo sprudelt ein Wasserfall, und ein halbes Dutzend Plüsch-Orang-Utans hangelt sich von Bücherregal zu Bücherregal. Bald blüht der Urwald und ist voller Früchte: Avocados, Mangos, Weintrauben, Papayas, Passionsfrucht. Aus dem Schneesturm kommend, läßt man sich den Duft von Jasmin und Bougainvillea in die Nase steigen. Das alles ist kein Traum, sondern das Rocky Mountains Institute, 25 Kilometer von Aspen entfernt, dem bekanntesten Skigebiet der USA. Es wird geleitet von dem Ehepaar Amory B. Lovins und L. Hunter Lovins.

Wie kann aber tropische Wärme inmitten eines kalten Winters erzeugt werden? Im Institut brennen zwei Holzöfen, allerdings mehr aus ästhetischen Gründen. Sie liefern lediglich ein Prozent der Energie. Der Rest wird passiv solar und photovoltaisch gewonnen. Auch an bewölkten Tagen fangen »Superfenster« Sonnenenergie ein. Isolation in den Steinwänden und im Dach verhindert den üblichen Wärmeverlust. Energie gespart wird natürlich auch sonst im ganzen Haus: beim Waschen, beim Kühlen der Speisen, beim Kochen, bei der Beleuchtung etc. Die zusätzliche Technik, die Energie und Wasser einzusparen hilft, hat 10 000 Mark gekostet und hatte sich bereits nach zehn Monaten amortisiert. In 40 Jahren werden die Einsparungen das ganze Haus finanziert haben. Was aber auch wichtig ist: Solche Räumlichkeiten heben die Lebensqualität und die Arbeitsproduktivität.

Zum Schluß noch ein Beispiel, wie die Einsparung von Energie bei gleichzeitigen enormen Gewinnen möglich ist: Eine weit höhere Rendite als üblich, und das auch noch weitgehend risikofrei, das schaffte das größte private Energieunternehmen in den USA, die Pacific Gas and Electric. Noch 1980 plante es zehn Atomreaktoren entlang der Kalifornischen Küste. Zwölf Jahre später war von keinem einzigen mehr die Rede, und ein weiteres Jahr darauf löste sich kurzerhand die Bauabteilung auf. Drei Viertel des hinzukommenden Strombedarfs wird nun durch Effizienzmaßnahmen auf der Kundenseite eingespart und das restliche Viertel durch Ankauf von erneuerbaren Energiequellen von dezentralen Anbietern befriedigt. Kern- und Kohlekraftwerke werden in den Jahresberichten der Pacific Gas and Electric gar nicht mehr erwähnt. Und das war das finanzielle Resultat der Umorganisation: Durch Einsparungen beim Endverbraucher wurde ein zusätzlicher Gewinn von 300 Millionen Dollar erzielt. Hiervon wurden 85 Prozent in Form niedrigerer Tarife an die Verbraucher weitergegeben. 15 Prozent blieben beim Konzern und bei den Aktionären.

Rein technisch gesehen ist auch ein Faktor zehn, langfristig zwanzig möglich, wenn man zuläßt, daß sich auch der Wert des Wohlstandes von plumper Warenfülle zu höheren Leistungen fortentwickelt. Die in *Faktor Vier* genannten fünfzig Beispiele umfassen praktisch alle Lebensbereiche von Lebensmitteln über Gebäude, Autos, Haushaltsgeräte, Büroeinrichtungen, Verkehrssysteme und Kommunikation. Ihre Durchsetzung scheitert nicht an einem Mangel an Ideen oder Technologie, sondern an falschen Randbedingungen und mangelnder Kenntnis.

Nun behaupte ich, daß dieser neue Weg der Technologie haufenweise Fragen und Herausforderungen beantwortet, die sich heute schon und erst recht im 21. Jahrhundert stellen. Sobald dies in ein breiteres Bewußtsein dringt, ist anzunehmen, daß man sich politisch entscheiden wird, auch die Randbedingungen zu korrigieren. Es muß einfach lohnender werden, ein Leichtbauauto (mit dennoch hoher Unfallrobustheit) mit weniger als zwei Litern Treibstoffverbrauch pro hundert Kilometer zu bauen und zu kaufen als die heutigen Vehikel. Häuser und Hauseinrichtungen mit extrem niedrigem Energieverbrauch müssen für Mieter, Eigentümer und auch Architekten rentabel werden. Das wichtigste Instrument, um eine solche Rahmenänderung zu bewerkstelligen, wird eine sich langfristig verstärkende ökologische Steuerreform sein. Bei dieser wird langsam die Abgabenlast auf den Faktor Arbeit vermindert und die auf den Faktor Naturverbrauch vermehrt. Dies kann absolut wirtschaftsverträglich geschehen. Auch freiwillige Vereinbarungen mit der Industrie, staatliche Effizienzvorschriften, Verbraucheraufklärung, Technologieförderung sind möglich und verstärken den Effekt deutlich.

Zurück zur Optimismusfrage. Wenn eine neue Generation von Effizienztechnologien, die weniger Arbeitslose schaffen und weniger Natur verbrauchen, auf den Markt kommt, hätten weiteste Bevölkerungsschichten allen Grund zu positiven Gedanken über diese Technik. Maschinenstürmerei gab es gegen Maschinen, die Menschen überflüssig machen. Gegen Maschine, die Kilowattstunden oder Waldraubbau überflüssig machen, braucht niemand zu opponieren.

In anderen Worten: Eine aufgeklärte Bevölkerung wird auf die Frage »Sind Sie Technikoptimist oder -pessimist?« antworten: »Wir wollen, daß die Technologie eine bessere Richtung nimmt. Wir wollen politisch dafür sorgen, daß ein Rahmen entsteht, in dem sich die neue umwelt- und arbeitsplatzfreundliche Technologie auch durchsetzt«.

Anmerkung

1 Ernst Ulrich von Weizsäcker, Amory B. Lovins, L. Hunter Lovins: *Faktor Vier. Doppelter Wohlstand – halbierter Naturverbrauch. Der neue Bericht an den Club of Rome,* Droemer Knaur, München 1995

Zu den Autorinnen und Autoren

Christoph Bals, geboren 1960, Fachjournalist, ist seit Januar 1993 bei Germanwatch tätig, einer 1991 gegründeten »Lobby« für Entwicklung, Umwelt und Menschenrechte, die Politik und Wirtschaft drängt, die beim Umweltgipfel in Rio gegebenen Versprechen in die Tat umzusetzen.

Till Bastian, geboren 1949, studierte Humanmedizin in Mainz (Staatsexamen 1976, Promotion 1977). Bis 1982 niedergelassener Arzt in eigener Praxis, seither freier Schriftsteller und seit 1992 Leiter des von ihm gegründeten Forschungsinstituts »Umwelt, Kultur & Frieden«. Dr. Bastian ist zudem Redakteur der internationalen Fachzeitschrift *Medizin und Globales Überleben.* Er ist verheiratet und hat zwei Söhne. Zuletzt veröffentlichte er *Furchtbare Ärzte* (München, 1995) und, gemeinsam mit seiner Frau Maike, *Die Angst der Eltern vor dem Kind* (München 1996)

Ute Bernhardt studierte Philosophie, Informatik und Psychologie und arbeitet als Geschäftsführerin des Forum InformatikerInnen für Frieden und gesellschaftliche Verantwortung (FIfF) e. V., dessen stellvertretende Vorsitzende sie ist. Ihre Arbeitsschwerpunkte sind Philosophie und Informatik, Technikfolgenabschätzung, Datenschutz sowie Informatik und Militär.

Claus Biegert, geboren 1947, Journalist und Autor, vorwiegend für Rundfunksender und Verlage. Themenschwerpunkte: Ureinwohner, Naturzerstörung, Nuklearkolonialismus. Zahlreiche Veröffentlichungen über die Indianer Nordamerikas; zuletzt veröffentlichte er ein Lesebuch des Atomzeitalters *Der Montag, der die Welt veränderte* (1992). Claus Biegert lebt in München und am Staffelsee.

Sabine Csampai, geboren 1952, Studium an der Akademie der bildenden Künste und Diplom als Bühnen- und Kostümbildnerin; bis 1977 Arbeit an verschiedenen Bühnen. Nach der Geburt ihrer beiden ersten Töchter ab 1982 Mitglied der Grünen und Wahl zur Kreisverbandsvorsitzenden. 1984 wurde sie als Stadträtin ins Münchner Rathaus, 1990 zur 3. Bürgermeisterin Münchens gewählt (der ersten Frau in diesem Amt seit der Stadtgründung). 1996 als Stadträtin gewählt, verzichtete sie wegen ihrer inzwischen drei Kinder auf die Wiederwahl zur Bürgermeisterin.

Martin Hofmann, geboren 1955, Promotion in Sozialgeschichte, arbeitet seit zehn Jahren als Redakteur für Umwelt- und Gesundheitspolitik bei der *Südwest Presse,* Ulm.

Sigrid Hopf, Dr. rer. nat., Diplompsychologin, geboren 1935, derzeit wissenschaftliche Mitarbeiterin an der Universität München (LMU). Grundlagenforschung zur Entwicklung sozialen Verhaltens an Primaten. Begleitstudie zur sozialen Entwicklung in einer Ökosiedlung. Gründungsmitglied der Ernst-Friedrich-Schumacher-Gesellschaft für Politische Ökologie. Repräsentantin des International Council of Psychologists im Komitee von regierungsunabhängigen Organisationen für Familienpolitik-Beratung bei der UNO, Wien.

Peter Kafka, geboren 1933, seit 1965 wissenschaftlicher Mitarbeiter im Max-Planck-Institut für Astrophysik in Garching. Seit zwanzig Jahren zunehmend mit allgemeinverständlichen Büchern, Aufsätzen und Vorträgen zur Diskussion über den sogenannten Fortschritt hervorgetreten. Zuletzt veröffentlichte er *Gegen den Untergang* (München, 1994).

Egmont R. Koch, geboren 1950, studierte Biochemie und Biologie in Hannover und Bremen. Er ist Autor von Bestsellern wie *Seveso ist überall* (1978), *Die Lage der Nation* (1983) und produziert für die ARD und das ZDF investigative Reportagen und Dokumentationen für die renommierten Sendereihen *Gesucht wird ...*, *Unter deutschen Dächern* und *Zündstoff.*

José Antonio Lutzenberger, geboren 1926, Studium als Diplom-Landwirt an der Universidade Federal do Rio Grande do Sul (Brasilien). Nach einer Tätigkeit als

Technischer Berater und Kaufmann bei Düngemittelfirmen (u. a. bei BASF, Ludwigshafen), war er Leiter der Landwirtschaftlichen Abteilung bei der Vertretung in Carracas, Venezuela, (1959 bis 1966) und in Casablanca, Marokko (1966 bis 1970). 1971 machte er sich als Berater und Unternehmer selbständig, da er seine Arbeit für die Großchemie nicht mehr mit seinem Gewissen vereinbaren konnte. Gründer von Associação Gaúcha de Proteção ao Ambiente Natural (AGAPAN), der ersten aktiven Umweltschutz-Bürgerinitiative in Südbrasilien. Von 1990 bis 1992 war er Staatssekretär für Umwelt der brasilianischen Regierung und wirkte an der Organisation der Rio-Konferenz 1992 mit. Gründer und Leiter der Fundação Gaia, die regenerativen Landbau und sanfte Technologien fördert. Lutzenberger ist durch zahlreiche Vorträge im In- und Ausland bekannt geworden; Autor mehrerer Bücher.

Roswitha Mikulla-Liegert, geboren 1959, studierte Jura in Passau. Nach der Referendarausbildung in München arbeitete sie zunächst als Rechtsanwältin in einer Münchner Kanzlei. Seit 1993 ist sie Leiterin des Bereichs Verbraucherschutz in der Juristischen Zentrale des ADAC.

Linde Peters, geboren 1937, studierte Biologie (Promotion in Biochemie 1963), war zwei Jahre in einem Forschungslabor tätig, danach fast 30 Jahre in der Redaktion einer biochemischen Original-Zeitschrift. Von 1986 bis 1991 Mitglied bei den Grünen, Mitarbeit in den Arbeitskreisen Gewerkschaft und Gentechnologie. Seit 1988 Mitglied im Gen-ethischen Netzwerk, seit 1995 im Beirat. In den letzten Jahren Zusammenarbeit mit dem Umweltinstitut München und der Initiative »Kein Patent auf Leben!« Zuletzt veröffentlichte Dr. Peters *Reprotopia* (Köln, 1993).

Ingo Ruhmann arbeitet nach einem Studium der Informatik und Politikwissenschaft als wissenschaftlicher Mitarbeiter des forschungspolitischen Sprechers der Bundestagsfraktion von Bündnis 90/Die Grünen, Dr. Manuel Kiper. Er ist Vorstandsmitglied im Forum InformatikerInnen für Frieden und gesellschaftliche Verantwortung (FifF) e. V. Seine Arbeitsschwerpunkte sind Technikfolgenabschätzung, Forschungspolitik, Militär- und Sicherheitstechnologien und »Künstliche Intelligenz«.

Andrea Surkus studierte Literaturwissenschaft, Germanistische Linguistik und Theaterwissenschaften. Sie arbeitete an verschiedenen Bühnen als Regieassistentin und Dramaturgin und veröffentlichte Kurzgeschichten. Heute ist sie als Autorin und freie Journalistin, vor allem für die *Süddeutsche Zeitung*, tätig.

Ernst Ulrich von Weizsäcker, geboren 1939, war Professor für Biologie in Essen, Universitätspräsident in Kassel, Direktor am UNO-Zentrum für Wissenschaft und Technik in New York und von 1984 bis 1991 Direktor des Instituts für Europäische Umweltpolitik in Bonn. Heute ist er Präsident des 1991 gegründeten Wuppertal Instituts für Klima, Umwelt, Energie. Nach dem Standardwerk *Erdpolitik* veröffentlichte er zusammen mit Amory B. Lovins und L. Hunter Lovins den Bestseller *Faktor Vier* (München, 1995).